MINERVA
TEXT
LIBRARY
61

女性学入門［改訂版］

ジェンダーで社会と人生を考える

杉本貴代栄 編著

ミネルヴァ書房

改訂版はじめに

　「女性学」または「ジェンダー論」（この二つが代表的な名称であるが，他の名称が付されることもある）と呼ばれる講義が，大学のカリキュラムに頻繁に登場するようになったのは1980年代後半からである。それは1990年代に入ると加速して，現在では，大学の2校に1校は，「何らかの女性学関連講義」を開設するにいたっている。このような状況のなかで，大学の女性学の講義に使用することのできる，理論と実践を盛り込んだテキストをつくる，というのが本書の目的である。上記のような女性学を取り巻く状況は，女性学——あるいはそれを支えるフェミニズム全般——が進展したために到来したからであり，ここ数十年の時代の変化を痛感する。

　時代の変化は，政策や社会の動きからも実感することができる。1990年代に入ると，ジェンダーから派生する問題は政策課題とされるようになり，新たな法が次々に成立した。例として，介護保険法（1997年），男女雇用機会均等法の改正（1997年），男女共同参画社会基本法（1999年），配偶者からの暴力の防止及び被害者の保護に関する法律（2001年）を挙げておこう。少子化対策も次々に打ち出された。この傾向はその後も継続し，2000年代に入って，配偶者からの暴力の防止及び被害者の保護に関する法律（2004年，2007年，2013年，2014年）と男女雇用機会均等法が改正された（2007年）。このような背景には少子高齢社会があること，介護の担い手や女性労働者，少子化対策の対象者としての女性が抱えるジェンダー問題を無視することができないという事情があり，いわば必要に迫られて時代は変化したのである。

　一方で，2000年を超えた頃から，「ジェンダー・バッシング」といわれるバックラッシュが盛んになった。保守派や改憲派の団体，新しい歴史教科書を作る会のメンバーたちによって各方面から展開されているが，具体的には，各自

i

治体で進められた男女共同参画条例の制定をめぐって表面化した。1999年に制定された男女共同参画社会基本法は、「女性も男性も、互いにその人権を尊重しつつ責任を分かち合い、性別にかかわりなくその個性と能力を発揮することができる男女共同参画社会の実現は21世紀の我が国社会の在り方を決定する最重要課題のひとつ」であるとして、各都道府県・市町村に男女共同参画条例づくりを行政主導で進めたのだが、その条約の内容に関して、反発や揺り戻しが起きたのである。男女平等をめざす条例が、男女の区別をなくし、伝統的な行事や専業主婦を否定するとして、各地で条例制定をめぐっての軋轢が生じたことは周知のことである。このようなバックラッシュは条例づくりだけに出現したわけではない。自治体の行う各講座や講演会もその対象となっているし、公教育の場での男女混合名簿や性教育も批判の対象とされた。「行き過ぎた」男女平等への反感から、時計の振り子は逆に大きく振れたのである。

　フェミニズムに関する相反する評価が錯綜しているこのような時代とは、いわばフェミニズムの「セカンド・ステージ」といって良いだろう。運動に着手し、実績を積んで行ったのが「ファースト・ステージ」であったとすると、より多くの人に広くフェミニズムを理解してもらうという次なる段階に入ったのである。このような時代にこそ、「女性学」は多くの大学で取り上げられるべきであり、そのための使いやすい、わかりやすいテキストが必要なのである。

　本書の初版が出版されたのは2010年10月であり、以降第7刷まで発行された。しかしこの間の変化を反映させるために、今回改訂版を発行することとした。多くの大学、研修会等で活用してほしいと願っている。このような大幅な改訂作業を一緒に行ってくれた、ミネルヴァ書房の音田潔さんに感謝する。

　　　2017年10月

　　　　　　　　　　　　　　　　　　　　　　　杉本　貴代栄

目　　次

改訂版はじめに

第1章　女性学とは …………………………………………………………………… 1

1　女性学の発祥と発展 ……………………………………………………………… 1

（1）フェミニズムと女性学　1

（2）「婦人問題」と女性学　3

2　アメリカにおける女性学の発展 ……………………………………………… 4

（1）女性解放運動と公民権運動　4

（2）女性学の発展　6

（3）アメリカ女性学の課題　9

3　日本における女性学の発展 …………………………………………………… 10

（1）ウーマンリブ運動と女性学　10

（2）女性学の発展①――1970・80年代　11

（3）女性学の発展②――1990年代とそれ以降　13

4　女性学の将来と課題 …………………………………………………………… 15

第2章　ジェンダー平等をめぐる歴史と理論 ……………………………… 21

1　フェミニズムの歴史と理論 …………………………………………………… 21

（1）第一波フェミニズムとその理論　22

（2）第二波フェミニズムとその理論　23

（3）第二波フェミニズム以降のフェミニズム理論　24

2　今日のフェミニズム――平等の進展と揺り戻し ………………………… 27

（1）女性の二極化が進められる――1980年代　27

（2）「ジェンダー問題」が政策課題となる――1990年代　30

（3）バックラッシュの時代――2000年以降　32

（4）今後の展望と課題　35

iii

第3章　家族問題 ･･ 39

1　家族をめぐる現代の状況 ･･････････････････････････････････････ 39

2　家族とは何か──ヒトが生存していくシステム ･･････････････････ 40

（1）人間はなぜ家族をつくるのだろうか　40
（2）家族の定義　41

3　家族モデルとしての〈近代家族〉 ･･････････････････････････････ 45

（1）戦後の日本の家族──現代家族のイメージ　45
（2）近代家族の確立へ──欧米と日本（イエ）　46
（3）家制度と家意識──戦前の直系家族モデル　47
（4）明治民法による家の確立　48
（5）日本型近代家族論　48
（6）日本型近代家族モデルの登場とその揺らぎ　49

4　現代の日本家族問題の諸相──家族の機能とは ･･････････････････ 54

（1）現代家族の機能とは──家族の社会的機能と個人的機能　55
（2）日本の家族問題──家族の機能不全　56
（3）家族へ求めるもの　58

5　家族のゆくえ ･･ 60

第4章　結　　婚 ･･ 63

1　結婚観の変化 ･･ 63

2　結婚をめぐる多様性 ･･･ 64

（1）結婚の意味と機能　64
（2）現在の日本の結婚　67

3　配偶者の選択──見合い結婚と恋愛結婚 ･･････････････････････････ 71

（1）見合い結婚から恋愛結婚へ　72
（2）女性と結婚をめぐる変遷　73

4　離　　婚 ･･ 75

（1）日本社会の婚姻率と離婚率　75
（2）離婚観の変化　76

5　今日の結婚事情──婚活と再婚 ･･････････････････････････････････ 79

目　　次

　　（1）　婚活とその背景　79
　　（2）　再婚事情　80

　6　女性にとっての結婚とは………………………………………　81

第5章　子 育 て …………………………………………………………　85

　1　子育ては誰が担うのか，担ってきたのか………………………　85
　　（1）　子育てに対する意識　85
　　（2）　近代家族の一般化と子育ての変化　88
　　（3）　3歳児神話の功罪　90

　2　子育て政策 ………………………………………………………　92
　　（1）　1990年以前の子育て政策　92
　　（2）　1990年以降の子育て政策　94

　3　今後の子育てを考える …………………………………………　104

第6章　働 く こ と …………………………………………………………　107

　1　女性労働力の変化 ………………………………………………　107
　　（1）　正社員・非正社員の特徴　108
　　（2）　M字型雇用曲線と共働き家庭の増加　110

　2　労働政策の進展 …………………………………………………　113
　　（1）　男女雇用機会均等法　113
　　（2）　労働者派遣法の変遷　120
　　（3）　パートタイム労働法　125

　3　両立支援策の進行 ………………………………………………　127
　　——育児・介護休業法の変遷と次世代育成支援対策推進法
　　（1）　育児・介護休業法の変遷　127
　　（2）　次世代育成支援対策推進法　130
　　（3）　女性活躍推進法　132

第7章　高齢者問題 …………………………………………………………　135

　1　老後の女性問題 …………………………………………………　135

v

（1）　超高齢社会の到来　136
（2）　日本の高齢化の特徴　137
（3）　高齢女性の問題　139

2　高齢者政策の進展──介護の社会化をめざして ……………………… 143

（1）　日本型福祉社会の形成　143
（2）　新・日本型福祉社会の形成　145
（3）　介護保険の創設　146
（4）　介護保険制度と家族給付　148

3　高齢者と介護問題 ……………………………………………………… 150

（1）　介護問題とは何か　150
（2）　介護をめぐる困難　151

4　認知症高齢者の増加 …………………………………………………… 154

（1）　認知症患者の監督義務　155
（2）　認知症患者の交通事故　156
（3）　認知症患者の不明者　157

5　高齢者施策の取り組み課題 …………………………………………… 158

（1）　介護保険制度改正のゆくえ　158
（2）　高齢者が住み慣れた地域づくり　161

第8章　困難を抱える女性と社会福祉 ………………………………… 167

1　貧困と女性 ……………………………………………………………… 167

（1）　母子世帯の実状　168
（2）　母子世帯への社会福祉制度　170

2　暴力と女性 ……………………………………………………………… 176

（1）　DV の実態　176
（2）　DV の社会問題化　179
（3）　DV 防止法　180
（4）　デート DV　183

第9章　買売春・性の商品化 ……………………………………………… 189

1　女性の人権とセクシュアリティ ……………………………………… 189

目　次

2 売春防止法の成立と施行 ……………………………………………… 190

（1）売春防止法と婦人保護事業　190

（2）「新たな」性風俗の登場　194

3 買売春と国際問題 …………………………………………………… 196

（1）買春ツアーと「じゃぱゆきさん」問題　196

（2）「従軍慰安婦」問題　198

4 買売春をなくすために ……………………………………………… 200

（1）婦人保護事業の現状　200

（2）女性の人権の確立を阻むもの——性の商品化　203

第 10 章　セクシュアリティの多様性 …………………………………… 207

1 セクシュアリティとセクシュアル・マイノリティ ………………… 207

2 身体の多様性 ………………………………………………………… 208

3 性同一性障害（GID：Gender Identity Disorder）……………… 209

（1）性同一性障害とは？　209

（2）性同一性障害をめぐる小史　211

（3）性同一性障害者の性別の取扱いの特例に関する法律　215

4 同 性 愛 ……………………………………………………………… 218

（1）同性愛とは？　218

（2）同性愛の歴史　219

（3）同性婚のゆくえ　223

索　引 …………………………………………………………………… 233

コ ラ ム

1　男女共同参画社会基本法と女子マラソン ……………………………… 37
　　——男女平等への取り組みは，ゆっくり，しっかり，長期戦で

2　小説・映画に描かれる若年性認知症 ………………………………… 165
　　——萩原浩『明日の記憶』（光文社，2004年）

3　映画『ナヌムの家』に描かれた「従軍慰安婦」………………………… 205

4　映画『ハンズオブラブ——手のひらの勇気』にみるレズビアンカップル
　　の軌跡 ……………………………………………………………… 230

vii

第1章	女性学とは

1　女性学の発祥と発展

（1）フェミニズムと女性学

　女性学という言葉が，私たちの身近でしばしば聞かれるようになったのは，1990年代に入ってからであろうか。全国の大学・短期大学の講義科目に，女性学（あるいは，講義名はそれとは名乗らなくても，同様の視点で開講される講義）が多く登場するようになったのはその頃からであった。以後，多くの大学に普及し，今日では約半数の大学・短大は「女性学関連講座」を開講しているというデータもある。1960年代のアメリカの女性解放運動を経てアメリカで誕生した女性学が，アメリカの大学のなかに登場してから約40年，日本の大学に登場してから約30年後の現状である。女性解放運動の思想に立脚して，学問領域における女性問題を再考することを意味する Women's Studies の訳語として登場した女性学は，現在では「ジェンダー論」，あるいは男性の問題をも含めた「男性学」という名称を冠されることもあり，より幅広く，多様に使用されつつある。ここではまず，女性学（さまざまな名称があるが，ここでは女性学という名称を使用することにする）の発祥にさかのぼり，女性学が本来意味することについて考えてみよう。

　女性学とは，フェミニズムの視点から従来の学問を再検討しようとする試みのことである。フェミニズムの視点とは，歴史的にも現在も，社会のさまざまな制度や習慣のなかにセクシズム（性差別）が存在することを認識し，それを改めていこうとする思想と運動に立脚することを意味する。なぜならば従来の学問とは，このようなフェミニズムの視点に立脚してはおらず，男性の視点か

ら，男性の研究者によって，そして多くは男性の学生ために構築されてきたからである。女性は学問のあらゆる分野で，研究主体としても研究対象としても，取り上げられることがきわめて少なかった。学問が本来の人間——男性も女性も含めた——のものとなるためには，フェミニズムによる再構築を必要としたのである。例えば歴史学の分野で，今まで取り上げられなかった女性の歴史や女性の生活が取り入れられれば，今までとは全く違う歴史を私たちは知ることになるに違いない。文学の分野で，女性の日記や手記が取り上げられれば，新たな文学を発見することになるだろう。ゆえに女性学の特徴をあげると，以下のようにいえるだろう。

① フェミニズムの視点に立った学問である
② 従来の学問を再考する学問である
③ 学際的な学問である
④ 女性解放をめざす実践的な学問である

このような特徴からして女性学の目的とその実践とは，「女性により行われる」「女性のための」学問，としばしば表現される。しかし，はたして女性学とは，女性のためだけに行われる学問なのだろうか。

1977年に設立された全米女性学会（National Women's Studies Association：NWSA 2000人以上の個人と350の機関が所属している）によると，「女性学とは何か？」という項目には，要約すると以下のようなことが記述されている。[2]

　「女性学とは，1960・70年代に発生した，学生運動，市民権運動，そして女性解放運動にその根源を持つ。当初その分野の研究者や教師達が問題としたのは「女性とは何か」という基本的な問題であった。当時多くの研究者は，ジェンダーとは分析のレンズであること，そして女性たちの声は大学内に，またはカリキュラムに十分に反映されていないと感じていたからである。しかし今日では女性の抱える問題は当初の単純な課題を大きく超えている。

　今日では，女性に関するアイデンティティー，権力，特権についての疑

問とは，「女性」というカテゴリーを超えている。アメリカそして人種的に多様な第3世界のフェミニスト研究者達は，女性学とは，さまざまなカテゴリー（例えばセクシュアリティー，人種，階級，ジェンダー，年齢，能力その他）の交差，または文化，構造，国際関係等に焦点を当てた，多国籍間の概念的要求と理論的実践であると考えている。」

　上記に見るように女性学とは，明らかに女性のための学問ではあるけれども，それだけに閉じこもるものではない。つまり女性学とは，女性を性差別から解放することを第一義としながらも，性差別と重複してあらわれる他の差別——貧困，高齢，障害，多様な生活の仕方等——といった差別を克服することを目的としている学問であり，実践なのである。それは意識と知識を突破する，フェミニズムの教育的戦略なのである。

（2）「婦人問題」と女性学

　それでは女性学が誕生するまで，女性に関する学問研究がまったくなかったのだろうか。

　事実はそうではなく，私たちの現在は，過去の多くの有益な女性研究の蓄積の上にある。とくに日本においては，「婦人問題」あるいは「婦人労働問題」という名称で行われてきた研究領域があった。それらの研究は，女性の問題を社会問題として把握することに貢献してきた。例えば「婦人問題」研究においては，女性差別の原因を歴史的・経済的問題としてとらえたという研究成果がある。それらの研究成果を評価しながらも，なぜ今「婦人問題」ではなく女性学なのかということには理由がある。一つは，「婦人問題」にしても「婦人労働問題」にしても，その研究の焦点を女性の歴史的・経済的劣位に当てているために，女性全体の問題（自然・文化・社会といった広範な領域）を取り上げるには狭義の領域であること。もう一つは——そしてこれがより本質的な理由であるが——，「婦人問題」が従来の学問領域の上に依って立っていたことと異なり，女性学は既存の学問体系——「婦人問題」が依って立っていた学問を含め

て——に対して疑義を提出していることである。その例を一つあげれば，「婦人問題」は長い間の研究の歴史と成果がありながら，一般の学校教育には入り込めなかったという経過がある。その理由として，「婦人問題」はイデオロギー性が強く，客観的学問とはいえないとしばしば指摘されてきたのだが，このような既成の学問や知識の背後にある「男性主導的価値観」を女性学は問題にする。つまり女性学とは，単に従来からある女性についての研究の総称ではなく，また従来の学問研究に欠けていた女性問題を「付け加える」のでもなく，学問体系自体の修正を目的とするものなのである。

　以下の節では，アメリカで発祥し，日米それぞれが辿った女性学の発展過程と課題について見てみよう。

2　アメリカにおける女性学の発展

（1）女性解放運動と公民権運動

　アメリカでは現在，ほとんどの大学はその規模の大小にかかわらず，女性学の科目を開講している。技術系，カトリック系，コミュニティ・カレッジ（公立短大），そして性差別是正に保守的な姿勢をとり続けているモルモン教の支配的な地域や，南部地域でも同様である。女性学の大規模な研究誌だけでも12種類が発行され，コミュニティ・センターや大学内で発行されるニュースレターの類は，数がつかめないほど多数ある。現在では，すでに大学教育のなかにすっかり定着し，中・初等教育のなかに取り入れることが課題とされている。

　その女性学の誕生について述べるためには，1960年代に全米を巻き込んで展開された女性解放運動についてまずは述べなければならない。アメリカの女性解放運動は，過去2回，大きく盛り上がった時期がある。1回目は，19世紀終わり頃に起こった女性参政権獲得運動である（第一波フェミニズム運動）。その成果として，アメリカでは1920年に女性参政権が実現したが，以後，フェミニズム運動は停滞した。長い停滞の後，再びフェミニズム運動が盛り上がったのは，1960年代はじめであった（第二波フェミニズム運動）。この第2波フェミニ

ズム運動のきっかけとして，1963年に出版されたベティ・フリーダン（Betty Freidan）の著書『女らしさの神話（Feminine Mystique）』（邦訳タイトルは『新しい女性の創造』）が預かったことは，よく知られていることである。

　ニューヨーク市で新聞記者として働いていたフリーダンは，出産したために仕事を辞めざるを得ず，郊外に引っ越してフルタイムの妻・母親として過ごしていた。約10年間の郊外での家庭生活を送ったフリーダンは，何かが自分の人生から失われていると感じた。そして他の女性が同じように感じているのかどうかを尋ねるために，スミス・カレッジの同窓生に対して質問状を送ったのだった。不満足なのは自分1人だけではなかった。キャリアをあきらめてフルタイムの妻・母親になっているクラスメートの多くも，自らを不完全であると感じていたのである。このようなデータを基にしてフリーダンは，多くの女性が経験している沈黙の苦痛についての本を書き上げ，それを『女らしさの神話』と名づけたのだった。この本は1966年までに300万部が売れ，ミリオンセラーとなった。つまりこの本により女性たちは，自分たちが家庭内に閉じ込められているのは個人的な問題ではなく，女性たちが共通に抱えている社会的な問題であることに気が付き，そのことに異議申し立ての声を上げたのだった。

　郊外に住む中流の白人女性たちの間から草の根的に起こったこの運動は，当時アメリカ社会を席巻していた公民権運動（人種差別に反対し，公民権法を成立させようとする運動）の活動家たちとも連動して，女性解放運動という大きな運動に発展した。この運動は，労働の場をはじめとするさまざまな場所に存在する女性差別を取り除くことに向けられたのだが，同時にその矛先は，当時の社会運動の一つであったスチューデントパワーと結び付き，大学改革運動にも向けられた。

　大学改革運動のなかで女性たちは，自分たち自身の性について，文化について，いかに知識が乏しいのか，既成の学問はいかに女性に関する部分を欠落させているのかに気が付いた。また大学のカリキュラムは，男性の手によって男性中心につくられていて，そのほとんどが男性によって教えられていることにも気が付いた。これらのことは当然，大学自体の改革とカリキュラムの改革を

要求し，そして既成の学問に挑戦する女性学を開講することを要求したのだった。

その女性学が初めてアメリカの大学に登場したのは，記録されている限りでは，1965年のシアトル・フリー大学であった。女性学を広める当時の努力は，公民権運動と大学改革運動と連動して急速に促進され，女性学は1970年代半ばまでにはかなり普及した。このような急速な進展の背景には，公民権運動の成果として，大学のカリキュラムに人種問題に関する講座が組み込まれたという，女性学に先立つ経験があったことが指摘できる。「ブラック・スタディーズ」「アメリカインディアン・スタディーズ」といった少数民族を対象とする民族学（Ethnic Studies）が，すでに各大学のカリキュラムに取り入れられていたのだった。各民族学も女性学も，従来の学問領域と閉鎖的な大学機構に対する挑戦であるが，先行した民族学の経験により，後発した女性学は比較的容易に大学内に取り入れられたといえるだろう。

（2）女性学の発展

1974年に成立した女性教育平等法に基づいて，女性学に関する最初の連邦政府による調査が行われた。フローレンス・ホウ（Florence How）による女性学の詳細な報告書『7年後の女性学』が提出されたのは，1976年であった。この報告書は，女性学の発展の経過を知るうえで貴重な資料であるが，これによると，当時で270を超す「女性学プログラム」（後述）と，1万5,000の「女性学コース」が開設されていた。また『7年後の女性学』は，女性学の盛んな15の大学を選んで調査を行い，女性学の大学内での急速な発展を報告している。ホウによると，これらの大学では，平均して1年に1,300人の学生が女性学の講座を受講していたという（1975-76年）。ノースキャロライナ州の小さな大学であるベネット大学では，600人の学生のうちの106人が，13の大きな大学（学生数7,000人以上）では，5-10％の学生が受講した。同報告書のなかでホウは，女性学が大学教育のなかで一定の地位を獲得することに成功したこと，またその影響が社会的に大きいことを高く評価している。しかしその一方で問題点とし

て，女性学が「白人で中産階級の女性」の問題を対象としている欠陥を指摘している。しかし，人種問題が女性学の課題として取り上げられるには，その後まだ10年の歳月を必要としたのだった。

1977年に，初の全国組織である「全米女性学会 (National Women's Studies Association：NWSA)」が設立された。1979年に初の NWSA 全米会議が，1,200人の参加者を得てカンサス大学で開催された。その後年々組織が整備され，現在でも毎年１度，全米各地から女性学の教師（幼児教育から大学院レベルまで），活動家，学生が2,000人近く参加して，全米会議を開催している。また NWSA は会議開催だけではなく，出版事業，奨学金，奨励賞，職業紹介，調査研究等，その活動の範囲を広げて現在に至っている。

このようなめざましい発展を辿った女性学であるが，その初期の発展段階においては，無報酬や低報酬による講師やスタッフの自主的活動によって支えられてきた。しかしそれは，次第に独自の「方法」を採用するようになり，大学組織に浸透した。学際的視野に立つ「女性学プログラム」と呼ばれるネットワーク方式がそれである。「女性学プログラム」とは，学部という枠を設けず，複数の学部・専門領域にわたるネットワークを形成し，「委員会」が各学部内に散在する「女性学コース」を統括する。「委員会」とは，通常，教員・スタッフ・学生・地域住民等により構成される。「プログラム」であるためには，①独自の予算を持つ，②有給の管理スタッフがいる，③カリキュラムが公式のものとして認められている，④学位に関する主専攻，あるいは副専攻科目としての必修科目になっている（アメリカの大学は，専攻科目のほかに，副専攻科目を選択することが必要条件とされている）ことが条件となる。

女性学が開講された初期の頃より，従来通りの学部組織に基づく女性学の開講は反対されていた。女性にとって重要な「場所」は，あらゆる学問分野のすべてのレベルに存在するのだから，女性学を一つの学部に閉じ込めることは焦点を狭めることになるからである（次頁の図１-１参照）。そして何よりも女性学の登場自体が，従来の大学機構，既成の学問に対する挑戦であったことから，それは当然の要求でもあった。同様の理由で，民族学の多くも「プログラム」

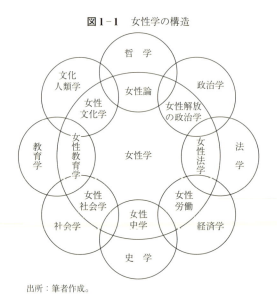

図 1-1　女性学の構造

出所：筆者作成。

方式を採用している。

　「女性学プログラム」方式を採用した最初の大学は，1970年のカリフォルニア州立大学サンディエゴ校であった。その他，初期の採用校としては，オレゴン州立大学ポートランド校，リッチモンド市立大学，カリフォルニア州立大学サクラメント校があげられる。このように「女性学プログラム」は，伝統的な大学よりも州立大学やコミュニティ・カレッジのような，比較的新しい，権威的でない大学において早く取り入れられた傾向がある。そして女性学にとってこのプログラム方式は有効な方法と認識され，1970年代半ばには多くの大学で採用され，女性学運営の主流となったのである。その理由としては先述した理由のほかにも，従来のように一つの独立した学部を構えることと比べると，安価で簡単に開講できるという理由もあった。少ない予算，少ないスタッフで運営できて，その規模は伸縮自在である。非常勤講師で多くをまかない，特にアカデミック・カップルと呼ばれる「教員の妻」を雇用することによって，安易に開講された女性学講座があったことも否定できない。

第1章　女性学とは

（3）アメリカ女性学の課題

　大学教育のなかに短期間に定着した女性学であるが，問題を抱えていないわけではなかった。創生期（1960年代），発展期（1970年代）を過ぎて1980年代に入ると，女性学は克服すべき課題と取り組む修正期を迎えたのである。

　女性学がまず直面したことは，女性学への批判であった。今までに普及された女性学は，「白人で中産階級の女性」のための女性学であり，非白人女性の問題が取り上げられてこなかったという，既成の女性学への批判がそれである。NWSA の全米会議でも，1981年のコネチカット大学での会議のテーマに「女性が人種差別を問う」を取り上げたことを皮切りにして，毎年連続して同テーマを取り上げ続けた。まさに1980年代の女性学の課題は，人種問題に集約されたといっても過言ではない。「ホワイト女性学」への批判は，1976年のホウの報告書のなかですでに指摘されてはいたが，ここへ来てやっと女性学が抱える課題として顕在化したのである。

　女性学と人種問題については，先述した各民族学との関係は無視できない。女性学も各民族学も，従来の学問領域，閉鎖的な大学機構とカリキュラムに対する挑戦であり，同じ戦略を共有していた。1960年代の公民権運動の影響により，各民族学（主として，また初期にはブラック・スタディーズ，それに続いて以後，チカーノ・スタディーズ，アメリカインディアン・スタディーズ，アジア系アメリカ人スタディーズ等が開講された）は，女性学に先立って大学のカリキュラムに各講座を開設することに成功していた。しかし，それぞれが「女性の視点」も持ち込んだとは言えなかった。つまり大学機構のなかに組み込まれた各民族学とは，従来通りの「男性の学問」であったのだ。結局，もっとも抑圧されている人々である「少数民族の女性」の問題は，女性学の手に委ねなければならなかった。批判に答え修正を迫られる女性学の背景には，各民族学の期待と必要があったからでもある。

　女性学が修正を迫られたもう一つの課題は，ヘテロ・セックスへの偏向の修正である。非白人女性や貧困女性と同様に，現代のアメリカで抑圧されているもう一つの女性の集団とは，レズビアン女性たちである。しかし女性学は，人

9

種問題同様にこの問題を避け続け，女性学のなかで取り上げることにはきわめて消極的であった。女性学はレズビアン問題を無視しているという批判が出ると，女性学はその問題を中央の主題として積極的に登場させるようになる。1980年代に入ると，NWSA 全米会議においても人種問題と並んで，レズビアンのための特別な提案・分科会・集会が盛んに行われるようになった（当時は，レズビアン以外の LGBT の人々のことは，問題とされてはいなかった）。しかしこのような性急な取り組みにもかかわらず，実際の女性学の講義のなかでレズビアン問題が取り上げられること，また調査や研究が行われることはいまだに多くはない。

　人種問題・レズビアン問題（後に LGBT 問題も含めて）として1980年代から顕在化した女性学への批判とは，同時にフェミニズム全体への批判でもある。女性解放運動が中産階級の白人女性によって担われたように，フェミニズムはその発祥において「偏り」があったことへの批判である。すべての抑圧された女性の視点（非白人女性，貧困女性，高齢女性，レズビアン，障害がある女性，移民の女性等）を女性学に取り入れ，性差別と重複する差別を克服することを要求する，きわめて政治的な課題が女性学には突き付けられたのである。

3　日本における女性学の発展

（1）ウーマンリブ運動と女性学

　アメリカで女性学が大学に登場してからおよそ10年遅れて出発した日本の女性学は，アメリカほどには大学教育体系に組み込まれてはいないながらも，現在では約半数の大学・短大に「何らかの女性学関連講座」が開設されている。[3]

　その出発点に女性解放運動があったことは，日本においてもアメリカと同様であった。1960年代にアメリカで起こった女性解放運動は直ちに世界中に飛び火したが，日本もその例外ではなかったからである。1970年代に入ると，従来の「婦人運動」とは，目標も担い手も運動の仕方も明らかに異なる草の根的な運動が出現した。男社会を告発すること，女役割を否定し自己解放すること，

コンシャスネス・ライジング（意識覚醒）の局面を持つこれらの運動は「ウーマンリブ運動」または「リブ運動」と呼ばれ，アメリカの女性解放運動の影響を受けながらも日本的に展開されたのだった。

　そのような「リブ運動」の一つとして，1971年8月に長野県信濃平で日本で初めてのウーマンリブの合宿が行われた。100人を超えるさまざまな立場の20代後半から30代の女性たちが集まった合宿の中身は，運動の目標等を討議するというよりも，自己告白，女役割への束縛感といった意識変革を求める話し合いが中心だったという。その合宿のなかで，当時アメリカで広がりつつあった女性学が紹介された。これがきっかけとなって女性学の存在が注目を集め，実際にアメリカに見学に行った人々によって日本に紹介されることとなる。

　1970年代はじめのこれら「リブ運動」の女性たちにとって，女性学とは新しいアイデアと戦略の源泉として受け取られたのだった。1974年に書かれた「アメリカ諸大学の女性学講座」（井上輝子・賀谷恵美子『婦人問題懇話会会報』20号）は，リブ合宿のなかでの女性学の報告に啓発され，アメリカの大学での女性学を実際に調査してきた人々による調査報告書である。このなかで Women's Studies の訳語として，はじめて「女性学」が使われ，以後，女性学という訳語が定着したのである。

（2）女性学の発展①──1970・80年代

　日本で初めて女性学の講義が行われたのが，どこの大学なのかは定かではない。その理由はデータが少ないということだけではなく，第1節で既述したように，「婦人論」「婦人労働問題」といった講座が，数は多くないながらもかなり以前から開講されていて，かつアメリカのように「方式」の変更があったわけではないので，新たな講座が「付け加えられた」日本においては，いわゆる女性学の講座の始まりが特定できないからである。

　女性学講座の始まりは特定できないが，国立女性教育会館の調査によって，その推移を知ることはできる。それによると，1971年以前に12講座（科目）が開講されていた。

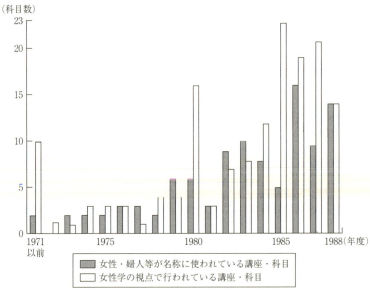

図 1-2 1970-80年代の女性学関連科目数の推移

出所：国立女性教育会館「昭和63年度高等教育機関における女性学関連講座開設状況調査結果報告」。

　しかし時期的に見ると，女性解放運動の影響以前に開講されていたこれら12講座が，本書における「女性学」とは考えられないので，従来から開講されていた「婦人問題」関連の講座であると推測できる。この種の講座が，1970年代には，年間最小で1講座が，多い年でも10講座が開講されていた。日本の大学内に多少とも女性学（と思われる）講座が目立つようになるのは，1980年代に入ってからである（図1-2参照）。

　しかしその一方で，1970年代後半には，大学以外の場所で女性学を広める努力が行われるようになった。一つは，1975年の国際婦人年と，それに続く「国連婦人の10年」を契機とした行政の対応である。女性の社会参加のための国内行動計画が実施され，女性のための教育施設の整備が進められた。1977年に埼玉県に開館した国立女性教育会館（当時は，国立婦人教育会館）は，女性学を広める重要な役割を果たしたのだった。1978年には同会館で「国際女性学会東京会議」が開催され，女性学に関心を持つ内外の研究者100名以上が参集して，

第1章　女性学とは

図1-3　1980年代以降の女性学開講大学数の推移[4]

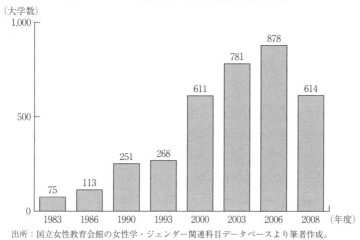

出所：国立女性教育会館の女性学・ジェンダー関連科目データベースより筆者作成。

3日間にわたって討議した。また，お茶の水女子大学に1975年に女性文化資料館が設置され，1978年には同大学で，文部省が交付した大学教育方法等改善経費による事業の一環として「大学における婦人問題および女性学講座はいかにあるべきか」というシンポジウムが開催された。このような国立の教育・研究機関での取り組みは，女性学を一般に広める強力な後押しとなったといえるだろう。また1970年代後半には，女性学を研究する団体が次々に設立された。国際女性学会（1977年），日本女性学研究会（1977年），女性学研究会（1978年），日本女性学会（1979年）がそれである。

（3）女性学の発展②──1990年代とそれ以降

1990年代に入ると，女性学を開講する大学数は飛躍的に増大する。図1-3に見るように，1980年代の終わりには開講大学数は100を超えた程度であったが，1990年には251校，1993年には268校，2006年には最大の878校に達する[4]。

1990年代以降のこのような急速な増加には，先述したような1970-80年代の努力によって女性学の必要が広く認識されたことが主な要因だが，それに加えてもう一つの理由が後押しをしたことを指摘しておきたい。18歳人口の減少を

見据えて各大学は1990年代から大学改組を押しすすめたのだが，そのような変革がカリキュラムを再検討し，女性学の開講を進めた結果となったことである。

　近年の18歳人口の減少により，文部科学省は大学・学部の新設や増設を抑制する方針を採っているが，1991年に出された文部省通知「平成5年度以降の大学設置に関する審査の取り扱い方針」のなかで，看護・社会福祉・医療技術・情報系の学部はその抑制措置の対象外であるとした。これを指針として多くの大学で改組が行われ，多くの大学でスクラップ・アンド・ビルドが行われ，多くの新学部・学科が誕生した。新学部・新学科のカリキュラムは，より新しい視点を取り入れることに積極的であったため，女性学をはじめとする「新しい科目」が取り入れられる結果となった。なお，2001年に出された文部科学省通知「平成12年度以降の大学設置に関する審査の取り扱い方針」も，1991年通知と同様の見解を示した。つまり，2000年以降も，大学のスクラップ・アンド・ビルドは継続して現在に至っている。1990-2000年代に女性学が急速に発展した背景には，このような理由があったことは，筆者が行った「社会福祉教育とジェンダー・センシティヴ・カリキュラム──日本社会事業学校連盟加盟校へ行った調査結果から」の結果からも明らかである。[5]

　では，その結果として，現在の女性学の開講状況を詳しく見てみよう（閲覧可能な最新データである2008年度の開講大学数・開講数は表1-1の通りである。

　2008年度の開講大学数は614校，開講科目数4,221科目である。今までの調査では，2006年の878校が最高数であったので，それよりは多少減少しているが，全国の大学に占める開講大学数の比率は51.9％である。2校に1校は「何らかの女性学関連科目」を開講していることになる。しかしもう少し詳しく見れば，女性学の普及度はそれほど楽観できるものではないようである。まず，開講大学とは，たとえ1科目でも開講していれば開講大学数にカウントされるので，実際にはたくさん開講している積極的な大学と，ごく少数を開講しているに過ぎない大学が混在していることになる。さらに，国立女性教育会館の調査は，「何を女性学とするか」はすべて自己申告に委ねている（注3を参照）。例えば，

第1章　女性学とは

表1-1　2008年に開講された女性学関連科目数一覧

設置形態		全国の大学数	開講大学数（％）	開講科目数
国　立	大　学	86	70（81.0％）	831
	短　大	2	0	0
公　立	大　学	90	52（58.0％）	284
	短　大	29	17（58.6％）	51
私　立	大　学	589	333（56.5％）	2,649
	短　大	386	141（36.5％）	399
放送大学		1	1	7
計		1,192	614（51.9％）	4,221

出所：図1-3と同じ（最新の，最後の報告書である）。

2008年のデータベースから当年の開講科目を見てみると，「家族法」「家族心理学」「家族社会学」といった家族に関連する科目，「母子保健」「母子保健科学」「栄養学」といった母子に関する科目，さらには「社会学」「政治学」「倫理学」「法社会学」「労働政策」「労働経済」「コミュニケーション論」「情報論」「生活学」「文化人類学」といった一般科目，さらに各「演習科目」が含まれている。それぞれは女性学の視点で行っているということなのであろうが，担当者が代われば講義内容が変わるということであり，カリキュラムとして女性学が位置づけられているとは言い難い。このような詳細を見ると，「女性学」という名称が使われたり，サブタイトルやシラバスに内容を明記した「明らかな女性学」とはもっと少なく，51.9％の大学で開設されているというのは，過剰な数字と推測できる。現在ではかなり大学教育に普及したように見える女性学は，その内容を含めて，改めて検討されるべき時期に来ている。

4　女性学の将来と課題

　一見すると，かなりの程度普及した日本の女性学の課題を整理すると，次の3点が挙げられる。

①　大学のカリキュラムへのさらなる定着——専門教育も含めて

1990年代の後半から2000年代にかけて，かなり普及した女性学ではあるが，

15

先述したように「実質的な女性学」としてカリキュラムへ定着させる必要がある。また，国立女性教育会館の統計にはその項目がなく明らかにされていないが，女性学の開講が共通教育（教養課程）のみなのか，あるいは専門教育（専門課程）においても開講されているのかという調査も必要である。筆者が行った福祉系大学における女性学関連講座に関する調査では，女性学を教養課程において開講している大学の約半数は，専門課程においても開講しているという結果となった（注5を参照）。そのような積極的な大学の共通点として，新しい学部・学科であること，女子大学であることがあげられる。現状では，女性学関連科目を積極的に開講している大学と，全く開講しない大学という二極化が起きている。

　現存する唯一の全国調査である国立女性教育会館の女性学データベースを概観する限りでは（そのような集計はしていないのだが），教養課程においては女性学の開講は普及しつつあり，大学共通教育の一端に地位を確保しつつある。しかし専門課程においてはそれほど普及しているとはいえない。今後は，専門課程での開講を視野に入れた普及が課題である。

② 教授法・教材の開発

　データベース化される以前の国立女性教育会館の女性学関連科目調査報告書によると，女性学担当教員の変化がよくわかる。報告書としては最新の調査（最後の）である2000年度開講科目調査によると，回答のあった担当教員623名のうち，性別では女性が72％，地位別では常勤64.1％，非常勤27.2％である[6]（「不明」があるため100％にはならない）。このことは一見，女性学担当教員の専任率が高いようであるが，必ずしもそうとはいえない。古いデータと比較するために1987年調査報告書を見ると，担当者308名のうち，女性が75％，常勤が74.0％であった。しかも性別で見ると，女性で常勤は66.7％であるが，男性で常勤は96.1％である。つまり，専門外の専任教員が（とくに男性教員が）女性学関連科目を担当していると見ることもできる。そのことは，担当者の専門分野別統計からも推察できる。2000年調査のデータを見ると，多少そのような傾向が修正されていることを伺わせる。専任でやりくりするのではなく，必要なら

ば非常勤を雇用するなど，適切な担当者を求めることが必要である。また担当者の問題だけではなく，教養課程・専門課程におけるジェンダー関連科目の取り扱うべきテーマ，テキスト等を含めてカリキュラムが検討されなければならない。

　また，カリキュラムをつくることだけでなく，教授法の再考も必要である。暗黙のうちに教室内において再生産されるジェンダー・システム（「隠れたカリキュラム」）が修正されなければならないからである。アメリカやイギリスの文献で紹介されている「隠れたカリキュラム」とは，教師は男女の学生を教室内で異なった取り扱いをすることがあるかもしれないこと（女性を無視しがちであること，女性よりも男性の方を質問や議論に多く指名しがちであること等），両性を表すのに「男性用語」を使用すること，調査研究・実習の課題・卒論のテーマ，進学や就職のアドバイスが男女の学生によって異なることがあるかもしれないこと，等である。このような「隠れたカリキュラム」を払拭するための教授法の開拓も含めて，女性学関連科目で取り扱うべきテーマ，研究方法，教授法，テキスト，シラバスの公開，情報の交換等を含めて，広く議論が行われることが必要である。

　③　運動との連動，国際的課題への取り組み

　女性学の研究と実践において，国際的な連帯が必要とされている。アメリカの女性学・女性運動にとっては，第3世界の女性と，「抑圧者」側に位置する先進国の女性が連帯することは困難な，そして緊急な課題である。日本にとっても，アジアの貧困問題から派生する「出稼ぎ」や「国際結婚」は，共闘すべき課題である。また近年はそれらに加えて，日系人の雇用問題が発生し，連帯すべき国際的課題は山積している。このような新たな「ジェンダー課題」に取り組むこと，運動と連動することが女性学に期待され，課題とされているのである。

注

(1) 講義名としては，当初は女性学が使用されていたが，女性の問題だけでなく，ジェンダーから派生する両性の問題を取り扱うという意味を含めて，次第にジェンダー論（学）が使用されることが多くなった。詳しくは第3節を参照。女性学という訳語の元であったアメリカにおいても，全米女性学会によると，近年になって，科目名，プログラム名を Women's Studies から Gender Studies へと，あるいは Wonen's and Gender Studies へと変更する大学が増えているという。しかし，学会名としては Wonen's Studies が使用されているように，科目名だけでなく，その概念としてはいまだに女性学が一般的であるという理由により，ここでは科目名としては女性学を使用し，本書の書名にも女性学を使用した次第である。全米女性学会（National Women's Studies Association；NWSA）HP 参照，http://www.nwsa.org（2017年4月）。

(2) 注(1)の全米女性学会HPを参照のこと。

(3) 本節で使用する女性学の統計は，国立女性教育会館が行った調査に基づく報告書，及び女性学・ジェンダー論関連科目データベースに依っている。しかしこれらの統計は，自己申告であること（「女性学の視点で行っていると判断すれば，科目名が「社会学概論」や「社会学演習」であっても女性学の統計にカウントしていること等），女性学の規定が厳密に行われていないために，必ずしも実態を正確に把握しているとは言い難い。しかし，唯一の全国調査のため，上記のような限界があるが使用したことを断っておく。しかし本調査結果は，現在（2017年4月）の国立女性教育会館のHPからは削除されている。ゆえに前回の改訂時に同ホームページから入手した2008年度のデータを使用した。国立女性教育会館HP参照 http://winet nwec.jp（2010年7月）。

(4) 図1-2と図1-3に登場する，1980年代半ば以降の女性学開講大学数（科目数）は数字が合わない。例えば，図1-2によると，1988年の開講科目数は（女性学等の名称を使用しているもの，女性学の視点で行われているものを足しても）28科目にしかならない。一方，図1-3では，同年代の開講大学数は135である。いずれの図も元となるデータの出所は国立女性教育会館であり，齟齬の生じた原因は不明であるが，そのまま掲載することにした。

(5) 筆者が日本社会事業学校連盟の加盟校に対して行った調査結果からも，1990年代から2000年代初めにかけての大学改組が，ジェンダー関連科目を増加させたことに資していることが明らかとなった。杉本貴代栄「社会福祉教育とジェンダー・センシティヴ・カリキュラム——日本社会事業学校連盟加盟校へ行った調査結果から」を参照のこと。（杉本貴代栄『福祉社会のジェンダー構造』〔勁草書房，2004年〕所収）

⑹　国立女性教育会館が発行した，「高等教育機関における女性学・ジェンダー論関連科目に関する調査報告書（平成12年度開講科目調査）」と「昭和62年度調査報告書」を参照した。印刷物として入手できる最新の資料である。

参考文献

バーバラ・シンクレア『アメリカ女性学入門』勁草書房，1982年。

杉本貴代栄『アメリカ女性学事情』有斐閣，1985年。

杉本貴代栄他『学んでみたい女性学——フェミニズムと女性の生活』ミネルヴァ書房，1995年。

ベティ・フリーダン／三浦冨美子訳『新しい女性の創造　改訂版』大和書房，2004年。

第2章	ジェンダー平等をめぐる歴史と理論

1 フェミニズムの歴史と理論

「フェミニズム」という言葉は，ラテン語のフェミナ（femina＝女性）から派生した語で，元来は「女性の特質を備えている」という意味であった。フェミニズムという用語を最初に使ったのは，19世紀初頭のユートピア社会主義者のシャルル・フーリエ（Charles Fourier）であったと言われている。彼は，平等を希求する理想の共同体を構想するなかでこの用語を用いた。1890年代にフェミニズムという語が，それ以前に女性の権利の擁護の意味として使われていた「ウーマニズム」に代わって，男女平等の理論や女性の権利運動を指して使われるようになった。しかし，フェミニズムという言葉が女性運動のなかで広く使われるようになったのは，20世紀に入ってからである。日本ではフェミニズムの訳語として，戦前までは「女権拡張論」が，1960年代のウーマンリブ以降は「女性解放論」が当てられていたが，現在では女性の解放をめざす思想と運動を広く「フェミニズム」と呼ぶことが定着した。

そのフェミニズム運動は，二つの大きな波によって分けられる。一つは，19世紀中葉から20世紀初めにかけての女性参政権をめぐる運動である。二つ目は，1960年代に起こった女性解放運動（Women's Liberation）——日本では「ウーマンリブ」と呼ばれた——である。この二つの波は世界的に巻き起こったものであるが，日本もそれらの波と無縁ではなく，時期的に多少のズレはあるものの，二つの波によって大きく時代を区切ることができる。

21

（1）第一波フェミニズムとその理論

　日本で第一の波に相当するものは，明治末期の『青鞜』を中心とする女性たちの活動と，それに続く大正デモクラシー期の婦人参政権獲得運動と婦人労働運動である。1911年に平塚らいてふが中心となって発刊した女性による文芸雑誌『青鞜』は，文学を通して女性の自我の目覚めを勝ち取ることをめざしていた。しかし，当時の女性たちが置かれていた差別的な状況は，否応なく『青鞜』の同人たちの目を社会問題へと向けさせたのだった。「婦人問題特集」を組み，家制度への批判，公娼制度への批判，避妊・堕胎を取り上げることになる。その結果，『青鞜』は相次ぐ発禁処分を受け，また経済的行き詰まりから1916年に無期休刊に追い込まれる。発行されたのはわずか5年間でしかなかったが，『青鞜』を舞台に活躍した同人たちやその協力者であった女性たちは，その後も「母性保護論争」を展開したり，婦人参政権運動や婦人労働運動を担い，第一波の運動の先駆者たりえたのである。

　平塚らいてふは，市川房枝，奥むめおとともに1920年に「新婦人協会」を結成し，治安警察法の修正運動から婦人参政権獲得運動に入っていった。「母性保護論争」に参加した山川菊栄は，1921年に日本で初めての社会主義婦人団体である「赤瀾会」を結成した。1925年に普通選挙法と治安維持法が成立したことを契機とし，「婦選獲得同盟」が結成された。当時の婦人運動は婦人参政権獲得を中心課題として展開されたのである。

　第一波フェミニズムとその運動——いわば，ブルジョワ女性運動と，労働運動を中心とした社会主義女性運動——を担った理論は，リベラル・フェミニズムと社会主義フェミニズムであった。

　リベラル・フェミニズム（または自由主義フェミニズムともいう）は，歴史的に最初に起こったフェミニズムであり，現存の社会体制のなかで，女性が男性と平等の権利を有することを実現することをめざす。教育，職業，政治の分野に女性が進出することにより，男性の下位に位置していた女性の平等が達成されるとする。最も受け入れられやすい女性解放の理論であり，人権・平等・民主主義を女性にも拡大していこうとする一方，私的領域を問題にしないこの理論

は，先進資本主義諸国における行政の実践根拠とされている。過去においてだけでなく，現在でもリベラル・フェミニズムは，女性解放の重要な理論の一つとされている。「国連婦人の10年」に代表される運動を担う理論的根拠は，明らかにリベラル・フェミニズムである。最近では，リベラル・フェミニズムの発展的理論として，グローバル・フェミニズムと括ることもある。

　グローバル・フェミニズムとは，各国の歴史的制約に枠づけられている運動を，地球的な枠組みのなかで再構成しようとするものである。平和・発展・人権・環境の価値を世界的枠組みのなかで追求する。「国連婦人の10年」「女性差別撤廃条約」「2000年に向けての将来戦略」は，国境を越えてフェミニズムをグローバル化する上での格好の題材であり，契機であったといえる。

　一方，労働運動を担った**社会主義フェミニズム**とは，社会主義革命による現体制の変革によって，階級抑圧とともに女性の抑圧も解消されるという立場を取る。女性が抑圧されている最も大きな原因は，女性が社会的生産である労働の場に参加できず，経済力がないことによる。女性の社会的生産への完全参加は，資本主義社会では実現しないことであり，女性問題の解決は社会問題の解決と同じく社会主義革命により達成されるとする。この理論は，リベラル・フェミニズムがすくい上げられなかった労働者階級の女性たちの声を代弁し，国際婦人デー，先進的な労働組合婦人部，NGO 傘下の日本婦人団体連合会，働く女性の集会といった大衆的な運動を支える理論となった。

（2）第二波フェミニズムとその理論

　フェミニズムの第一波が静まった後，約半世紀近くフェミニズムは鳴りを潜めたままだった。ベティ・フリーダンが『女らしさの神話』で明らかにしたように，「女らしさ」や「女性役割」の規範にとらわれた女性たちが，異議申し立てをしたことから第二波の運動は始まった。つくられた「女らしさ」の拒否，性の肯定，レズビアニズムの主張といった，それまでの運動とは全く異なる担い手によって行われた女性解放運動（日本では「ウーマンリブ運動」と呼ばれた）を支えたのは，全く新しい理論であった。第一波フェミニズムがその目的を女

性参政権獲得に据えていたように，当時は制度的な性差別が厳然と存在していた。しかし，第二波フェミニズム運動が起きた時期には，そのような制度的な性差別は，大方解消されていた。それにもかかわらず，相変わらず女性は抑圧されている。第二波の運動は，性差別は日常生活の隅々に浸透していて，制度的な改革だけでなく，慣習や文化の変革が必要であることを主張したのだった。

　アメリカで始まったこのような女性解放運動は日本にも影響を与え，1970年代前半に，「ぐるうぷ闘うおんな」を中心とした無名の女性たちによる小グループや，妊娠中絶を解放しピル解禁を要求する「中ピ連」といった団体が誕生した。それらはマスコミにおおいに話題を提供したが，後に継承するような運動を形成するには至らなかった。

　このような第二波フェミニズム運動を支えた理論である**ラディカル・フェミニズム**とは，多様な，広範な議論を含む試論的性格の寄り集まりであり，独立した理論とは言い難い。ケイト・ミレット（Kate Millett），シュラミス・ファイアストーン（Shulamith Firestone），日本では田中美津らがその代表者である。その主張は，性支配からの解放，産む性からの解放，女性役割の否定，家族の否定等，従来のフェミニズム理論ではとらえきれない女性の感性や理論の主張であった。この理論の特徴は，「家父長制」という私的領域の概念を持ち込んだことである。女性解放のためには，社会的領域における男性の女性支配だけが問題なのではなく，私的領域における男性の女性支配が問題であること，性支配は階級対立とは全く別の原因によって起こることを明らかにした。この私的領域への注目は，それ以前のフェミニズム理論の限界を破る突破口を提供したのだった。

（3）第二波フェミニズム以降のフェミニズム理論

　第二波のフェミニズム運動は，従来のフェミニズム理論に新しい展開をもたらした。フェミニズム運動自体は，後にも継承される大きな運動とはなりえなかったが，それが提起した問題はその後のフェミニズム理論に受け継がれたのだった。日本でもウーマンリブ運動を経験した1970年代後半から，日本のフェ

ミニズムはかつてない活発な時代を迎えたのだった。

マルクス主義フェミニズムの日本への導入の過程は，マルクス主義理論における性抑圧の欠落を指摘したジュリエット・ミッチェル（Juliet Michell）の「Woman's Estate」（1971年）を，1973年に佐野健治が翻訳したことに始まる（邦訳タイトル『女性論——性と社会主義』）。その後，1970年代後半から1980年代にかけて，マルクス主義の欠落点を補うものとして注目され，盛んに論じられたのである。

社会主義フェミニズムに，ラディカル・フェミニズムの主張を取り入れたマルクス主義フェミニズムは，女性を抑制するものとして社会主義フェミニズムが主張した「階級支配」と，ラディカル・フェミニズムが主張した「家父長制」を結び付け，現代の女性を抑制している原因は「家父長制資本主義」であることを明らかにした。とくに，家事労働をはじめとする家族における女性収奪に照明を当て，それがいかに資本主義社会の存続に不可欠であったかを明らかにした。この理論はミッチェル以来，多くの論者による理論の構築が行われ，日本では，水田珠枝，上野千鶴子らの著作が注目された。

エコロジカル・フェミニズムは，その名前が示すように，自然の生態系と調和のとれた生活の仕方をめざすエコロジー主義とフェミニズムを統合したものである。ラディカル・フェミニズムの反動としてヨーロッパで起こり，1980年代に入ってから注目されるようになった。日本には，1983年に青木やよひによって紹介された。

前近代社会では，「女性性」も「男性性」も，それぞれ生き生きと生きていた。ところが近代社会になり，経済や効率が重視されるようになると，それに属する「男性性」が重視され，自然に属する「女性性」は軽視されるようになった。そこで，「女性性」を否定するのではなく，「女性性」すなわち自然を重視することにより，現代社会も女性も解放されると主張する。

日本では欧米と比べて，1980年代にエコロジカル・フェミニズムが大いに受け入れられた時期がある。イヴァン・イリイチ（Ivan Illich）によるジェンダー論が盛んに取り上げられたりもした。その背景には，日本のフェミニズムが内

表2-1　フェミニズム理論の類型化

フェミニズム理論	近代社会の評価		性差別の原因	
ブルジョア的フェミニズム	＋		公的領域(主として政治・法律)	
社会主義フェミニズム	基本的には＋	前近代よりも進歩 しかし、次の段階の準備段階	公的領域(主として経済)	性差別の原因は、基本的には女性が社会的生産に参加してこなかったため
ラディカル・フェミニズム	中立	近代社会もそれ以前の社会と同じ位、性差別的社会	私的領域	性差別の原因は、性心理的・文化意識的・生物学的な家族
前期マルクス主義フェミニズム	基本的に－	近代社会において女性は無償の家事労働に従事させられた	公的領域	私的領域の変化は、資本主義経済の効果である。
エコロジカル・フェミニズム	基本的に－	近代産業社会の生産中心主義が女性と自然を抑圧・支配	公的領域	経済領域における産業主義と、近代社会における合理主義が身体的自然的存在である女性を抑圧
後期マルクス主義フェミニズム	＋と－	家父長制と資本主義は相互関係にあるとともに、相互矛盾的関係にもある。強化の側面では女性にとって抑圧的であるが、矛盾的関係においては女性に解放の可能性を与える	公的領域と私的領域双方	この二つは独立の要因、しかも相互に関連
ポスト・モダンフェミニズム	基本的に－	近代資本制でファルス中心主義は強化された	私的領域	性差別の原因は、ファルス中心主義的エディプス主体の内面化を強制させられたこと

出所：江原由美子「フェミニズム理論への招待」『別冊宝島85』1988年12月を参考に筆者作成。

匂している「母性主義」、母親運動といった、母親や主婦の視点での運動が盛んであったということが、一因として挙げられるだろう。

　フランスのポスト構造主義に影響を受けた、**ポスト・モダンフェミニズム**が日本に紹介されたのは、1980年代の半ばであった。その理論は統一的ではないが、西欧文化と西欧社会に深く根を下ろしている思考と精神のあり方こそが、女性を抑圧する原因であると主張する。性差別の原因は、「ファルス中心主義的エディプス的主体の内面化」を強制されることにあり、しかも近代資本制においては、このファルス中心主義は強化された。「内面」にこそ、女性たちを支配する根元がある。この理論は分かりにくく、いまだ整理されているとは言いがたいが、言葉や思想が根本的に性別と深く関わっていることを提示した（以上、表2-1参照）。

2　今日のフェミニズム——平等の進展と揺り戻し

　1980年代からフェミニズム理論が盛んに論じられるようになったと先述したが，それは同時に，さまざまな分野で，男女平等を進める法律が成立し，施行された時期でもあった。以下，1980年代，1990年代，2000年以降と時代を区切って，ジェンダー平等政策の軌跡を概観し，その達成したものと残された課題を考えてみよう（次頁の表2-2参照）。

（1）女性の二極化が進められる——1980年代

　1980年代は，マスコミにより「女性の時代」と称された。その理由の一つが，1985年に成立した雇用の分野における男女の均等な機会及び待遇の確保等女子労働者の福祉の増進に関する法律（以下，均等法）であることには，多くの人が同意するだろう。1975年が国連によって「国際婦人年」と設定され，それに続く1976年から1985年までが「国連婦人の10年」とされたことは，国連加盟各国が男女平等政策を推進する後押しをした。日本におけるその影響は，女性差別撤廃条約の批准をテコとした均等法の法制化であった。法的な不備が批判された面は多々あったものの，「男女が平等に働く」ことをともかくも法的に承認した同法が，男女平等の進展に寄与したことは間違いない。これ以降，男女平等の政策は大きく進展するのだが，その意味からも均等法が成立した1985年とは，その起点ともいうべき年であった。

　均等法は，性別によってではなく，能力によって男女に均等な機会を与えることを意図した法律であり，当時の（そして現在も）女性労働者にとって最大の問題であった男女の役割分担という枠組みを変えることを視野に入れた法ではなかった。女性にとって，「家庭と仕事の両立」をいかにうまく成し遂げるかということが前提となっている。そのような枠組みのなかで，能力によって男女に均等な機会を与えるという政策の推進は，結果として女性労働の「階層化」と「多様化」をもたらした。そして「多様化」とは，女性のライフスタイ

表2-2 ジェンダーに関連する近年の社会保障・社会福祉に改革一覧

年	社会福祉政策	その他・ジェンダー関連政策	年金・税制に関連する政策	ジェンダーに関する社会の動き
1985	児童扶養手当制度に2段階所得制限が導入	男女雇用機会均等法／労働者派遣法	国民年金に一元化	国際婦人年（1975）／国連婦人の10年（1976〜1985）／国連が女性差別撤廃条約を採択（1979）／ILOがILO156号条約を採択（1981）
1987	社会福祉士及び介護福祉士法			女性差別撤廃条約を批准（日本）／第3回世界女性会議（ナイロビ）
1989	ゴールドプラン策定		配偶者特別控除の新設	
1991		育児休業法成立・公布／児童扶養手当法改定（支給額の倍増）		
1993				世界人権会議（ウィーン）／国連が「女性に対する暴力撤廃宣言」を採択
1994	エンゼルプラン策定／緊急保育対策等五か年事業策定／新ゴールドプラン策定			国際人口開発会議（カイロ）
1995		育児・介護休業法（育休給付金25%に。介護休業は1999年度から実施）／労働基準法改正（26種に拡大）		第4回世界女性会議（北京）／日本がILO156号条約を批准
1996				米で福祉改革法が成立
1997	介護保険法（2000年施行）／精神保健福祉法改正／児童福祉法改定（1998年4月から施行）	均等法改正 1999年4月施行		
1998	児童扶養手当制度の改正			
1999	新エンゼルプラン策定／児童扶養手当の一部改定／児童手当の一部改定	男女共同参画社会基本法／児童買春・児童ポルノ処罰法／労働者派遣法の改正（ほぼ自由化）		国連特別総会「女性2000年会議」（ニューヨーク）
2000	児童虐待防止法／社会福祉法の一部を改正する法律			
2001	配偶者からの暴力防止及び被害者の保護に関する法律	育児・介護休業法改正（育休給付金40%へ）		
2002	児童扶養手当制度の改正			「ジェンダー・バッシング」盛んになる
2003	配偶者からの暴力防止法の改正	次世代育成支援対策推進法／少子化社会対策基本法／労働基準法改正（2004年4月施行）	配偶者特別控除の廃止（2004年に一部）	千葉県の男女共同参画条例が廃案になる
2004	配偶者暴力防止法の改正／児童福祉法の改正（2006年4月から施行）	育児・介護休業法改正（対象年齢の拡大）／育児・介護休業法改正（対象・期間の拡大）	年金法改正	都教委が「ジェンダーフリー不使用」の通知を出す
2005	障害者自立支援法（2006年4月から施行）／介護保険法改正			政府の第2次男女共同参画基本計画が閣議決定される
2006	生活保護の母子加算の段階的廃止開始（09年に全廃）	均等法改正（次の年も4月施行）		
2007	配偶者からの暴力防止法の改正	児童扶養手当制度の改定（0〜2歳児月1万円へ）／育児・介護休業法改正（育休給付金50%）	離婚時に3年金分割制度開始	教育基本法改正
2010		育児・介護休業法改正（パートタイマー等の取得可等）		
2015		女性活躍推進法		
2016	児童扶養手当改正（第2子以降は最大2倍に）			

出所： 筆者作成。

ルに合わせた育児や介護といった女性のライフステージにおいて必要とされる女性役割と調和する働き方のことである。つまり均等法は，男女の働き方を平等化するよりも女性の働き方を多様化させることに働いたのである。

1980年代を「女性の時代」と称することは，この時代が女性を社会へ「押し出す」政策が志向された時代であるという印象を与えるが，実際にはその政策と平行して，女性を家庭へ「押し込める」政策が施行された時代でもある。「男は仕事，女は家事」という性別役割分業を，維持・強化する社会保障や税制の法改正が進められたことも指摘しなくてはならない。

雇用者の妻の年金についての改革が行われたのは，国民年金制度発足から25年後の1985年であった。雇用者の妻の国民年金任意加入を廃止し，国民年金制度の強制適用の対象として，独立した年金の受給者としたのである。妻は，雇用者の被扶養配偶者であることを届け出ることによって，年金加入が確認され，保険料は払わなくてもよい。サラリーマンの妻には所得が無いため，この改革は主婦の年金権を確立するための一定の理由があるともいえるが，他方，自営業の妻は，たとえ収入が無くても保険料を負担しているし，離婚した女性，母子家庭の母などは保険料を負担している。また，学生も1991年4月から収入が無くとも満20歳になれば保険料を負担している。これら雇用者の妻たちの保険料は，夫の雇用者年金の財源から拠出されるので，夫がいて働いていない主婦の年金の財源を，他の働く独身者，共働き男女がつくっていることになる。1985年以降の年金制度は，「男は仕事，女は家事」という性別役割分業を維持・強化するものとなったのである。

また，年金制度と同様に税制も，性別役割分業を支える役割を強化した。夫が配偶者控除や配偶者特別控除を受けることができるように，妻が一定額以上に賃金が上がらないように働き方を調節することを奨励する税制度となっているからである。妻がパートで働き，その年収が100万円以下である場合，給与所得控除額（最低65万円）を差し引いた残額が基礎控除（35万円）以下となるので，所得税はかからない。そして夫は，配偶者控除（一律に35万円）を受けることができる。そして多くの場合，企業独自の扶養手当を受けられる。収入が

少し増えると世帯としては減収となることを防ぐため，配偶者特別控除が新設されたのが1987年であった。これは，納税者本人の合計所得が，1,000万円（給与年収で約1,220万円）以下の場合に受けることができる。

　これらの税制による「優遇」を受けるため，パート労働に出た多くの妻たちは，収入が100万円を超えないように働き方を調整する。結局，配偶者控除も配偶者特別控除も女性の賃金についてのふたをし，女性をパート労働者として固定化させる役割を果たしている。雇う側には低賃金の大義名分となり，社会保険料の企業負担分も免れることができる。均等法と同時期に導入された年金・税制の専業主婦優遇政策は，このような「階層化」に拍車をかけた。男性並みに平等に働く女性と，男性とは異なる働き方をする女性とに二極化したのである。

　このような1980年代を評して塩田咲子は，日本のフェミニズムが，働く女性たちに受け入れられるよりは，主婦たちに支持されるフェミニズムである「主婦フェミニズム」に変容したと述べている。性別役割分業を払拭するには至らなかった均等法と，専業主婦に対する保護が加えられた日本の社会政策は，依然として夫に扶養される伝統的な家庭像を基本にしていたのだった。

（3）「ジェンダー問題」が政策課題となる——1990年代

　1990年代とは，女性が抱えるジェンダー問題が今までになく取り上げられ，政策の課題となった時期であった。その背景には，1990年代に入ってから国連でたびたびジェンダー問題が取り上げられるようになったことがある。1995年9月に北京で開催された世界女性会議では，それまでの集約として「ジェンダー問題」が積極的に取り上げられ，北京から世界へ向けて発信された。このような国際的な趨勢を受けて，日本においては今までになくジェンダー関連の政策が成立・施行された。一方で国内的にも，男女平等を推進する理由が存在した。高齢・少子社会の先行きは，労働力としての女性をおおいに必要としたからである。ここにおいて男女平等は，フェミニズム，政府・経営者側共通の「目標」となったのである。

1999年6月に成立した男女共同参画社会基本法（以下，基本法）とは，このような国際的な影響により成立した法である。基本法は，日本政府が1986年6月に批准した女性差別撤廃条約のなかで求められていたのだが，当時はそのような立法は実現不可能であり，その他の条件（男女雇用機会均等法の成立，国籍法の改正，家庭科の男女共修の導入）を整えることにより同条約を批准したという経過があった。

しかし，1990年代に入ると国連を中心とした男女平等を求める動きは活発化し，日本においても女性差別撤廃条約が求めている性差別禁止法を策定しようとする動きが高まった。1995年に北京で開催された第4回世界女性会議で採択された行動綱領を受けて，1996年に男女共同参画審議会が「男女共同参画ビジョン」を答申したが，そのなかで基本法を制定することが提言された。このような動きを受けて，1997年には内閣総理大臣から男女共同参画審議会に基本法の検討が諮問され，審議会は全国6カ所で意見交換会を実施した後，1998年に「男女共同参画社会基本法について――男女共同参画社会を形成するための基礎的条件づくり」を答申した。この答申に基づいた基本法案が国会に提出され，1999年6月に男女共同参画社会基本法が成立したのである。

基本法は，男女共同参画社会の実現を21世紀の最重要課題と位置づけ，基本理念を明らかにし，国，地方公共団体，国民の責務を明らかにし，男女共同参画社会を総合的かつ計画的に推進することを目的としている。また，国は男女共同参画社会の形成の促進に関する基本的な計画を定めなければならないとし，それに基づいて都道府県や市町村には，男女共同参画計画を定めることを求めている。

男女共同参画社会基本法にはいくつかの問題もある。その一つは法律の名称である。女性差別撤廃条約が求めているものからすると，性差別禁止法がふさわしい。事実，「男女共同参画では，意味があいまい」「男女差別があることをはっきりさせるために，平等という文字を入れてほしい」という意見があり，「男女平等基本法」「性差別禁止法」が提案された。しかし，民法改正法案に反対する団体が法案成立に反対キャンペーンをするという政治的状況のなかで，

あいまいさを残した名称になったという経過がある。また，基本法は理念法であるため，実生活への影響が直接的でない。現実に存在する性差別をなくすことにどれほどの役に立つかという疑問もある。しかし，基本法という法律ができてこそ，政策の具体化が進むという面もある。今までの女性政策は，何ら法的な根拠が無かったなかで進められてきたのだが，それが法的根拠を持つことになったからである。つまり，予算獲得の裏づけになるし，各自治体も男女平等条例をつくることを求められることになる。基本法ができたことにより，1980年代に制定された，税制・年金制度などの男女間の不公平を是正する拠り所にもなると期待された。

　基本法が成立した背景には，先述したような国際的な後押しや国内的な運動があったわけだが，高齢化や少子化による労働力不足という社会状況のなかで，男女平等が「リスク」よりも「利益」につながるという大局的な判断の転換があったことも否定できないだろう。いわばフェミニズムは，政府の政策に積極的に取り込まれるようになったのである。「官製フェミニズム」という言葉が揶揄的に使われるようになったのはこの頃からである。⁽²⁾フェミニズムを取り巻く状況は，明らかに変化しつつあった。

　一方で，少子・高齢化の進展への対策は，社会福祉の緊急な政策課題となった。女性であることによって負わされている介護役割や子育て役割が，やっと政策課題として取り上げられるようになったのである。介護に関しては，来るべき超高齢社会を視野に入れた「介護の社会化」を標榜する介護保険法が1997年に制定された（施行は2000年4月から）。

　子育て役割に関しても，1990年代に入ると社会福祉の緊急の課題としてたびたび取り上げられるようになる。1994年にはエンゼルプランが，1999年には新エンゼルプランが策定され，社会福祉の重要な課題と位置づけられた。少子化をテコとして，労働環境の整備が進められたのである。

（3）バックラッシュの時代——2000年以降

　男女平等を推進する国際的な流れを受けて，1990年代にはジェンダー平等を

第2章　ジェンダー平等をめぐる歴史と理論

志向する政策が一定の前進をしたのだが，なかでも特筆すべきは1999年に成立した男女共同参画社会基本法であったと先述した。しかし，皮肉なことに同法を契機として，ジェンダー平等への揺り戻しが生じたのである。

「ジェンダー・バッシング」と名づけられた揺り戻しは，保守派や改憲派の団体，新しい歴史教科書を作る会のメンバーたちによって各方面で展開されたが，当初は，地方公共団体で進められた男女共同参画条例の制定をめぐって表面化した。各条例が専業主婦や「男らしさ，女らしさ」を否定し，男女の区別をなくして人間の中性化を図るとして批判し，条例案の変更や廃案を要求することが2000年以降から続出した。例えば，山口県宇部市で2002年に制定された男女共同参画条例には，「専業主婦を否定することなく，現実に家庭を支えている主婦を…支援するよう配慮に努める」という文言が入れられた。2003年には，女性の雇用に積極的な企業を県が工事請負などで優遇する，農家の夫と妻の間で収益の分配などを定めた家族経営協定を促進する，子どもを産むか産まないかは自ら決定できる等の内容を盛り込んだ千葉県の条例案が最大会派の自民党から反発を受け，事実上廃案となった。男女共同参画社会基本法という法律の成立時には関心を示さなかった人々が，条例という身近な問題になってはじめて，男女平等に関与する政策に関心——反対——を示したのである。

このようなバックラッシュは，条例づくりの場合だけに出現したわけではなく，それを契機として公教育の場での男女混合名簿を元の男女別に戻す動き，性教育の批判等，広範囲にわたって出現した。ジェンダー関連の講演が中止されたり，制限されることも行われた。

このような混乱を反映して，政府の対応は「ジェンダー・フリー」（とジェンダー政策の進行）にきわめて消極的となった。例えば，2005年末に閣議決定された「男女共同参画基本計画（第2次）」には，「社会的性別（ジェンダー）」という記述はかろうじて残されたが，ジェンダー・フリーには次のような注釈が加えられた。「『ジェンダー・フリー』という用語を使用して，性差を否定したり，男らしさ，女らしさや男女の区別をなくして人間の中性化をめざすこと，また，家族やひな祭り等の伝統文化を否定することは，国民が求める男女共同

33

参画社会とは異なる。例えば，児童生徒の発達段階を踏まえない行き過ぎた性教育，男女同室着替え，男女同室宿泊，男女混合騎馬戦等の事例は極めて非常識である。また，公共の施設におけるトイレの男女別色表示を同色にすることは，男女共同参画の趣旨から導き出されるものではない」[3]。東京都教育委員会は，2004年8月に「ジェンダー・フリーは使用しないこと」という通達を出した。

確かに「ジェンダー・フリー」という和製英語は，「ジェンダー平等」を意味しているとは言えず，その内容も曖昧なまま言葉だけが先行して使用されたきらいがあったが，「ジェンダー・フリー」だけでなく，「ジェンダー」全般が批判の対象とされたのである。バックラッシュの主たる主張は，「行き過ぎた男女平等」を批判し，男性稼ぎ型家族における「専業主婦」を評価する。このような風潮が，ジェンダー平等政策の推進に影響を与えないわけがない。基本法を根拠とする政策の進行は，反対派も含めた多くの人々が合意する目的——少子化を阻止すること——により集中するのである。

2000年代に入ると少子化対策は，量も質も大きく変化する。「子育て支援」を中心とした狭義の少子化対策から，性別役割分業の見直し，雇用環境の整備，青少年の自立の促進，不妊治療等をも含む広義の少子化対策を，国，地方公共団体，企業が一丸となって推進すべきものへと変化した。このように少子化対策が強化されたことは，ジェンダー視点から見て2面ある。プラスの面としては，子育てと就業の両立を図るための保育サービスや雇用面での整備が進められることがある。男女の性別役割分業を見直す契機ともなった。しかしその一方で，弱体化した家族機能を憂い，家族（両親家族）を強化する政策が志向され，そのような一連の政策は，明示的であれ暗示的であれ，出産・子育てを女性の義務と規定する。ゆえに「産まない女性」へのバッシングも強くなる。森元首相が「子どもをつくらない女性が年をとって，税金で面倒をみろというのはおかしい」といった発言，柳沢元厚生労働大臣の「女性は産む機械」発言，麻生元総理の「私には子どもが2人いるから，義務は果たしている」発言等はその典型である。このような少子化対策の2面性を指して渋谷敦司は，「一定のジェンダー的含意を持った家族イデオロギーとしての少子化論議」[4]と称している。

第2章　ジェンダー平等をめぐる歴史と理論

　ジェンダー平等へ向けての年金・税の再検討は，基本法の施行を契機として期待されたのだが，先述のようなジェンダーをめぐる状況のなかでは，なかなか進まなかった。あえて関連した見直しに言及すれば，離婚した場合の年金分割制度が導入されたこと，2004年度分の所得税から配偶者特別控除が廃止されたことである。

　1990年代に一定の前進を見たジェンダー平等政策を今後も推進することは，労働力確保の点からも，少子化対策としての「両立支援」政策の点からも必要であり，まったく放棄されることはないであろうが，それらの再点検はジェンダーの視点というよりは，労働力確保あるいは財政的理由に重点が置かれがちとなっている。

（4）今後の展望と課題

　フェミニズムの影響——とくに国連を中心とする活動の影響——により，1990年代後半には社会政策にジェンダー課題を取り込むことに一定の成果を得たものの，2000年を過ぎる頃になると，振り子は逆に大きく振り戻る。「男性稼ぎ手型」社会の維持と価値観を主張する「ジェンダー・バッシング」の風潮のなか，政府の対応も及び腰となった。そのようななかでの男女共同参画政策の進行は，「国民的危機」である少子化対策に集約されて進行中である。

　しかし，一連の少子化対策とは，就業と家庭生活を両立させる環境を整備するというプラスの面はあるものの，一方で「両親家族」に価値を置き，必ずしも多様な家族を支援するジェンダー政策となってはいない。女性のリプロダクティヴ・ライツに配慮した政策であるとも思えない。このような少子化政策の推進力とされている男女共同参画政策とは，はたして本来の目的であるジェンダー平等政策を推進することができるのかどうか，おおいに疑問である。

　一方で，とくにこの10年間で「男性稼ぎ手型」の社会構造を支えていた強力な企業社会は徐々に後退し，日本型企業社会から利益を得ることのできるものは一部の基幹労働力に限定されるように変化した。生活困窮やリスクに対応する社会保障・社会福祉も縮減されつつある。これらのことは女性労働者にとっ

35

てはすでに自明のことであったのだが，男性労働者もその対象者になりつつある。皮肉なことにここに来て，やっと男女は共通の問題を抱えることになった。21世紀に入ってから明らかになったさまざまな「格差」の問題は，男女が共通で戦うべき課題となったのである。

注

(1) 女性差別撤廃条約の第2条(b)には，「女子に対するすべての差別を禁止する適当な立法その他の措置（適当な場合には制裁を含む）を取ること」と書かれている。

(2) 従来，市井からフェミニズム運動を担ってきた「草の根フェミニズム」に対して，男女共同参画社会基本法制定前後から明らかになった，国がリードする「女性政策」，あるいはその趨勢に対して名づけられた名称である。

(3) 内閣府男女共同参画局，2005年12月「男女共同参画基本計画（第2次）」を参照。

(4) 渋谷敦司「少子化問題の社会的構成と家族政策」『季刊・社会保障研究』Vol. 34, No. 4，1999年を参照。

参考文献

塩田咲子『日本の社会政策とジェンダー』日本評論社，2000年。

日本女性学会ジェンダー研究会編『Q＆A　男女共同参画／ジェンダー　フリー　バッシング　バックラッシュへの徹底反論』明石書店，2006年。

第2章 ジェンダー平等をめぐる歴史と理論

コラム

男女共同参画社会基本法と女子マラソン
——男女平等への取り組みは，ゆっくり，しっかり，長期戦で——

　男女平等社会へ向けての動きは，1970年代に入ってから国連主導で進められた。1975年を国際婦人年と定め，1976年以降を「国連婦人の10年」とし，それぞれの国内に存在する女性差別を見直す10年とした。その「国連婦人の10年」間の1979年に国連は，女性差別撤廃条約を採択した。女性差別撤廃条約とは，男女の固定化された役割分担の変革を理念としているため，公的な領域だけでなく，私的な領域，家庭，地域，職場のなかにあるすべての差別を撤廃すること，また差別的な慣習や慣行を修正することをめざしている。国連加盟国はこの条約を批准することが求められたのだが，日本政府はなかなか批准しなかった。批准するためには，条約の内容と国内法との整合性を整えることが必要だったからである。日本政府がようやく批准したのは1985年であった。

　この女性差別撤廃条約の第2条(b)には，「女子に対するすべての差別を禁止する適当な立法その他の措置（適当な場合には制裁を含む）を取ること」と書かれていて，つまり性差別禁止法（日本の場合は，1999年に成立した男女共同参画社会基本法がそれに相当する）を国内的に作ることを求めている。本来であれば1985年の批准時に成立していなければならなかった法が，20年後になってやっと成立したということになる。

　女性差別撤廃条約が採択されてから20年。その間，確かに女性をめぐる状況は変化した。今まで男性だけに開かれ，女性には閉ざされていた扉が一つずつ開けられた。従来女性にはできないとされていたことが，できるようになった。その象徴的なものを女子マラソンに見ることができるだろう。女性差別撤廃条約が採択された1979年とは，第1回東京国際女子マラソンが開催された年である。オリンピックが女子マラソンを正式種目として認めるのはこれに遅れること5年，1984年のロサンゼルス大会からである。それ以前のオリンピックでは，1972年のミュンヘン大会で正式種目とされた1500メートルが，女子ランナーにとって最長の，「最も過酷な種目」であった。

　このような1979年に，世界初のIAAF（国際陸上競技連盟）公認レースとして，海外招待選手18人を含む50人の女子ランナーたちによって闘われた東京国際女子マラソンは，女子マラソンの本格的幕開けを示すものだった。と同時に，42.195キロを走り抜ける女性ランナーたちの姿は女性の持つ限りない可能性を示し，当時の女性たちを力づけたのだった。ちなみに，この記念すべき第1回東京国際女子マラソンの優勝者はイギリスのジョイス・スミス，42歳の2児の母だった。

　干刈あがたの小説に，『ゆっくり東京女子マラソン（『海燕』1984年5月号）というのがある。早逝した干刈あがたには『ウホッホ探検隊』に代表されるような，離婚母子家

37

庭となった自分の経験と重ね合わせた一連の作品があるが，そのなかの一つである。ともに小学3年生の子どもを持ち，PTAの役員に選ばれてしまった母親たちが抱える社会と家庭の問題点が描き出される。それぞれの問題を抱えた母たちは，期待を込めて第2回東京国際女子マラソンをテレビで観戦する。そこで繰り広げられる女性たちの戦いは，彼女たちにエネルギーを与えてくれるからだ。母子家庭の母がTV中継を見ながら，中学1年の息子に向かってその感動を語るシーンがある。

「ねえ健一，茶化さないでちゃんと見て。健一もこれから女を愛するようになる男なのよ。ほら，足を踏み出すたびにふくらはぎがキュッと緊ってまたゆるむ。今，彼女の肉体が解放されているのよ。彼女は自分のためだけに走っているんじゃないわ。見ている女たち全部，自分をつくった日本の女の歴史ぜんぶを解放するために走ってるのよ。女の底力の強さ，美しさをよく見て」。

日本は，ジェンダーという指標からみると，実にいびつな社会である。国連が考案した人間開発指数（平均寿命，教育水準，国民所得から人間能力開発を計る）によると日本は188ヶ国中17位であるが，その男女格差を割り引いた指数であるジェンダー開発指数では166ヶ国中55位，女性の政治・社会参画を示すジェンダー・不平等指数では159ヶ国中21位である。また，「世界経済フォーラム」が公表する男女格差の大きい国別順位では144ヶ国中114位である（いずれも2016年）。いかに男女差別が深く，社会構造に組み込まれているかがよくわかる。このような社会では，男女差別の解消はゆっくりとしか進まない。不完全な法であるかもしれないけれど，男女共同参画社会基本法が必要とされるゆえんである。男女の人権があらゆる場で平等に尊重され，性別にとらわれることなく，一人ひとりがその能力と個性を十分に発揮できる，基本法とはそんな社会の実現に向かってゆっくりと少しずつ進めていくことを目的としている。長期的に継続して取り組んでいくことが女性政策には必要なのである。

1500メートルしか走れないと思われていた女性が，フルマラソンを走る。しかも年々多くの女性が参加し，記録も伸び続けている。このような女子マラソンの進歩の足跡は，1979年から始まった男女平等を目指す法的整備の進展と軌を同じくしている。ゆっくりとだが少しずつ進展しているのである。マラソンの記録の男女の差も，ゆっくりとだが少しずつ縮まりつつある。男子の世界最高記録は2時間2分57秒，女子は2時間15分25秒である（2017年10月時点）。

（杉本貴代栄）

|第3章|家族問題|

1　家族をめぐる現代の状況

　「家族の危機」あるいは「家族崩壊」等の言葉が深刻な社会問題として浮上してから久しい。それらの具体的な問題・現象として挙げられるのが，離婚率の急増，家庭内暴力や児童虐待の問題，自殺の増加，初婚年齢の上昇と非婚化（シングル化）現象，少子化，子どもの非行・子育て問題の深刻化，高齢化と老後の不安，高齢者の単独世帯の増加，等々である。これらの問題や現象に関した事件やあるいは事柄が，マスメディアによってクローズアップされ家族の問題性が強調されることが多くなっている。毎日のように紙面のどこかに掲載されるニュースといっても過言ではない。さまざまな社会問題が生じるたびに，「家族崩壊」とか「家族が機能しなくなった」といわれる。私たちが認識する家族状況への不安感というのは，自らの経験というよりもそのような情報を通して共有されることが多い。いずれにせよ，これからの家族がどのようになるのかという危機意識が広がっていることは確かである。

　情報化やグローバル化の進展という社会変動のなかで，現代の家族も同時に変動の渦中にあることは間違いないが，これらの諸現象の背景には多種多様な問題が複雑に絡み合って存在している。このような諸現象を一括して「家族問題」として論じることは，却って問題の所在を見えなくしてしまう可能性がある。森岡は「家族の危機」について二つのレベル（用法）を指摘し，次のように述べている。一つには家族一般の存続が危うくなっていると認識される場合であり，人類がその歴史とともに作り上げてきた家族を今後も維持するのか，あるいは家族に代わる新たな生活拠点を作り出すのか，その岐路に立たされて

いるというマクロ的視野からの危機状況についてである。さらに，こうした家族一般の状況は，個々の具体的家族が，その維持・存続に困難を抱いているという事実の累積されたものとみることができる。この家族が直面している問題状況を，家族の危機ととらえるのが第二のミクロ的視野に立ったレベル（用法）である。

　これらの点を踏まえ，はじめに，家族問題として論じられる前提として一般社会が共有している「望ましいとされる家族のあり方」や，求められる一定の「家族像」「家族モデル」「理想の家族」の存在に注目したい。前提とされている標準的「家族モデル」からの逸脱や距離によって問題性が生じていると考えられるからである。また，家族問題あるいは家族の危機が意識される背景には，親子や夫婦の関係の強い結び付きがないと社会の存続が危ぶまれるといった，家族への強いイメージや期待が伺われる。つまり「家族の安定＝個人の幸せ」「家族の安定＝社会の安定」という，家族についての暗黙の前提があるのではないだろうか。

　本章では，まず，はじめに「家族とは何か」という原点に立ち戻ることから，家族についての基本的な概念整理をしたうえで，現代の家族問題とその背景等について，とくに日本社会的特色と考えられる側面について考察していく。

2　家族とは何か——ヒトが生存していくシステム

（1）人間はなぜ家族をつくるのだろうか

　個体としての人間は，他の大型動物に比べるととても弱い存在である。しかし，この地球上で人間は他の動物を圧倒して繁栄してきた。繁栄の理由として二つ挙げられる。それは，道具を使うといった「知恵」と，社会的動物であることによる集団生活や社会形成における「共同作業」である。

　人間には，生物としてのヒトが生存していくのに必要な普遍的条件があり，それに対処していかなければならない。それは個体・種としての存続を図ることであり，具体的には，食物の獲得や子どもを産み育てることである。哺乳類

の動物としての生物的与件（直立二足歩行であること，生理的早産〔人間の赤ん坊が全く無力の状態で生まれてくること〕）は，基本的に無視することも，その与件を超えることもできない。それを解決するために作り上げてきたシステムが「家族」であり「結婚」である。さらに「政府」や「国家」もそのシステムの一つであり，政府や国家が成立した後は，結婚や家族のあり方を規制し，それらの機能の一部を政府が肩代わりすることによって，社会存続の上での大問題を解決してきたといえる。[(2)]

　より具体的には，産中産後の母親，生まれてきた乳幼児を集団としてサポートするのがまず「家族」である。父親の側がサポートする体制が父系制であり，母親の側がサポートする体制が母系制である。この「家族」というシステムを編み出すことができなければ，人類は滅亡するしかなかったのではないだろうか。

　人類社会は基本的に親族関係に基づいて秩序を保ってきた。近代社会においては「国家」や「法律」という強力な枠組みを作り出し，家族の機能であった生産や消費活動における分業や配分，そして相互扶助や社会保障，教育・防衛といった国家の機能へ移行した。つまり，近代国家においては，結婚をしなくても，家族を持たなくても，個人の基本的人権や最低限のニーズは社会が保障してくれる。しかし，それはつい最近のことであって，人類の長い長い歴史を通じ，私たちは結婚や家族を発明することによってはじめて，人間らしく生きてこられたのである。

（2）家族の定義

　人類学における家族とは，親子関係や夫婦関係に基づいた親族的なつながりによって定義される集団である。親族（kinship 血族・姻族）とは，血縁や姻縁のいずれかによって結ばれていると認知し合っている人々をいう。親族は社会関係であるが，血縁のみに限定されるものではなく，文化によって規定される。親子関係もしくは親子関係の連鎖で結ばれた地位関係を必要条件とし，加えて権利・義務の役割関係の相互認知を十分条件としている。

41

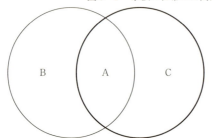

図3-1 家族と世帯との関連

出所：森岡清美・望月嵩『新しい家族社会学』培風館，1983年。

そのため，必ずしも家族全員が一緒に暮らしている必要はない。例えば，就学・就職等のために一時的に別々に暮らしていても家族は家族である。一方，世帯は一緒に暮らしていることを基準とした概念であり，居住と大部分の生計を共同する人々からなる集団である。世帯は大体において親族からなるが，同居人・使用人といった親族的なつながりのない者をも含むことがある（図3-1）。

1) 核家族は普遍的に存在するだのろうか

ジョージ・マードック（George Murdock）による「核家族（nuclear family）」という概念は，「1組の夫婦とその未婚の子どもからなる家族」として定義され，社会を構成する最も基本的な最小構成単位とされる。世界のさまざまな規模で構成される集団も，核家族が基本型となり，核家族が組み合わさって複婚家族（polygamous family）や拡大家族（extended family）として存在すると考え，核家族は人類社会において常に普遍的に存在してきたという。また，核家族はその集団が社会の存続のために不可欠の，性・生殖・社会化（教育）・経済という四つの機能を果たしてきたと定義される。

彼の核家族普遍説と四つの機能説は，後に反証となる家族の事例が報告されることによって，多様な批判にさらされることになったが，「核家族」という用語は一般社会に認知され，家族に関する有効な分析単位として現在に至っている。

2) 親の世代と子の世代——核家族の二面性

　今日の家族は，一般的には婚姻関係に基づき形成される，1対の男女を父母としてこの世に生を受け，一つの家族となる。きょうだいが生まれるときょうだい関係が発生して，典型的な「核家族」が形成される。核家族は，子どもの世代からみると，父・母・きょうだいという構成になる。このように，自分がそこに生まれ，そのことによって自分が何者であるかが定まる家族という意味で，この家族が「定位家族（family of orientation）」と呼ばれる。定位家族を支えるのは親子関係である。

　子どもたちは成人して結婚適齢期になる。配偶者は家族以外の成員でなければならない。ここに，家族概念と密接に関連した普遍的規則としてのインセスト・タブー（近親相姦禁忌）の存在がある。インセスト・タブーは通歴史的にも通文化的にも見出される規則として指摘されてきた（インセスト・タブーの詳細については第4章を参照）。

　つまり，結婚する男女はそれぞれの「定位家族」を離れて，別の新しい核家族を形成する。新しく形成された家族は「生殖家族」と呼ばれる。親の世代からみれば，核家族は夫・妻・子という構成をとる。男女が結婚し子どもを産み育てることによって充実させてきた家族である。生殖家族を支えるのは夫婦関係である。

3) 家族のかたち——類型と分類

　現実のさまざまな家族のなかから家族形成規範の類型を探ると，夫婦家族制，直系家族制，複合家族制の3類型となる。さらに現実の家族の構成に注目し，それぞれの原則に立つ家族を見ると，以下のような分類が成り立ってくる。このような家族のあり方は，それぞれの社会の生業のあり方や地位・財産の継承の仕方と密接に関わっていることが見えてくる。

　とくに現代社会における家族の特性は，その多様性にあると言われている。1970年代には圧倒的上流となった「夫婦と子ども」の核家族標準世帯だが，その後，時代が下るとともにその減少が指摘され，1990年には37.3％，2005年には29.9％と3割を切るまでになっている。さらに2010年には27.9％と減少して

```
── 家族のかたち ──
```

- 単身世帯──性別に関係なく 1 人だけの世帯で，伝統的な社会ではほとんど見られなかった。現代社会では高齢者の一人暮らしや単身赴任，未婚の子女が勉学または就職のため親元から独立するという形である。
- 夫婦世帯──夫婦だけの世帯を指す。まだ，子どもがいない場合や子どもが独立した後の老夫婦だけの世帯，子どもを希望しないDINKS 夫婦（= Double Income and No Kids）なども含まれる。

```
── 家族の分類 ──
```

- 夫婦制家族──夫婦の結婚によって形成され，離婚もしくは死亡によって消滅する，一代限りの家族。夫婦と未婚の子どもからなる。
  （核家族）
- 直系制家族──後継子の生殖家族との同居を世代的に繰り返すことによって，世代を越えて直系的に継承される家族。夫婦，1 人の後継子とその配偶者，および彼らの子どもからなる。父系にしろ母系にしろ，直系制家族の特徴は，子どものうち後継ぎ 1 人だけが親の家に残って家を継ぎ，他の子どもたちは成人後すべて家を離れる。
- 複合制家族──複数の子どもの生殖家族と同居し，既婚子の定位家族を中心として，世代的に拡大と分裂を繰り返しつつ展開する家族。一世代に複数の既婚兄弟姉妹がいるものであり，核家族が異世代間，同世代間でつながる形態。合同家族や複婚家族も該当する。

いる。核家族の割合が減少しているのは，単身世帯の急増によるものであり，とくに若者の単身世帯よりも高齢者単身世帯の増加である。一方で，拡大家族世帯の割合は，年々減少傾向にあり，祖父母とその孫が同居する世帯は減って

いる。核家族の減少傾向とともに，単身世帯や夫婦世帯の増加とその多様化が見られる。

なお，社会規範が同居を期待する既婚子の数に注目すると，夫婦家族制ではゼロ，直系制家族では1人，複合制家族では2人以上となるが，これはあくまでも理念型である。例えば，夫婦家族制においては，子どもとの成人後の同居はないことになるが，日本の場合は夫婦家族制に該当しても，一度離れた子どもと，つまり，結婚した子どもと老後にまた同居するという形態が見られることも多く，日本社会の特色を示している。

また，拡大家族という用語は，複数の核家族が結び付いてより大きな家族単位を形成する場合を指す。複数の結婚によって夫婦関係の拡大を通じて形成される複婚家族と，血縁つまり親子関係の拡大によって形成される拡大家族がある。複合的な家族形態（直系家族・合同家族）を示す用語であり，ここでの複合制家族とほぼ同じ内容を指している。

3 家族モデルとしての〈近代家族〉

(1) 戦後の日本の家族——現代家族のイメージ

私たちが今日イメージする家族とは，両親と未婚の子どもからなるいわゆる「核家族」と考えられる。とくに高度経済成長期（1955-73年）に定着した日本家族の「幸せな家族像」とは，ともに食卓を囲む家族だんらんの風景が描かれ，父親は一家の大黒柱として外で働き，母親は家事・育児に愛情を持って励み，子どもは2～3人いて，それぞれが健康で勉強に励み良い学校に入ることを目標にしている，というイメージである。

とくに，日本において戦後主流になった夫婦家族制とは，夫婦を中心に家族を形成し，子どもたちは成人後に全員親元から離れて，結婚した子どもと親は同居しないという形態である。夫婦家族制の最も典型的なかたちが夫婦と子どもの核家族である。結婚した子どもとは同居しないのが標準形態であるから，子どもたちが独立すると，必然的に夫婦だけになり，最後は1人になる。夫婦

45

家族制は，基本的に家族の連続性を志向しない一代完結型の家族であり，日本の今日の戸籍はそのように編成されている。

この当たり前に見える家族の姿であるが，これは，近代社会になってから成立した近代家族の代表的な形である。近代社会（資本主義，民主主義を前提とする国民国家社会）とは，社会が国家や法律という強力な枠組みを作り出し，かつて家族が担っていた生産・消費活動における分業や配分，相互扶助や社会保障，教育や防衛といった機能を請け負うことによって，個人を親族のしがらみから「解放」した社会と見ることができる。

近代以前と近代以降の家族には質的な差があり，近代家族とは「近代社会」の成立とともにあらわれる「家族」のあり方とされる。

（2）近代家族の確立へ──欧米と日本（イエ）

近代家族という概念は，ヨーロッパの歴史の近代化のなかで成立した新しい家族形態であり家族観だといわれている。西欧社会の場合，19世紀にフィリップ・アリエス（Phillipe Arie's）のいう「子ども中心社会」，あるいはエドワード・ショーター（Edward Shorter）のいう「近代家族」[7]という新しい家族のあり方が登場してきた。このような家族観の広がり，つまり，親子間，夫婦間の親密性が強く，子どもの健全な育成と教育に熱心な家族，母親が子育てに専念する家族の登場である。

近代家族は，18世紀半ばの産業革命後，産業構造の変化で家族が生産の単位でなくなったことによって生じた新たなシステムである。この近代家族の特徴は次のようにまとめられる。①家庭領域と公共領域の分離，②家族成員相互の強い情緒的関係，③子ども中心主義，④男は公共領域，女は家庭領域という性別分業，⑤家族の集団の強化，⑥社交の衰退，⑦非親族間の排除，⑧核家族[8]。また，近代家族においては，理念的には夫婦相互の信頼や愛情といった夫婦イデオロギーが強調されるようになった。

日本においては，それにもかかわらず，長男だから家を継がなければならないとか，祖先祭祀をどうするのか，墓や位牌を誰が守るのかといったことが話

題となる。かつ親の老後の扶養や介護は子どもにとっては一大問題で，戦後70年以上経った今日でさえ，長男を特別視する考え方が残っており，長男自身にもその意識がある。年老いた親の面倒は子どもが同居してみることが当たり前と考えられてきたのは，新憲法・新民法に基づき法的には核家族化している日本の家族に「家制度」の影や影響が色濃く残っているからと指摘できるだろう。

　そのようにかつては「家制度」なるものがあって，私たちは法的にも，慣習的にも，そして心理的にもこれに縛られていた。「家制度」の「家」と今日の家族の違いは，前者が大家族で，後者が小家族という単なるサイズの問題ではなく，構造が全く異なっている。戦後日本の家族の変化を考えるうえで，家制度を抜きにすることはできない。まず，家制度から考えていきたい。

（3）家制度と家意識──戦前の直系家族モデル

　「家」というのは，家長に統率された伝統的家族のことをいう。「家」の概念はもともと多義的で実態としての制度的集団を指す場合，法制度上の規定を指す場合，理念や価値，規範を指す場合とに分けられる。核家族とちがい，家制度においてはいったん建てられた家は先祖代々受け継がれていかなければならない。「家」はなくしてはいけない，「家」あっての個人といった，「家」中心の考え方が強調される。それが，家意識である。家を守るという規範や先祖に対する尊敬の念は，自分たちのルーツとしての先祖への念，さらに先祖代々の田畑と家屋敷を家産・財産とすること，つまり，現在の生活の基盤に関わることに対するものでもあった。こうした「家」を優先する意識が，「家の誉れ」「家名を残す」「家の恥」などの言葉とともに立身出世という明治の気風に沿ったものとなっていった。この家意識は，家制度が廃止されてからも人々の間に温存され「日本型近代家族」として戦後の家族モデルの主流として1970年代まで継続していく。

　家制度の下では，理想的な後継ぎは長男で長男のみが先祖代々の家に嫁を迎える。長男にとって，何よりも祖先祭祀が戸主（家長）の重要な義務とされる。その意味で家産の維持と祖先祭祀の承継のために，家の連続性が重要視され，

後継ぎが不可欠とされた。そのためには，跡取りとして1人の子どもを残して家をつないでいく直系家族制が最も適合的であった。三世代家族は直系家族の最も典型的な形である。

（4）明治民法による家の確立

「家」が法制度として規定されたのは1898年に公布された明治民法によってである。明治民法以前の「家」制度とは，近世以来続いてきた庶民の日常生活の単位である実態としての親族集団のあり方と，それを支える規範を指してきたものであり，地域や階層による多様性があった。

明治民法の規定によって，国民はすべて戸主（家長）として，あるいは家族としてどこかの「家」に属すると決められ，これによって「家」が画一化，均質化され一般的に浸透していった。強大な戸主権と家督相続制度に支えられた明治民法下の家制度は，以後，第2次世界大戦後に新しい憲法ができて1947年に廃止されるまで，明治・大正・昭和の3代にわたり，近代日本の組織原理および人びとの行動原理として，家族生活だけでなく，政治・経済，地域社会といったさまざまな領域の根幹に組み込まれていくことになる。[9]こうした家族のあり方は，祖先崇拝の重要性や先祖から子孫への連続性，後継ぎの不可欠性などの特徴を有し，西欧近代の市民型家族とは様相を異にしていた。

以上のように，わずか70年ほど前まで，家は明治民法によって規定されてきた。その実態は，地域差も大きくて，例えば東北地方と西南日本とでは相続の仕方も嫁の扱い方も大きく異なっていた。つまり，強大な戸主権と家督相続制度に支えられた明治民法下の家制度であっても，その下の現実の家族のあり方は多様性に富み，時代や社会により一様ではないということである。

（5）日本型近代家族論

日本の近代家族論においては「日本の家は近代家族か」という命題があり，「家」を近代家族論にどう位置づけるかという議論が，1990年代の日本において活発になされてきた。落合によると，近代家族論登場の以前の枠組みでは，

家は封建遺制であり，近代家族とは正反対の概念とするのが常識であったが，近年の近代家族論枠組みを用いた研究では，戦前のいわゆる家制度化に近代家族的性格を見出すものが相次ぎ，いずれも，前近代的な日本文化の象徴と見なされてきた「家」が，明治以降には欧米とも共通する近代家族的性格を備えたものとして再構築されたことが明らかにされた。[10]

　日本の家族の場合，むしろ，家型の伝統家族に近代的な家族特性が見られるし，家族員の近代家族的心性に「家」を維持するメカニズムが維持されている。そこには，「伝統家族」から「近代家族」へという，単線的発展を見出すことはできない。さらに，落合は戦前の「家」が近代家族的性格を持っていたことにはもはや異論はありえないが，家系の連続性の観念のような「家」の最も根本的な性格は「近代家族」には無縁なので「近代家族」には解消できないとしている。[11]

　以上のように，明治以降，家が近代的に再編され，近代家族的な性質を備えるに至ったのはいうまでもないが，日本の近代家族の複合的性格を理解することが重要である。落合は，1975年までを「家」／「近代家族」の二重構造，それ以降を「家」の最終的解体と「近代家族」／「個人」の二重構造としている。[12]

（6）日本型近代家族モデルの登場とその揺らぎ

　戦後の家族をめぐる動きについて，岩上は四つの時期に分類している。ここでは，落合，岩上の時代的分類を参照し，日本の近代家族が示してきた家族モデルの形成について考えていく。

　戦後の家族をめぐる動きは四つの時期に分けられる。第1期は第2次世界大戦終了直後から1950年代の家制度の解体期である。第2期は日本の家族のありようを大きく変えたといわれている1960年から1970年代の産業構造の一人転換，すなわち高度成長期を指す。この時期に出現したのが近代的小家族＝核家族である。第3期は経済の高度成長の終焉後，それを踏まえて新たな動きが起こってくる1970年第後半から1990年代前半の時期で，女性の社会進出や結婚観の変化，少子高齢化の進行などによって，日本型近代家族が揺らいでくる時期であ

─── 専業主婦の誕生と推移 ───

　専業主婦とは，配偶者がいて「経済活動には従事せず，家庭にいて家事・育児に専念する」女性を指す。「夫は外で働き，妻は家事労働を担う専業主婦」という性別役割分業が理念として，実態として定着したのは1970年代である。この段階で主婦の貢献は，「稼ぎ手」としての夫を支えることであり，その夫の企業への忠誠を通して妻である主婦の貢献度も測られた。この主婦像は，夫に仕える妻であり，社会に貢献できるような子どもを育てる「良妻賢母」としてイメージアップされた。

　妻子を養えるに足る賃金を得た成年男性と，専業主婦にあこがれた成年女性は，恋愛結婚によって，愛情に基づく家庭を形成し，少数の子どもに愛情を注ぎこんで育てた。この層が「中流階層」として，日本の戦後を代表する新しい家族のあり方として，日本社会の標準家族モデルとなっていったのである。たとえ，夫の稼ぎが少なくとも，都市サラリーマンの専業主婦であることは「理想の実現」であり，中流階層の証拠としての意味を持っていたのである。

　その後，女性の専業主婦化が生じ，専業主婦文化は広がりを見せたが，女性にとって憧れであった「専業主婦」の実際の割合は，1975年の37％をピークとして減少する。その一方で，70年代にそこを打った25歳から29歳の女性の就労率が，徐々に上がっていく。その後，85年になると女性雇用者数のうち，既婚女性雇用者の割合が50％を超えたことが注目される。結婚していったん仕事を辞めた「主婦」のパートという形での労働市場への復帰がみられ，子育て後の再就職と，既婚女性のパート就労の一般化という現象がみられるようになった。

　国立社会保障・人口問題研究所の調査によると，高度成長期以降，1992年時の調査まで，独身女性の結婚後の理想のライフコースとして「専業主婦」コースが最も高い割合を示していたが，1997年調査から変化が見られ，「専業主婦」は急速に下がりだした。最新の2010年調査では，結婚後も仕事を続けるという「両立型」が増加している一方で，子育て後の再就職コースは減少している。また，専業主婦コースの減少傾向と非婚就業継続コースの増加傾向が続いており，専業主婦コースの減少は，はじめて1割を下回った（9.1％）。未婚男性がパートナーとなる女性に期待するコースでも，「両立型」が3割（32.7％）を超え，専業主婦を望む人は10.9％と急速な減少傾向が続いている。

る。最後に1990年代後半から今日に至る時期で，家族の個人化が進んでいる時期である。[13]

第3章　家族問題

1）　高度成長期と日本型近代家族モデル

　上記のなかでもとくに第2期に注目したい。なぜなら，日本の社会に大きな変化をもたらしたと考えられるからである。第2期の変動は，経済の変化によってもたらされたもので，1960年代から始まった高度経済成長によるものである。近代工業が興るまでの家族は，自営業を持つ経済的生産の単位であった。ところが近代工業の発達により，自営業主も生活手段を失って労働者となると，家庭と職場は分離し，家族は消費生活の単位と化して，消費のための生産活動だけとなった。高度経済成長期以降は，農家や自営業などの家族ぐるみの経営体が減少し，サラリーマン世帯が一般化し，1960年代の高度経済成長期に家族の一つの標準的な形ができ上がった。それは夫が働き，妻は専業主婦というサラリーマン世帯であり，子ども2人の核家族である。このころ，この夫婦と子ども2人の4人からなる片働きの世帯が政府によって「標準世帯」とされ，その後長く，各種手当や税金などの基準となった。ここに，大企業を中心とする日本型雇用制度に対応した戦後の日本型近代家族の一つのタイプが完成し，典型的な性別分業型の子どもの教育に熱心な民主的家族が出現した。これが今日の企業社会を支える日本型近代家族モデルの形成である。この日本型近代家族は，豊かな暮らしの実現を目標に，働き手としての夫を中心として，これを支えるための妻，将来の労働力となる子どもからなり，そこでは男は仕事，女は家事・育児・介護という性別分業が，他の先進諸国よりももっと明確な形で実現していた。なお，この時期に確立した日本型雇用慣行の終身雇用，年功序列，企業内訓練は，男性を中心とした性別役割モデルの強化となった。

2）　高度成長期と核家族化

　高度経済成長は就労構造にも変化をもたらし，人々の社会的・地理的移動が活発化した。とくに，この時期多くの若い労働力が都市部の労働市場を求めて故郷を後にし，村落から都市への急激な人口移動を経験することとなった。世帯規模が縮小化し都市における核家族化が上昇したのもこの時期である。つまり，都会へ出た多くの若者は都会で結婚し，夫婦と子どもの生活を都市郊外に展開し始めたのである。さらに，それが新しいライフスタイルとして受け入れ

51

られ，核家族化の進行を推進していった。1965年前後からの15年間は核家族化がきわめて急激に進んだ時代であることが確認されている。核家族は1975年をピークとして減少傾向にあるが，その一方で，単身世帯の増加率が著しい傾向を示している。この時期には，出稼ぎ問題，農村地方の急激な過疎化，都市の過密化，都市の過密化，都市の人間関係の希薄化，産業公害などが深刻な社会問題となった。

3) 高度成長期の終焉と日本型近代家族モデルの揺らぎ

第3期は経済の高度成長の終焉後，それを略了して新たな動きが起こってくる。経済成長の揺らぎが始まる1970年代後半から1990年代前半の時期で，女性の社会進出や結婚観の変化，少子高齢化の進行などによって，日本型近代家族も揺らいでくる時期である。現在，社会で懸念されているさまざまな家族問題は，この第3期の時期に起こっていることに気づかされる。高度経済成長の終焉に端を発しているさまざまな家族問題が，この時代にクローズアップされてくる。

① 女性の雇用労働市場への進出

この時期の最大の変化は，1970年代後半から既婚女性の雇用労働市場への進出が始まったことである。1975年には専業主婦が極大化を迎え，それ以降は共働き夫婦が増大化していく。1975年は日本社会にとっても，1973年のオイルショックを経過して高度経済成長が終結し，低成長時代へ向かう曲がり角であった。この年を底としてそれまで低下を続けてきた女性の労働力率が上昇に転じた。これは日本社会が，女性の労働力を補助的・一時的なものではなく，恒常的なものとして要求しはじめたことを意味している。1980年代の半ばになると，既婚者の就労者が不就労者を上回り，「専業主婦」は少数派になった。しかし，そうなると，これまでの核家族のあり方，とくに性別役割分業のあり方と抵触する。その負担をそのままにしておいて，女性が働き続けることはきわめて困難をともなう。

女性の労働市場への進出は2形態あり，未婚で働く状態の長期化（未婚化）と，結婚していったん仕事を辞めた後，主婦の「パート労働」という形での労

働市場への復帰である。1980年代から平均初婚年齢が上昇を開始し，合計特殊出生率の低下が始まる。以後，本格的な未婚化現象と少子化高齢化現象が始まる。

② 共働き世帯の増加

高度成長期を通じて主流となった日本型近代家族モデルは，「夫は仕事，妻は家事・育児」を特徴とするが，1980年代から1990年代にかけて，共働き世帯率が高くなり，次第にこの構造は変容していく。しかし，現実は女性が多様な役割を兼ねるという状況である。「夫は仕事，妻は仕事・家事・育児・介護」と妻の役割のみが重層的となり，夫婦の役割関係に相補性が見出せなくなり，いろいろな家族問題が噴出した。その一方で，男性の働き方をめぐってさまざまな問題が生じてきたのも1980年代であった。長時間労働の結果としての家庭内の「父親不在」，過労死，中高年管理職の自殺の増加等，である。家族内の性別役割分業構造の再編が始まったにもかかわらず，企業は依然として変わらない高度成長期の男性中心の雇用システムを維持してきたことによって，そのひずみが生まれたといえる。

③ 高齢化の問題

高齢化への注目のきっかけは平均寿命の伸びである。1985年に女性の平均寿命が80歳に達し，また，平均寿命が男女とも世界一となった。高齢者問題については，1970年にすでに日本は高齢化率7％を超えて高齢化社会の仲間入りをした。1994年には高齢化率14％を超えて高齢社会となり，わずか24年間で世界に例を見ない急激な高齢化を遂げ，今なおその歩みを進めている。そして，親の介護の問題や，自分自身の老後のあり方が問われるようになった。

④ 少子化問題

少子化問題で注目されるのは1989年の「1.57ショック」であるが，実際には1970年代後半から出生率平均値は2.0台を割り始め，1989年に1.57にまで低下した。2.08なければ人口維持ができないとされる合計特殊出生率（女性の生涯に産む子どもの数の平均）が，1974年以降2.08を下回り，日本は1997年に少子社会となった。2005年には過去最低の1.26を記録した。少子化の要因として，女性の

婚姻率の低下と晩婚化が挙げられる。つまり，晩産化，無産化が少子化の主な
直接的な原因と考えられるのである。しかも，日本では欧米とは異なり同棲
——婚外子出産に対して偏見が残っており，婚外子に対して社会制度などの面
でも不利なため，なおさら未婚化・晩婚化の進展が少子化に強く影響している。

⑤　離婚の増加

また，家族問題として挙げられる離婚についても，この時期は離婚件数が増
加傾向にあった。1960年代半ばから1980年代半ばまで，一貫して増加傾向を示
してきたが，1980年代後半には一時減少した。1990年代に入ると再び増加しは
じめ，2002年には過去最高の離婚件数となり，その後は現在まで減少傾向にあ
る。離婚は社会の変化を分析する重要な指標であるが，離婚の詳細については
第4章で触れることとする。

4　現代の日本家族問題の諸相——家族の機能とは

先述したように，近代社会は，社会が国家や法律という強力な枠組を作り
出し，かつて家族が担っていた生産・消費活動における分業や配分，相互扶助
や社会保障，教育や防衛といった機能を請け負うことによって，個人を親族の
しがらみから「解放」した社会となった。そのため，個人は結婚をしなくとも，
家族を持たなくても，個人の基本的人権や最低限のニーズは，社会がある程度
は保障してくれる。

例えば，産業社会においては，かつて家族が果たしていた経済生産機能は企
業に吸収され，教育機能の大部分は知育を中心に学校に移され，保護機能のか
なりの部分が政府に引き取られ，保健機能のうち専門技術を要する部分は保健
医療機関に移された結果，家族が直接担当する機能は縮小したと考えられる。[14]
そのため，家族機能の縮小化に付随して，個人が生きる手段としての家族形成
の必要性は少なくなってきているのではないかという疑問が湧く。

第3章　家族問題

（1）現代家族の機能とは──家族の社会的機能と個人的機能

　それでは，家族に残された機能，あるいは，家族に求められている機能とは一体何を指すのであろうか。つまり，家族が存続していくための機能とは一体何であろうか。その機能とは，生物としての人間の普遍的条件に密接に関わっており，家族という制度が発明された原点に立ち戻ることから見出せる。何より重要な機能は，個体・種としての存続を図ることにつながり，具体的には，食物の獲得や子どもを産み育てることである。つまり，残された機能の一つは，人間の子どもを産み・育てるという社会の再生産機能とメンバーの生活保障である（家族の社会的機能）。そのための環境として家族という制度は，現代社会においても代替機関を見出すことは困難であり，現状においてはベストといえる機能を備えている。残されたもう一つの機能は，社会的動物であるという人間の生物的特徴に関係するが，他者との関係によって構築していく絆や愛情といった幸福実現のための情緒的機能（家族の個人的機能）である。

　タルコット・パーソンズ（Talcott Parsons）は上記の家族の機能に関して，社会体系の基底であり，衰微することのない根っこのような家族機能として，①子どもを社会の構成員にする第1次社会化，②成人のパーソナリティの安定化，という密接に結び付いた機能を挙げている。[15]この二つの機能は，家族にしか果たしえない機能とされ，とくに，後者のパーソナリティの安定化機能に家族機能への期待が集約されてきた傾向がある。パーソンズが研究対象とした1950年代のアメリカ社会では，離婚率の上昇，性モラルの衰退，出生率の低下などが表面化しはじめ，家族の崩壊・家族の機能喪失が社会問題として叫ばれた時期であった。彼の視点はそれらの現象を家族の崩壊ととらえるのではなく，「新しいタイプの家族構造が全般的な社会構造との新しい関係の中で，相対的な安定性を取り始めた」というものであった。それが，家族の機能が子どもの社会化と成人のパーソナリティの安定化に収斂したという家族機能の専門化論であった。

　家族の機能が，婚姻（夫婦関係）と子の養育（親子関係）という，情緒的，情愛的機能に収斂した場合，「愛情」という目に見えないものを支えとする家族

55

にとっては，愛情と意味を付与できる行動や指針が必要とされる。そのなかで，子どもこそが夫婦の愛を具現化したものであり，子どもは不安定な関係の拠り所として，家族の中心に位置づけられるようになった。戦後日本においては，「後継ぎ」意識の温存もあり，子どもを重視する「子どものために」というイデオロギーが浸透した。山田はこれを「子どものため」イデオロギーと呼び次のように指摘している。[16]「子どものため」という名目で，さまざまなことが親に要求されるようになる。「子どもが3歳までは母親が面倒みるべき」という3歳児神話の広がり，性役割分業，専業主婦の定着等がそれである。さらに，両親が揃っているべきという意識は，この時代の離婚抑制に効果をもたらした。

また，戦後日本の愛情観について山田は，「自己犠牲的に相手に尽くりこと，とくに，それをモノやサービスで表現することが愛情の『証』」と位置づけ，夫が真面目に仕事をし，妻がきちんと家事をするという「愛情の性役割分業」を指摘をしている。[17]パーソンズ理論では，夫は手段的役割（道具的役割）として「家族の社会への適応と課題遂行」，妻は情緒的役割（表出的役割）として「家族成員の統合や情緒的安定」を遂行することが愛情の証とされたが，日本社会における「モノやサービスで表現される」という愛情観は，現在でも社会に影響を与えているのではないだろうか。例えば，お弁当や手作りの食事などを「家事の遂行による愛情表現」ととらえることなどである。

「夫婦関係の情緒性」に価値をおく夫婦関係は，経済的基盤に支えられての安定性であり，その上で，高度成長期における家族の情緒的満足度が保たれたのは，経済的豊かさの上昇に支えられていたことによるものであったと考えられる。

（2）日本の家族問題——家族の機能不全

現在の家族の状況が，社会にとっても，個人にとっても発展や幸福を作り出すのに機能的ではなくなりつつあるのは，明らかに家族の機能不全が起こり，家族が社会状況の変化に対応できなくなっているためと考えられる。これまで，豊かな生活を実現するために目標としてきた「日本型近代家族モデル（夫は仕

事，妻は家事と育児）」の継続では，明らかに対処できなくなっているのである。急激に変化した社会と人々のライフサイクルにうまく適合できなくなった家族が，新たな機能システムを生み出すべく葛藤している姿のようにもみえる。これらはいずれも，長期的な観点に立てば，明治期以来の日本型近代家族の変容と変質の過程であり，個人と家族の葛藤の過程と言い換えることができるかもしれない。ここでは，家族を囲む社会状況がどのように変化してきたのか，どのような家族問題が注目されてきたのかについて，具体的に再度整理しておきたい。

　利谷は1970-90年代の日本社会の家族に関する変化を，以下のように総括している。日本の家族はとくに1970年代以降大きな変化を遂げてきた。日本の高齢化は1970年から，少子化は1970年代後半から始まり，核家族は減少し，高齢者の夫婦世帯，単身世帯が増加した。夫婦については，1970年代に始まる婚姻率の低下と離婚率の上昇が現在も続いており，婚姻の脱制度化が進行した。親子についても，少子化による子どもの孤立，ひとり親家庭の子どもの不遇，高齢化による老親扶養の長期化などが深刻な問題となった。

　とくに1990年代に成立した法律をみると，ドメスティック・バイオレンス防止法（配偶者からの暴力の防止及び被害者の保護に関する法律），親子における児童虐待防止法，介護に関わる介護保険法と成年後見法，地域と職場に関わるストーカー規制法とセクシュアル・ハラスメント防止に関する法律等などがある。これらの立法の迅速さは，いかに現実に起こっている事柄が深刻で緊急性があったかということが伺われる。さらに，同棲カップルの社会的承認，人工生殖技術による新たな親子関係の発生，DNA鑑定の発達による血統証明と生活事実としての親子関係などへの対処等が新たな問題として浮上してきている。[18]

　離婚の増加・夫婦別姓，非法律婚（事実婚）の増加，晩婚化・非婚化などは結婚制度に対して取る立場に違いが見られるが，夫婦の形成の契機となる「結婚」において愛情関係や平等関係，自分らしい生き方の実践（ライフスタイルの選択）を重視している傾向はますます強まっているようである。

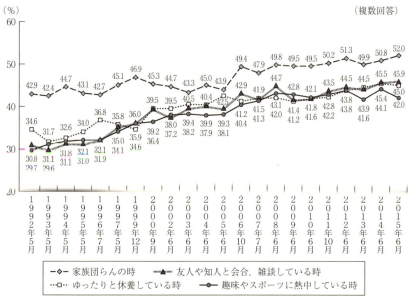

出所：内閣府「国民生活に関する世論調査」2016年（http://survey.gov-online.go.jp/h26/h26-life/zh/z21.html，2017年6月20日アクセス）。

(1) 家族への求めあり

　家族の個人化という現象を見てみよう。家族論の文脈における個人化とは，個人主義の影響によって家族の都合よりも，個人の欲求を優先する傾向をいう。社会の要請よりも個人の欲求を優先する人が増大したことである。個人化が進み家族とのつながりが薄くなった要因は明らかである。男性が長時間労働に縛られ，女性も仕事や地域活動が多くなり，若者は別居するか個室にこもり，子どもは塾や習い事で慌ただしくなって，家族のそれぞれが家庭にいる時間が少なくなった。それだけに，逆に，家族への思いは強くなってきていると考えられる。

　内閣府による「国民生活に関する世論調査」（2016年）によると，日頃の生活の中で，「充実感を感じる時は主にどのような時か」の質問に対して，「家族団らんの時」を挙げた者の割合が49.8％と最も高く，この傾向は9年間変わって

第 3 章　家族問題

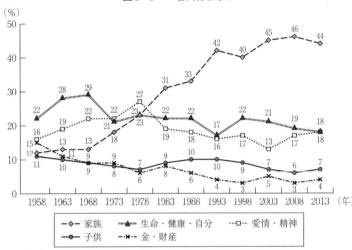

図 3-3　一番大切なもの

出所：統計数理研究所「国民性の研究――2013年全国調査」2015年。

いない。家族関係や夫婦関係の情緒性に価値がおかれていることが伺われる（図 3-2）。

　また，統計数理研究所が1953年以来，5 年ごとに実施している「日本人の国民性調査」のなかで，「あなたにとって一番大切と思うもの」という質問を設定しているが，その質問に対して，「家族が一番大切」という回答の占める割合が最新の2008年には46％を占め，過去最高となっている。同時に「愛情・精神」が2003年から2008年にかけ，70代を除くすべての年齢層で増えていることも注目される。最新の調査（2013年）の結果は，過去数回の調査と同様に"家族"をあげる人が最も多く，44％となった。次いで多いのは"愛情・精神"と"生命・健康・自分"で，いずれも18％であった。これら 3 つで全体の 8 割を占める。家族に対して，精神的な充足や心の拠り所を求めるような動きが見られ，個人の精神的安定のために，家族の存在の重要性が自覚されてきていると，読み取ることができるのではないだろうか（図 3-3）。

59

5 家族のゆくえ

人間社会はその維持のために家族という制度を作ってきた。家族は社会にとっては社会を再生産させる手段であり，個人にとっては幸福を実現する手段である。

日本では1980年代以降，家族に関して新たな変化が生まれてきた。多様なライフスタイルを選択することが可能になったのである。夫が外で働き妻が家事をし，子どもがいるという典型的な核家族の形態は少数派になってきている。独身で家族を作らない人や，子どもを持たない人も少しずつ増えている。共働き，母子，シングル，DINKS などのライフスタイルが個人の好みによって選択可能になっている。人生のある時期，とくに高齢期に1人暮らしをするのはいまや一般的な傾向を示している。

1960-70年代には支配的だった「近代家族的な生き方」からの逸脱が，もはや「家族の解体」「家族の病理」と呼ばれなくなり，かつては家族解体の兆候とみられた現象が単なる家族変動と見なされるようになる。これらの形態が病理であるという偏見が少なくなり，その結果，さらにこれらの形態が増大していくというプロセスを辿ると論じられる。

家族に対して，精神的な充足という機能を求める傾向は強くなっている。家族という近親者や配偶者が他の者とは異なる特別の関係者として存在することは，いずれの社会でも必要である。どの社会においても，子どもだけではなく大人にとっても，自分にとって特別の意味ある人の存在がなければならず，「家族」はこうした関係を保証する役割を果たしているといえよう。本章で示した通り，家族はさまざまな文化と歴史によって多様である。さらに，社会変動の影響を受けながら，これからもその多様性は増していくと考えられる。

さまざまな文化における家族を偏りのない眼で重視し，そして家族の歴史をふりかえってみれば，家族というものの柔軟性にあらためて驚かされる。家族はいつも新しい姿に挑戦してきた。私たちが望むと望まざるとにかかわらず，

それはこれからも続くだろう。それは単独者としては生存不可能な生物学的特徴に規定され，同時にシンボルの世界に生きる動物としての人間の運命なのかもしれない。こう考えると現在の家族すら，変容の速度を正確に把握することはできないが，過渡的な姿でないわけはない。私たちにとってなじみの深い既存の家族のありようだけを正当化するのは，私たち自身を縛ることになるのではないだろうか。

注

(1) 森岡清美・望月嵩『新しい家族社会学』培風館，1983年，78頁。

(2) 綾部恒雄・田中真砂子編『文化人類学入門』三五館，1995年，142頁。

(3) Murdock, G. P. *Social Structure,* Macmillan, 1949（内藤莞爾監訳『社会構造——核家族の社会人類学』新泉社，1986年）.

(4) 合同家族とは，一世代に複数の既婚兄弟姉妹がいるものであり，核家族が異世代間，同世代間でつながる形態。インドの高級カーストや，旧中国の帰属・地主階級の家長的家族に見られる。

(5) 複婚家族とは，1人が複数の配偶者をもつ一夫多妻婚，あるいは一妻多夫婚を行なっている家族。

(6) Ariès, Ph. *L'enfant et la vie familiale sous L'Ancien Régime,* Éditions du Seuil, 1960（杉山光信他訳『〈子供〉の誕生——アンシャン・レジーム期の子供と家族生活』みすず書房，1980年）.

(7) Shorter, E. *The Making of Family,* Basic Books, 1977（田中俊宏他訳『近代家族の形成』昭和堂，1987年）.

(8) 落合恵美子『近代家族とフェミニズム』勁草書房，1989年，18頁。

(9) 岩上真珠「戦後日本の家族はどう変わったか」沢山美果子他編『「家族」はどこへいく』青弓社，72頁。

(10) 落合恵美子『近代家族のまがり角』角川書店，2000年，29，53頁。

(11) 同前書，31頁。

(12) 同前書，32頁。

(13) 岩上真珠，前掲書，74頁。

(14) 森岡清美・望月嵩，前掲書，172頁。森岡は，機能縮小論ととらえる一方で，同時に，本来的機能の明確化，また，新しい機能の出現ととらえる事ができると紹介している。

(15) タルコット・パーソンズ，ロバート・F・ベールズ編／橋爪貞雄他訳『家族——

核家族とその子どもの社会化（合本）』黎明書房，1981年。

(16)　山田昌弘『迷走する家族──戦後家族モデルの形成と解体』有斐閣，2005年，144頁。

(17)　同前書，129頁。

(18)　利谷信義「第二次世界大戦後における家族と法──『家』制度研究から家族政策の研究へ」比較家族史学会編『家族──世紀を超えて』日本経済評論社，2002年，16-17頁。

参考文献

森岡清美・望月嵩『新しい家族社会学』培風館，1983年。

山田昌弘『近代家族のゆくえ──愛と愛情のパラドックス』新曜社，1994年。

落合恵美子『近代家族のまがり角』角川書店，2000年。

沢山美果子他編『「家族は」どこへいく』青弓社，2007年。

第4章	結　婚

1　結婚観の変化

　近年の結婚に関する一般的な傾向として，平均初婚年齢の上昇が挙げられる
が，その状況とともに，未婚化，晩婚化，非婚化といった現象が指摘されてい
る。年齢別未婚率をみると1975年以降大きく上昇し，2010年の総務省「国勢調
査」によると，25〜39歳の未婚率は男女ともに引き続き上昇している。男性で
は，25〜29歳で71.8％，女性では，25〜29歳で60.3％とほぼ半数以上の人が結
婚していない。さらに生涯未婚率を30年前と比較すると，男性は2.6％（1980
年）から20.1％（2010年），女性は4.5％（1980年）から10.6％（2010年）へ上昇し
ている。そうした現象から結婚に消極的な若い世代，あるいは結婚を先のばし
する若者の姿が浮き彫りにされる。その一方で，「婚活」という言葉の広がり
が注目されている。「婚活」は結婚活動の略である。昔と違って，結婚活動，
略して「婚活」をしなければ，結婚しにくくなっている時代に入ったという認
識が広まっている。つまり，今でも結婚への期待や憧憬が全くなくなったわけ
ではなく，社会や時代の枠にはまらない，新しい生き方が広がりつつあると考
えられる。

　今，確かに結婚観が変わりつつあるといっていいだろう。男性にとっての結
婚，女性にとっての結婚，それぞれの意味が，これまでの時代とは異なる新し
いものに移行しはじめている。男女雇用機会均等法の施行によって，女性の働
き方や生き方の選択肢は大きく広がった。夫婦の役割分担についても「男は仕
事，女は家事育児」という画一的な形態が変化し，これからの時代に合う新し
い夫婦の形が模索されつつある。高度経済成長期時代を過ごした親の世代と同

じように，誰もが同じように結婚し，同じような生活スタイルを送れる時代ではなくなっている。しかしながら，社会経済的状況が変化しているにもかかわらず，結婚への意識そのものは昔とそんなに変わっていないとの指摘もある。さらには，その認識のギャップが現在の結婚難へつながっているという。[(2)]

　本章では，結婚の意味や機能，配偶者の選択等について，比較文化的考察を試みながら，女性と結婚について考察していく。また，婚姻関係の解消である離婚現象の増加にも注目し，結婚と離婚をめぐる社会的状況の変化について考えていく。

2　結婚をめぐる多様性

（1）結婚の意味と機能

　結婚の中核となるのは夫婦関係であり，その夫婦関係は数多くの異性の中から，特定の1人を配偶者として選択することによって成立する。その選択は，個人の自由な意志だけに基づくものではなく，意識する，しないにかかわらず，それぞれの文化がもつ価値観に基づいて，さまざまな社会的文化的制約の下で行われる。さらに，結婚は夫婦関係を成立させるだけではなく，新しい家族の形成を意味し，家族を定義するうえでの基本事項となっている。つまり，結婚は家族を形成する最初の契機であり，家族が成立するためには，まず，「結婚」がなければならない。『事典家族』（弘文堂）によれば，「婚姻（結婚）とは，単に一時的な男女の性関係や私的な同棲と異なり，社会的に承認された持続的な男女の結合であって，その当事者の間に一定の権利義務を派生させる制度をいう。いかなる社会も婚姻の形態，配偶者の選択の範囲，配偶者を得る条件としての何らかの対価の有無，婚舎の所在などに関して，一定の要件を定めており，当該の婚姻が社会的に承認されるためには，それがこの要件に適うものであらねばならない」と定義されている。

　ここで重要な点は，結婚は，①一時的な関係ではなく，持続的な関係であること，②社会的に承認された持続的な男女の結合であること，③いかなる社会

第4章 結 婚

も婚姻について一定の要件を定めていること，である。ところが，このように定義をすると世界には例外的なケースが続出するのである。まず，持続的な男女の結合に当てはまらない事例についてみてみよう。その後で，比較文化的な視点から結婚の持つ意味と結婚の機能の共通性について考えていきたい。

1) 女性婚

父系社会であるアフリカのヌエル族では，既婚男性が男性相続人なしで死亡すると，彼の財産は娘が相続する。この娘は社会的には「男性」となり，彼女は「妻」を迎え，死んだ父の父系子孫を絶やさぬようにする。生まれた子どもは，死者である「父」の子どもとなる。その他でもヌエル族の不妊女性の場合は，子どもを産まないことから「男性」とみなされる。その女性は「男性」として出産能力のある女性をみつけ「妻」とする。その「妻」にしかるべき愛人をみつけ，「妻」が産んだ子の「父」にはその女性がなるのである。彼女は男性と同様に妻や子どもからは「父」と呼ばれ，男性と同様に家や家畜の管理をし，妻や子どもから男性の夫や父に対するのと同様に遇される。女性が社会的には「男性」として女性と結婚するこの方法を「女性婚」と呼んでいる。

2) 亡霊婚——冥婚・死霊婚

東アジアでは未婚のまま死亡した人を「結婚」させる亡霊婚（冥婚，死後の結婚）の慣習があり，この例は父系社会である台湾の漢民族社会や韓国で報告されている。漢民族では，人は必ず結婚して子どもを設け，死後は父系祖先の一員として祀られるべきと考えられている。とくに未婚のまま死んだ女性は最も不幸であり，そのため生者の世界にさまざまな災厄をもたらすと信じられている。そこで，未婚のまま死んだ女性の場合は，死後でも結婚させ，女性の位牌を生家から嫁に出すという儀礼を行う。冥婚の相手は男女ともに死亡していたり，生きている相手であったりする。この婚姻による目的は，配偶者を得ることと子孫を得ることであるが，女性の帰属場所は生家でないことを示し，その社会において女性にとっての望ましい一生がどのようなものであるかについて明確にしている。

65

3） 兄弟逆縁婚と姉妹逆縁婚

全世界的に見られる婚姻規制である。夫が死亡した場合，その妻が夫の兄弟と再婚することが優先される，あるいは義務づけられている形態を兄弟逆縁婚（レヴィレート婚）という。この婚姻は日本でも「クラナオシ（蔵が倒れるのを立て直すという意味）」として広くみられ，その経済的な目的をよく表した言葉で表現されている。家長の死ということによる大きな変化とショックとをできるだけ最小限に食い止めるのが目的である。他方，姉妹逆縁婚（ソロレート婚）は妻の死亡後，その夫が妻の姉妹と再婚することをいう。このような婚姻のあり方は，婚姻が個人間の関係ではなく集団間の関係であり，集団の関係を持続させるためのものであることを示している。さらに，一旦結ばれた集団の関係は夫婦いずれかの死亡によっても解消されないことを表している。

4） 結婚の比較文化的考察と結婚の意味

以上のような事例を見てくると，結婚についての私たちの常識は見事に崩れてしまうのではないだろうか。結婚は単なる性関係とは異なっており，結婚が成立するのにさまざまな必須条件（社会的承認，永続性，経済的協力関係，同棲，生まれた子の自動的嫡出子的認知）がある。そして，その条件は単なる性関係にはとどまらないものである。

まず，大前提となっていた結婚は「男と女の関係」とは限らないこと。また，生きている人間同士の関係とも限らないこと。当然，性関係が基盤だと言い切ることもできないし，同棲や経済的協力関係も必須条件ではない，ということになる。それでは一体通文化的に何が共通項として残るのだろうか。最後に残されるのは次の3点であり，重要な共通項として挙げられる。

第1は，結婚が「夫」と「妻」の関係であること。ただし，ここでの「夫」「妻」とは，社会的役割を指し，生物学的役割と必ずしも一致するものではない。第2に，結婚は当事者両人のみの関係ではなく，程度の差こそあれ，契約的な関係であり，結婚が成立するためには社会的認知が必要であること。社会的認知は，しばしば集団間の儀礼執行や贈り物交換という形をとって与えられる。第3に，結婚は生まれた子どもの嫡出性に深く関わっているらしいという

こと。つまり，結婚を経て生まれた子どものみが，自動的に嫡出子（正式な夫婦の子ども）として社会的に認められるということである。非嫡出子が嫡出子として認知される道はあるが，それなりの手続きが必要となる。[3]

　結婚について比較文化的に見ると，結婚は決して個人間のものではなく，人間が自分たちの社会を維持するために，社会の重要な構成単位である「家族」を作り出すための仕組みとして，いかに社会的制度として構築してきたのかに気づかされるのではないだろうか。

（2）現在の日本の結婚

1）　社会的承認の重要性

　先述したように，社会的制度としての婚姻には社会的承認が必要である。法律婚主義をとる日本では，結婚式よりも婚姻届が重視される。現在の日本においては，婚姻届が受理されている者が法的に認められた夫婦であり，男女が長期にわたってともに暮らし，まわりから「夫婦」と思われていても，婚姻届が受理されていなければ，法的には「内縁関係」として扱われることになる。[4]法的な承認を得ることによって個人的にも社会的にも「2人の関係の確認」がなされ，家族や，親戚，友人に披露し祝福されるのであり，多くの夫婦は結婚の儀礼や結婚の披露をしている。社会的承認を得ることで夫婦の持続的関係が維持されるというのが，婚姻制度の機能の一つといえる。また，親戚づきあいも結婚した夫婦には多かれ少なかれ避けることのできないものとなってくる。

　現在の法的な婚姻手続きでは，婚姻届を提出して新戸籍を編成し，この戸籍に夫婦が入籍する。夫婦は同一の「姓」を名乗ることが定められている。その際に，ほとんどの夫婦が夫の姓を夫婦の姓として選択している。妻が夫の姓に改姓することは，夫の家の一員になるという女性の帰属の変更が象徴的に表わされているといえる。さらに死後の祭祀についても，結婚した女性の霊が夫方において祭祀されることは今も続いている。

　さらに生まれる子どもの地位は，その親の婚姻と関連している。婚姻を行うことによって，生まれる子どもにそれぞれの社会で定められた特別の権利と義

務が生じることになる。言い換えるならば，親が結婚しているか否かによって，親子の間の権利義務が異なってくるのである。また，夫婦の離別や死別において，彼らが法的な夫婦であるか否かによって，さまざまな差異が表われてくる。

2) 結婚の自由——基本的人権

戦後の法律では，結婚は個人の自由意思によるものであり，結婚の自由は基本的人権として法律によって保障されている。家族とはこの人権の行使の結果成立するものであることを，1946年11月3日に公布された日本国憲法第24条では，次のように定めている。

① 婚姻は，両性の合意のみに基いて成立し，夫婦が同等の権利を有することを基本として，相互の協力により，維持されなければならない。

② 配偶者の選択，財産権，相続，住居の選定，離婚並びに婚姻及び家族に関するその他の事項に関しては，法律は，個人の尊厳と両性の本質的平等に立脚して，制定されなければならない。

3) 日本の嫁入り——帰属の変更

日本の婚姻においては，結婚によって配偶者が帰属を変更するという考え方がこれまで一般的であった。「嫁にいく」「嫁をもらう」という表現があるように，多くは女性が帰属の変更を行っている。明治民法に規定されていた婚姻は，こうした考えに基いていた。明治民法においては，戸籍上，婚姻によって家に入る者がその姓を家の姓に変更するということが規定されていた。結婚によって，妻の姓が夫の姓にかわるということは，この法律の施行以降，当然のこととして考えられてきた。また，明治民法下の「家制度」において，多くは妻である婚入者が婚家（多くは夫の家）の戸籍に入籍するという形が一般社会に浸透していたこともあり，「嫁入り」「○○家結婚披露宴」「家に入る」という意識は今でも残されている。

4) 婚姻についての一定の要件——結婚していい相手といけない相手

現代日本では結婚相手を当人同士の自由な意思の下に選択できるが，それは

第4章 結 婚

── 夫婦別姓 ──

　夫婦の姓について，民法第750条は次のように定めている。「夫婦は，婚姻の際に定めるところに従い，夫又は妻の氏を称する」（旧民法・1898年施行）。つまり，結婚に際して夫婦はどちらかの姓を名乗る「夫婦同姓原則」を義務づけている。必ずしも夫の姓に改姓することが義務づけられているわけではないが，現実には，結婚時に改姓した人の97%が女性である（夫の姓に改姓した）。しかし近年になって，結婚時の改姓に不都合を訴える女性たちから，民法を改正して夫婦別姓を導入してほしいという声が上がった。現状では，夫婦がともに婚姻前の氏を継続使用しようとする場合には，婚姻届を提出せず改姓を回避する「事実婚」を採用するか，あるいは婚姻届を提出したうえで片方が旧姓を使用する「通称使用」しか方法はない。しかし一方では，夫婦別姓の導入に反対する意見も多い。別姓になることによって家族の一体感が失われる，社会が混乱する，子どもに悪い影響を与える，などがその理由である。

　それでは，夫婦別姓を導入する場合，現民法をどのように改正しようとしているのだろうか。これまで提案された夫婦別姓導入のための民法改正試案は，概ね以下の5種に分類できる。

　①選択的夫婦別姓A案（子どもの姓を統一しないもの）：婚姻時に夫婦同姓か夫婦別姓か自由に選択できるとし，子どもの姓は出生時に決め，兄弟姉妹の姓を別々にすることを認める案。②選択的夫婦別姓B案（子どもの姓を統一するもの）：婚姻時に夫婦同姓か夫婦別姓か自由に選択できるとし，子どもの姓は婚姻時に決め，兄弟姉妹の姓を別々にすることを認めない案。③例外的夫婦別姓案：夫婦同姓を原則とし，夫婦別姓を望む場合には例外的に認めるとする案。④家裁許可制夫婦別姓案：夫婦同姓を原則とし，夫婦別姓は家庭裁判所による許可を得た上で認めるとする案。祭祀の継承や職業上の理由など，許可理由を限定する。⑤通称使用公認案：夫婦同姓の原則を堅持する代わりに，通称使用を法律で認めるとする案。

　夫婦別姓への民法改正の歩みは，上記のうちの，婚姻時に夫婦が同姓か別姓かを選択する「選択的夫婦別姓案」を主流として，1990年代より国会に民法改正案が提出されるようになった。1996年には，法制審議会が選択的夫婦別姓制度を含む「民法の一部を改正する法律案要綱」を答申した（この時提出された民法改正案は，上記②に近い案であった）。また男女共同参画社会基本法の成立により，検討すべき課題の一つと位置づけられた。しかし，いまだに賛否両論の論争が続いており，議論の決着をみていない。最新の議論では，2015年12月，最高裁大法廷が，民法の夫婦の別姓を認めない規定を「合憲」と判断したことである。この規定について，国連の女性差別撤廃委員会などが繰り返し廃止を勧告してきたことも注目され，今後，

69

> 国際社会の潮流も見据えた議論が求められている。夫婦同姓を義務付けているのは世界で日本だけとも言われ，家族をめぐる価値観の相違の議論ではなく，個人の尊厳や人権にかかわる視点からの議論が重要であろう。

無制限というわけではない。結婚相手として選んではいけない相手が社会的に厳格に定められている。これを婚姻規制という。そのなかで，最も普遍的な婚姻規制とされるのがインセスト・タブーである。

① インセスト・タブー（近親相姦禁忌）

性に対する一つの観念として，いずれの社会にも共通に見られるのは，性関係を結ぶことが禁じられる関係が存在することである。世界の多くの社会で，近親者との性行為は罪深いものとみなされ，これを行う者には制裁が加えられる。こうした特定の範囲の親族関係者との性行為を禁止する規範を「インセスト・タブー（incest taboo, 近親相姦禁忌）」という。インセスト・タブーが課せられる相手との結婚は，制度として近親結婚と扱われ禁止される。社会の重要な構成単位である「家族」を作り出す「婚姻」における「禁止」である，インセスト・タブーの問題は，全人類が共通に持つ普遍性について考える際の一つの課題として注目を集めてきた。

② 社会によって異なるインセスト・タブーの範囲

インセスト・タブーの課せられる範囲は，それぞれの社会によって異なり，その社会の親族関係の認識が現われている。日本では母と息子，父と娘，姉と弟，兄と妹といった間の性的関係の禁止として考えられ，父方・母方すべてのイトコとの性関係は近親相姦とはみなされず，結婚も可能な範囲である。しかし，日本と同様に父系社会である漢民族の伝統的観念においては，イトコのうちでも「父の兄弟の子（父方平行イトコ）」は，自分の兄弟姉妹と同様にみなされ，厳しいインセスト・タブーが課せられて，結婚はできない。けれども，他方「母方の姉妹の子（母方平行イトコ）」は遠い親戚とされ，過去において結婚は可能であった。現在の中国においては，法律上，いずれのイトコとも結婚は禁止されている。このように，「近親」と認識される範囲は，社会や文化によ

第4章 結　婚

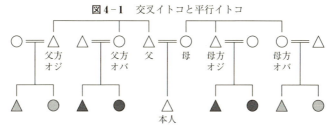

図4-1　交叉イトコと平行イトコ

△● 平行イトコ　▲● 交叉イトコ

注：イトコについての呼び方は，親同士が同性である場合を「平行イトコ」，異性の場合を「交叉イトコ」と表現される。父方であるか母方であるか，または，平行か交叉かによって，結婚が可能か否か，さらに親族関係の権利義務が大きく異なる。
出所：祖父江孝男『文化人類学入門　増補改訂版』中公新書，1990年。

って異なっており，婚姻規制の内容も多様である（図4-1）。

③　外婚と内婚——婚姻規制

　一定範囲内の個人間の婚姻を禁止する場合「外婚」という用語が使われ，外婚が奨励されることになる。とくに，単系出自を原理とする社会では，父系親族や母系親族同士の婚姻が禁止される場合が多い。ただし，この用語は，親族集団の単位に対してだけではなく一般的にも使われる。例えば，同じ村落内の婚姻が禁止されている場合は，村落外婚を選択することになる。反対に，ある一定範囲の個人間の婚姻を規定し奨励する場合は，「内婚」と呼ばれる。地域によっては氏族内婚，村落内婚が奨励される事例も見られる。なお，現代社会で最も多くみられる職場結婚は，一種の「内婚（職場内結婚）」といえる。

3　配偶者の選択——見合い結婚と恋愛結婚

　見合いは，配偶者選択の一段階として，婚姻の候補者同士が第三者の仲介で正式に対面することを指している。今日一般に行われている見合いは，事前に身上書や写真を取り交わし，当事者を引き合わせて合意が得られれば婚約に進むという形をとる。現在の見合いは，結婚を前提とする男女交際のきっかけと考えられている点で，従来と大きく異なるが，地域社会や親族のつながりが薄

71

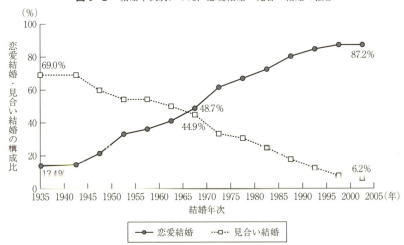

図4-2 結婚年次別にみた，恋愛結婚・見合い結婚の推移

出所：国立社会保障・人口問題研究所「第13回出生動向基本調査」2007年。

れつつあるなかで，限られた男女交際の機会を補う方法としての意義を認める声は現在も根強い。[5]

　恋愛結婚の理念は，好きな人同士が結婚生活を営むという意味で，夫婦の共同性を強める方向へ働くが，結婚の正当性を恋愛感情におくために，恋愛感情が消失した夫婦が結婚し続ける正当性を喪失させ，離婚を正当化する根拠ともなる。日本では恋愛結婚の理念は明治期に輸入されたが，一般化したのは戦後の高度成長期であり，1960年代半ばに，恋愛結婚が見合い結婚を上回っている。

（1）見合い結婚から恋愛結婚へ

　日本では戦後半世紀の間に結婚の形式が大きく転換している。恋愛結婚と見合い結婚の割合が逆転するのは1960年代末で，ちょうど高度成長期の終わり頃である。戦前には約7割を見合い結婚が占めていた。しかし，その後一貫して低下しており，1965-69年頃には見合い結婚（44.9％）の比率が，恋愛結婚（48.7％）と逆転した。「近代家族」規範の広がりの中で，恋愛結婚へとシフトしてきた様子がうかがえる。これは団塊世代が結婚を迎えた時期と重なり，恋

72

愛結婚へ転換した背景には団塊世代の結婚観の変化も伺える（図4-2）。

　近代家族の規範の一つは，夫婦はお互いに愛情で結ばれるというもので，当人同士の恋愛を基に結婚が行われるというのが基本である。近代的恋愛文化「本当の恋愛＝結婚」が実態として日本で普及するのは，1960年代の高度成長期以降である。高校進学率が高まり，庶民でも10代の男女交際が規制されるようになり，近代的恋愛へのあこがれも相まって，徐々に浸透したのである。そのため見合い結婚というかたちは，そもそも，「近代家族」の理想とは相容れないものと考えられた。

　現在，恋愛結婚は9割近くを占め，見合い結婚は1995年以降1割を下回っている。

（2）女性と結婚をめぐる変遷

1）　生活保障としての結婚

　かつて結婚は「永久就職」と比喩されたように，まず，何よりも生活保障の意味を持っていた。女性の状況が変化しつつある現在でも，男女の職業的チャンスは決して平等ではなく，多数の女性にとって結婚が安定的な生活を保障する現実的な手段であることには何の変わりもない。しかし，一部の女性にとってのみであれ，結婚によらない生活手段の機会が開かれたことは女性一般の意識に影響を与えた。しかも，かつては「独身を通す」といえば女性としての幸福を逸した人というイメージがあったが，近年ではそうした「シングル」族は，家庭生活の重荷を免れた優雅なライフスタイルを実践し自己実現を果たしているようにみえる。

2）　人生の選択肢の一つとしての結婚

　現在，女性たちは結婚に際していくつかの選択をするようになってきた。結婚をするかしないか，いつするか，子どもを産むか産まないか，いつ産むか，誰がどのように子育てをするのかといった，さまざまな人生上の課題を個人の責任で考える時代になってきた。つまり，結婚も人生をどう生きるかの選択肢の一つになってきたといえるのである。結婚への態度も，国立社会保障・人口

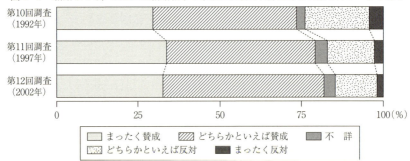

図4-3 結婚しても，人生には結婚相手や家族とは別の自分だけの目標を持つべきである

出所：図4-2と同じ。

問題研究所が独身者に対して5年ごとに行っている調査結果によると，結婚意思はあるものの，「ある程度の年齢までには結婚したい」から，「理想的な相手が現われるまでは結婚しなくてもかまわない」という方向へシフトしており，結婚が責務としてよりもライフスタイルとして認識されてきたことを示している。

ライフスタイルは，さまざまな条件を勘案して個人が主体的に選べるということが前提となる。家族もまた，それぞれの個人にふさわしいあり方が求められはじめたということであり，女性の人生が「家事・育児」という家族役割だけではないということをはっきりと認識することでもあった。

3) 家族中心から個人を重視する生き方へ

ライフスタイルの変化をみると，「結婚しても，人生には結婚相手や家族とは別の自分だけの目標を持つべきである」という考えを支持する割合は8割 (81.9%) に達しており（国立社会保障・人口問題研究所），多くの妻が結婚後も家族だけに埋没せずに，自己目標を持った生き方を求めている（図4-3）。また「結婚したら，家庭のためには自分の個性や生き方を半分犠牲にするのは当然だ」という考えを支持する妻は4割程度で，前回調査よりわずかながら増加したが，10年前と比較すると低下傾向にあり，この考え方に反対する妻が過半数となっている。全体として家族中心の生き方に対して個人を重視する生き方への志向が強まっているようである。

第4章　結　婚

4　離　　婚

　離婚は婚姻関係（夫婦関係）の解消であり，夫婦の合意のうえ離婚届けの提出によって成立する。子どもがいれば親権者を定めて届けることが求められる。先述の通り，恋愛結婚は配偶者選択において9割を占め，さらに増加傾向を示している。恋愛結婚は，愛情を夫婦の基礎としたことによって，愛情がないと意識された場合，夫婦関係を解消する決断に踏み切ることが多くなることから，恋愛結婚と離婚の増加には相関関係があるとされている。

（1）日本社会の婚姻率と離婚率

　日本の婚姻率は，戦後の一時期（終戦直後の第1次結婚ブーム：団塊の世代の誕生）を除くと，1960年代までは人口千人対比でおよそ8前後を示し，比較的安定していた。この第1次結婚ブームから20数年経って，団塊の世代が結婚を始めると第2次結婚ブーム（団塊の世代の結婚）が起こり，1971年には戦後2番目の10.5という高い婚姻率を記録した（図4-4，次頁）。しかし，その後，急速に下降し1987年には5.7まで落ち込んだ。団塊ジュニア層に至ると，年齢も結婚時期も分散しているため，ブームといえるような婚姻率の高まりとはなっていない。

　離婚率は，明治民法下の家制度が十分に定着していない明治中期まではかなり高く，その後，1898年の民法典施行ののち，次第に低下した。戦後，婚姻数の増加と連動して，一時的に上昇した後は1960年代まで低下傾向にあり，1963年には人口千人対比で0.73と戦後最低を記録した（図4-5，次々頁）。しかし，その後上昇傾向に転じ，1980年代には婚姻数の減少の影響もあって一時低下傾向を示したものの，2002年には2.30と戦後最高の離婚率を記録した。それ以降，婚姻率の低下や景気回復の効果で，離婚率は低下傾向となり，2007年には2.02となっている。それ以降，婚姻率の低下等で，離婚率は低下傾向となり，2014年には1.77となっている。現代の離婚の原因の主なものは「性格の不一致」で

75

図4-4 婚姻件数及び婚姻率の年次推移

出所：厚生労働省統計情報部「人口動態統計」2016年。

ある。また、熟年夫婦による熟年離婚が数値を押し上げている。

（2）離婚観の変化

　日本社会の離婚観は、戦後、婚姻観とともに大きな変化を遂げてきたが、この変化がはっきりとあらわれたのは1970年代以降においてである。ちなみに、1970年の離婚件数は約9.6万件であったが、2008年には約25万件と1970年当時に比べ約2.6倍になっている。離婚件数は2002年の約29万件をピークに減少傾向にあるが、こうした離婚の増加は離婚への意識に大きな変化をもたらしている。なお、婚姻件数は1970年には100万件を超えていたが、2008年には約73万件となっている。

　離婚観の変化はさまざまな面であらわれているが、次の2点において最も特徴的である。その第1は、離婚をタブー視しない意識の増加であり、その第2

第4章 結　婚

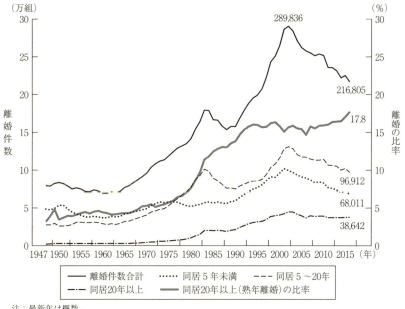

図4-5　同居期間別離婚件数の推移

注：最新年は概数。
出所：図4-4と同じ。筆者一部修正。

は，離婚に対するイメージの肯定化である。離婚に対して「結婚同様，離婚であっても，あくまで人生の一つのステップとして冷静に受け止めていく」という積極的・肯定的な傾向がみられるようになった。「現代女性の意識調査」では，離婚についても一概に悪いこと，忌避すべきこととはみなされなくなっている。

以上のように，以前は罪悪感のあった離婚も従来の慣習にとらわれない世代の離婚の増加で，若い世代ほど高い離婚率を示している。その一方で，退職したことを機に離婚をする，いわゆる熟年離婚の増加も注目される。

また，「国民生活選好度調査（2001年）」により，年齢別に離婚観の違いをみると，離婚を容認する人の割合は，男女別では男性よりも女性の方が高く，年齢別では30代で最も高くなっている。離婚に対する考え方について尋ねた調査結果を見ると，女性においては離婚を肯定する考え方の割合が否定する考え方の

図4-6 「結婚しても相手に満足できないときは離婚すればよい」という考え方について

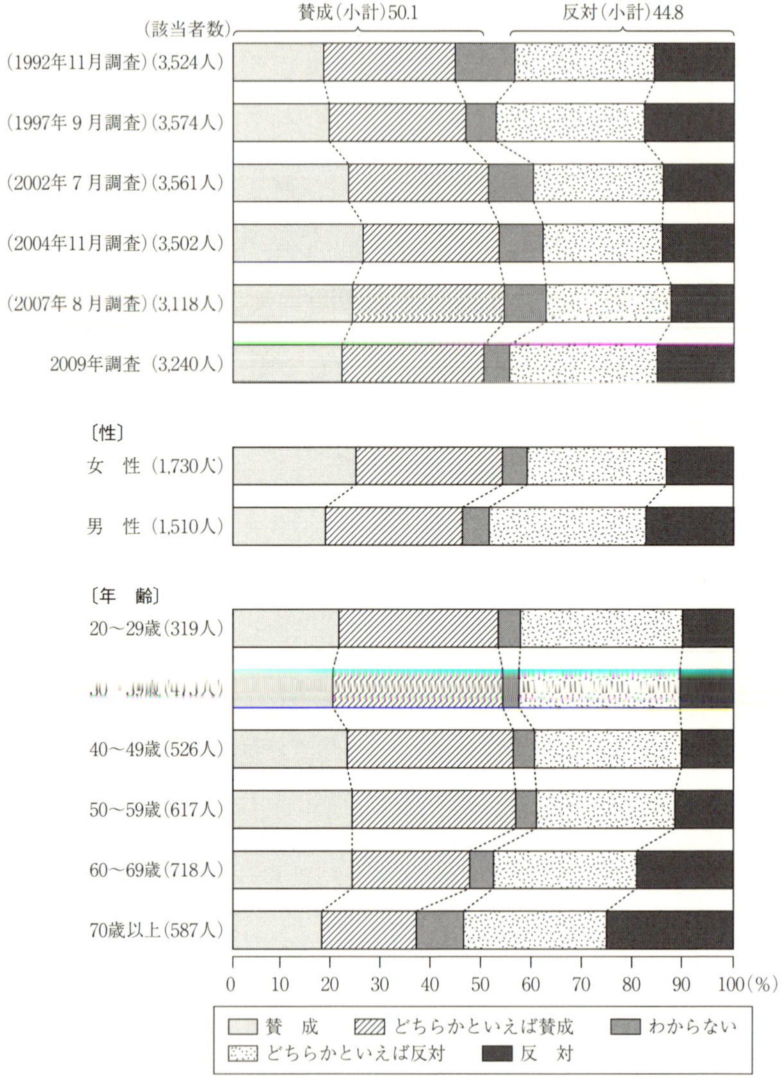

（該当者数）

賛成（小計）50.1　　　　反対（小計）44.8

（1992年11月調査）（3,524人）

（1997年9月調査）（3,574人）

（2002年7月調査）（3,561人）

（2004年11月調査）（3,502人）

（2007年8月調査）（3,118人）

2009年調査　（3,240人）

〔性〕

女　性（1,730人）

男　性（1,510人）

〔年　齢〕

20～29歳（319人）

30～39歳（473人）

40～49歳（526人）

50～59歳（617人）

60～69歳（718人）

70歳以上（587人）

0　10　20　30　40　50　60　70　80　90　100（％）

□ 賛　成　　 ▨ どちらかといえば賛成　　 ▧ わからない
▤ どちらかといえば反対　　 ■ 反　対

出所：内閣府大臣官房政府広報室世論調査担当「男女共同参画社会に関する世論調査」（2009年）。

78

割合を大きく上回っている。逆に，男性においては否定する考え方の割合が肯定する考え方の割合を上回っており，とくに40歳以上において，男女間での考え方に大きな差が見られる。こうした結果から，離婚に対して，とくに女性の抵抗感は薄れてきていると考えられ，それが離婚の実態にもあらわれてきている[6]。

　内閣府の「男女共同参画社会に関する世論調査（2009年）」によると，「相手に満足できないときは離婚すればよいか」との質問に対して，賛成派（「賛成」「どちらかと言えば賛成」の合計）が46.5％にとどまったのに対して，反対派（「反対」「どちらかと言えば反対」の合計）が47.5％となり，23年ぶりに反対派が賛成派を上回るという結果が出た。賛成派は1997年の54.2％をピークに毎回減り続けており，一昔前に比べると，離婚に対して寛容ではなくなってきていることが伺える（図4-6）。

5　今日の結婚事情——婚活と再婚

（1）婚活とその背景

　「婚活」という言葉が広がっている。「婚活」は結婚活動の略である。昔と違って，「婚活」をしなければ，結婚しにくくなっている時代に入ったという認識が広まっている。男女ともに普通の人が，結婚したくないから結婚しないのではなく，「結婚したいけれどできない」人たちが非常に多い，という社会状況が起こっている。そうした現実に直面した山田昌弘が，就職活動（就活）に見立てて考案，提唱した造語である。山田は婚活という概念を造り出すに至った背景を説明するために，日本社会の結婚を巡る環境の変化について紹介し，変化を起こした主な要因として次の3点を挙げている[7]。

　① 経済環境の変化

　とくに年功序列制度の崩壊で男性の将来収入の見通しが不安定になったこと。賃金の男女間格差が縮まる一方で若い男性間の格差が拡大し，女性の望む経済力がないために結婚できない男性が増大していること。

② 自己実現意識の高まり

自己実現意識の高まりとその内容の多様化で，単なる性別役割分業での仕事や家事の分担にとどまらず，趣味の分野まで含めた調整が必要になってくるため，以前よりも双方の合意を得ることが困難なこと。

③ 交際機会の拡大

1980年代以降の恋愛の自由化と価値観の多様化にともない，お見合い結婚・職場結婚が減少し，男性総合職と女性一般職という職場結婚の仕組みが崩れたこと。

そのために，これまでは「とくに活動を行わなくてもなんとなく結婚できたシステム」が崩れ，女性の高すぎる要求水準と，モテる人とモテない人が二極化している。

晩婚化も，非婚化も，自分の思い描いた選択ができなくなり，結果として「結婚したくともできない状態にある」と考察したうえで，現在，若者がおかれている状況は，結婚のためには積極的な準備と活動が必要になった時代であり，「婚活」なしには結婚できないと述べている。

ここで注目したいのは，女性にとって「子どもを持つ人生を選択できる時間には限りがある」こと，日本の社会において婚外子は少なく，結婚を抜きにして子どもを産む度胸のある人はまだ少ないと指摘していることである。そのために，まず，「結婚」することであり，年齢的な「危機感」を持って，結婚活動をする必要があることを指摘している。

女性にとっての「結婚」の意味として，子どもを産むことが非常に強調されており，日本社会における結婚という制度，家族という制度への期待や機能という側面が，改めて認識させられるのではないだろうか。

（2）再婚事情

再婚とは，一度結婚した経験のある者が，配偶者の死亡やあるいは離婚によって前の結婚が解消された後，再び結婚することである。日本では全体として再婚は少ない方であるが，男性の再婚割合に比較すると，女性の再婚は少ない

傾向にあった。これは，女性が子どもを産む性であることから，家系の純潔性がイエ制度の中で重視されてきたため，女性の再婚は歓迎されないという社会的風潮によるものである。[9]

　ところが，この20年間の結婚統計で目立つのは，再婚者の増加である。厚生労働省統計情報部「人口動態統計」の統計をみると，1975年では，結婚の87％が初婚者同士であったのが，1990年代から少しずつ再婚者が増加し，2005年には75％を割っている。再婚への態度は，前婚の解消が離婚によるものか，死別によるものかによって異なってくるといわれてきた。一般的に，死別の場合は再婚が少ないが，死別が中高年で多く起こり，離婚は若年で多く起こるから当然のことといえるかもしれない。高齢社会においては高齢者の再婚も多くなる傾向にある。性別をみると全体として，男性の再婚割合が高いが，年齢層によっては女性の方の割合が高い場合もあり，性別による差は小さくなってきている。

6　女性にとっての結婚とは

　冒頭で述べたが，日本において若い世代が結婚に対して積極的でなく，男女ともに独身志向の傾向，あるいは晩婚化傾向が強くなってきているのは，教育の長期化や女性の社会進出などから，必ずしも結婚にこだわらないという人が増えてきたことが大きな要因であると考えられる。とくに，女性に必ずしも結婚にこだわらないという人が増えてきたのは大きな要因となっているだろう。しかし，結婚について否定しているわけではなく，「いずれ結婚するつもり」との回答が約9割（男性87％，女性90％）を占めていることから，結婚する意思を持っていることがわかる。[10]つまり，晩婚化も非婚化も，若い世代が積極的に選択している結果ではなく，山田昌弘が指摘するように，自分の思い描いた選択ができなくなり，結果として「結婚したくともできない状態にある」現象によるものと考察できる。しかし，今後若い世代がその状態を脱しようとして，結婚のために積極的な準備と活動である「婚活」に入るとは考えられない。

現代の女性にとって結婚に消極的な一因と考えられるものに，結婚と仕事に関する男女間の意識のずれが挙げられる。女性は夫婦が互いの人格を尊重し，仕事，家事，育児といった責任を2人で同等に果たしていくパートナーを求めているのに対して，男性はまだ夫は仕事，妻は家事・育児という役割分担を望んでいる人も多い。そのため，女性だけが家族の世話役割を担い，仕事や社会的活動が制限される，従来の結婚に魅力を感じなくなっていることである。

　「男は仕事，女は家庭」という性別役割分業意識は，かなり薄れているが，現実的には諸外国と比べれば，まだまだ性別分業の強い国であり，そのせいもあって，夫婦のパートナーシップが低いことが指摘される。日本の場合，いったん結婚すれば夫婦が互いに向き合っていくというより，それぞれ別の役割を担うことで夫婦や家族の機能を果たしていくといったやり方が多いように思われる。どちらかといえば，長年連れ添うことで，2人の間にある種の落ち着いた関係が生まれてくるといった夫婦像を理想としてきた。ところが，長い間の夫婦のすれ違いが中高年期になって表面化して熟年離婚に至る夫婦の増加を考えてみても，本格的な少子高齢化時代になっていくことを考えても，必然的に夫婦の伴侶性，情緒的な部分の重要性が表面化してくる。夫婦の関係をどう構築していくかが求められている。

　社会自体が変動すれば，男性の生き方や女性の生き方，ひいては夫婦や家族のあり方も変化せざるを得ない。これからも，結婚という制度は男女の基本的な生活単位として維持されていくだろう。だが，すでに結婚という形式だけに安住することはできなくなっている。結婚をめぐる多様なあり方や，多様な形の結婚を認め合ったうえで，結婚の意味や，夫婦であることの意味，そして夫婦の関係や家族の関係をどうつくっていくかについて，そして，個人としてどう生きるかについて，問い直していかなければならない時代に入っているのではないだろうか。

第4章　結　婚

注

(1)　山田昌弘・白河桃子『「婚活」時代——ディスカヴァー携書』ディスカヴァー・トゥエンティワン，2008年，4頁。

(2)　同前書，19頁。

(3)　綾部恒雄・田中真砂子編『文化人類学と人間』三五館，1995年，175頁。

(4)　内縁関係に近いものに事実婚がある。法律上の婚姻をしていないが，社会的に夫婦と同一の生活を送っていること。特に，婚姻の意思がない点で内縁と区別して使用される。籍を入れていないだけで本人たちに夫婦であるという意識があり，加えて周囲からも夫婦と認められている関係のことを指している。二人で同居しているだけでなく，生計が同じであったり，家事を分担していたり，財産を共有するなど，一般的な夫婦と同じ生活を送っているかどうかが重要になる。法律婚ほど保護されているわけではないが，事実婚でも公的機関から夫婦だと認められれば，利用できる社会保険や公的サービスもたくさんあり，年金や社会保険では法律婚と同じ控除を受けることができ，遺族年金を受け取ることもできる。子どもは非摘出子として母親の籍に入ることになり，父親に関しては認知の手続きが必要になる。

(5)　比較家族史学会『事典家族』弘文堂，1996年，776頁。

(6)　配偶者が亡くなった後，結婚によってできた義理の両親やきょうだい，いわゆる「姻族」との関係を断つことを指し，「姻族関係終了届」を提出することで配偶者側との関係を解消することになる。配偶者が亡くなった場合は，自動的に婚姻関係は終了する。死後離婚とは造語であり厳密な意味の「離婚」ではない。2000年代に入り「姻族関係終了届」提出の急増傾向がみられ，その背景には世代間の考え方のギャップが指摘できる。従来の家制度の考え方が残る高齢世代と夫婦単位の核家族化の下の世代の相違である。

(7)　山田昌弘・白河桃子，前掲書，100頁。

(8)　「妊活」は妊娠するための準備や活動を指し，妊娠についての知識を身につけ，体調管理を心がけたり，出産を考慮に入れた人生設計を考えたりすることを指す。少子化がすすむなかで，誰もが「結婚すれば子どもは自然に授かる」，「何んとなく妊娠し生まれた」という理解や意識ではなく，女性自身の出産に対する意識改革も促し，こどもを希望し意志を以て妊娠し出産することの意味が含まれている。

(9)　森岡清美・望月嵩『新しい家族社会学』培風館，1983年，62頁。

(10)　国立社会保障・人口問題研究所「第13回出生動向基本調査」2005年。

(11)　多様な形の結婚の一例として「同性婚」がある。同性婚は男性と男性，女性と女性が結婚することを指し，性別のカテゴリーが同じ者同士が男女の夫婦のように性的な親密さを基礎として継続して社会的にも経済的にもパートナーシップを築き，それを維持することを意味している。2015年東京都渋谷区は同性カップルを結婚に

83

相当する関係と認め，「パートナー」として婚姻届と同等として証明する（パートナーシップ証明）ことを実施する『渋谷区男女平等及び多様性を尊重する社会を推進する条例』が成立した。日本の地方自治議会では初の試みであった。

参考文献

山田昌弘『迷走する家族――戦後家族モデルの形成と解体』有斐閣，2005年。

山田昌弘・白河桃子『「婚活」時代――ディスカヴァー携書』ディスカヴァー・トゥエンティワン，2008年。

湯沢雍彦・宮本みち子『新版データで読む家族問題』日本放送出版協会，2008年。

第5章 子 育 て

1 子育ては誰が担うのか，担ってきたのか

（1）子育てに対する意識

　著者が所属する大学において，例年，学生に仕事の継続と子育てについての将来展望を質問する。女子学生に圧倒的に多い希望は，出産で一度仕事を辞めて子どもが大きくなったら再就職をしたい，というものである。図5-1（次頁）に示したものは，国立社会保障・人口問題研究所による出生動向基本調査の結果であるが，未婚女性の理想とするライフコースは，専業主婦を希望する者と子育て後に再就職を希望する者で半数以上を占め，結婚や出産があっても就業を継続することを望む継続就業希望者は，増加傾向にあるとはいえ3割程度となっている。

　もう一つ，スウェーデン人との子育て意識の比較データを見てみよう（図5-2・図5-3，次々頁）。「妻は家事や育児の責任を持つべきだ」という問いに対して，日本人は，フルタイムで働く妻以外は「賛成・まあ賛成」が多数を占めている。一方，スウェーデンでは，男女ともに「反対，やや反対」が大多数を占めるという結果が得られている。

　これらの結果から，日本人の未婚女性の多くは子どもが生まれたら仕事を辞めて子育てに専念したいと考えているだけでなく，多くの日本人が家事や育児の責任は妻が持つべきだという考えを内面化している様子が伺え，母親中心の子育てになっている現状と符号する。とくに後者については，スウェーデン人の意識と全く違い興味深い。なぜ，日本人とスウェーデン人の意識はこのように大きく異なる結果となっているのだろうか。

85

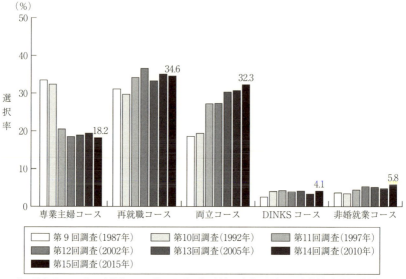

図5-1 未婚女性が理想とするライフコースの推移

注：対象は18〜24歳の未婚者。その他および不詳の割合は省略。調査別の客体数（男性，女性）：第9回 (2,605, 3,299)，第10回 (3,647, 4,215)，第11回 (3,612, 3,982)，第12回 (3,494, 3,897)，第13回 (3,064, 3,139)，第14回 (3,406, 3,667)，第15回 (2,706, 2,570)。
出所：国立社会保障・人口問題研究所「第15回出生動向基本調査（結婚と出産に関する全国調査）」平成28年9月公表，http://www.ipss.go.jp/ps-doukou/j/doukou15/NFS15_gaiyou4.pdf（閲覧日2017年8月12日）

　スウェーデンをはじめとする北欧諸国では，児童手当，両親保険，保育サービスといった公的な育児施策が整い，その施策を十分に活用して子育てが行われている。ここではスウェーデンについて詳しく述べることはできないが，それぞれの意識はそれぞれの国の過去から現在にわたる子育て政策と，それを背景とした子育てのあり方を反映したものとみることができよう。

　人間の赤ちゃんは，アドルフ・ポルトマン（Adolf Portmann）が「生理的早産」と呼んだように，一人では歩くことも食べることもできない状態で生まれる。昼夜のリズムができ長時間寝るようになる3カ月頃までは，概ね3時間おきの授乳が必要であり，一人で歩けるようになるまで約1年もかかるほど非常に未熟な状態で生まれ，適切なケアを必要とする。その後，子どもの成長とともに子育ての内容も大きく変化していくが，子どもが自立するまで長きにわた

第5章 子育て

図5-2 妻就業形態別「妻は家事や育児に責任を持つべきだ」(日本)

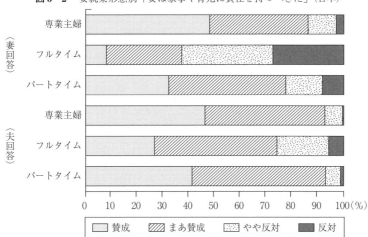

出所：内閣府経済社会総合研究所編『スウェーデン家庭生活調査』2004年4月, http://www.esri.go.jp/jp/archive/hou/hou020/hou11d.pdf（2010年1月）。

図5-3 女性の就業形態別「妻は家事や育児の責任を持つべきだ」(スウェーデン)

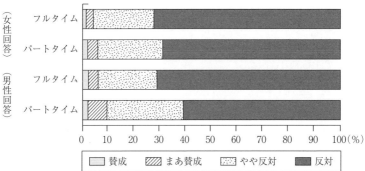

出所：図5-2と同じ。

り子育ては続く。

　子育ては他には代え難い経験であり，多くの発見と喜びが得られる営みであるが，日本は他の先進諸国と比べ子育て役割が母親に偏っており，そのことに起因する問題が指摘されて久しい。

　では，日本の子育ては過去においてどのようなものであったか，そして，現

87

在はどのような状況にあるのか。また，政策がどのように変遷しているのかを確認し，検討してみよう。

（2）近代家族の一般化と子育ての変化

　日本では，1989年の1.57ショックを契機として，少子化が社会問題として扱われるようになった。1.57という数字は，1966年に合計特殊出生率が「丙午（ひのえうま）」で大幅に落ち込んだ1.58よりも下回っている。これを契機として，1990年以降，少子化対策としての子育て支援が展開されていく。しかし，合計特殊出生率は1989年になって急に落ち込んだのではない。図5-4からも明らかであるが，1940年代後半から1950年代半ばまでの減少幅が最も大きく，それ以降，一貫して少子化傾向が続き，1970年代半ばからはさらなる低下が始まり，今日に至ってもほぼ回復の兆しがみられる状況にはない。

　サラリーマンの夫と専業主婦の妻，子どもは2～3人。いわゆる「ふつうの家族」として描きがちな家族像であるが，実はこの家族像は普遍的なものではなく，近代という時代に特徴的な家族の一形態であり「近代家族」と呼ばれている。[4]日本でこのような家族が一般的になったのは，図5-4で大きく子どもの数が減った1950年代半ば，つまり，産業構造が大きく転換した高度経済成長期以降のことである。「女性が家事・育児を第一の仕事にすべきだ」という規範が大衆化したのもこの頃からのことに過ぎない。[5]

　それ以前は，女性も子どもも，農家や自営業の重要な働き手だった。子育ては，家ぐるみ・村ぐるみで行われており，その様子は民俗学の資料からも読みとることができる。乳幼児の世話は現役を退いた高齢者が担っていた。また，「名づけ親」や「乳づけ親」など，擬制的な親子関係を取り結び子どもの成長を見守る工夫や，おおむね7歳以上の村の子どもの遊びや居場所となる「子ども組」，思春期になった者たちが生活をした「若者宿」「娘宿」などの村の組織が存在していた。[6]生産性の低い村落共同体において，共同体が一体となって暮らしを守る知恵の一つであったと考えられるが，子育てが親子関係に閉じこめられることなくなされていたことの現れともいえる。現在のような親（特に母

第5章 子育て

図5-4 出生数・合計特殊出生率の推移

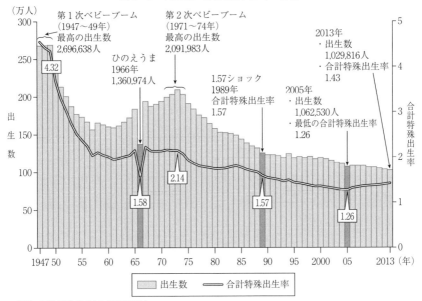

資料：厚生労働省「人口動態統計」
出所：内閣府『少子化社会対策白書 2015年版』。

親）中心の子育ての方こそが，歴史的には特殊な形態といってもいいだろう。
　しかし，昭和の高度経済成長期になると，地方の跡取り以外の若者は労働力として都会に吸収され，若者たちが生まれ育った地域社会を離れて都会で就職，結婚することにより，伝統的地域社会の崩壊と核家族化が進んだ。地域社会による子育てのしくみや規範は急速に忘れ去られ，家族は小規模化し，今日では「現在ほど母親が一人で子育てを担っている時代はない」といわれる状況になっている。少子化によりきょうだい数も減少し，身近で営まれる子育てを知らないまま親になる人が増え，子どものいる世帯の割合が減少し地域活動が形骸化するなかで，子育てをする親は地域の中で孤立しがちとなる。さらに父親は長時間労働で子育ては母親まかせとなり，母親一人が家事・育児に孤軍奮闘という構図になっていったのである。
　また，今日のように子育ての達成水準が高まり家庭教育の重要性が強調され

ると，母親にとってそれは大きなストレスとなる。

（3）　3歳児神話の功罪

1）　高度経済成長期と3歳児神話

「3歳児神話」とは，子どもが3歳頃までは母親の手元で育てなければ子どもに悪い影響がある，という考えをいう。「神話」とは，根拠もなく絶対的なものだと信じこまれ，多くの人々の考え方や行動を拘束してきた事柄のことである。『厚生白書　1998年版』には，公的な見解として初めて「3歳児神話の少なくとも合理的な根拠は認められない」との記載がなされたが，今もなお，この信念は広くいきわたっている。

　3歳児神話は，前項で述べた近代家族が主流となる高度経済成長期に社会に広く根を張った概念である。その背景の一つと考えられるのはジョン・ボウルヴィ（Jhon Bowlby）の母性剥奪理論である。ボウルヴィはWHO（世界保健機構）に委託されホスピタリズム（施設病）研究を行い，1951年に報告書を出している。当時，乳児院等の入所型の施設で生活している子どもたちの発達の遅れが指摘され，その調査を実施したボウルヴィは，ホスピタリズムの原因は「母性的養育の剥奪」にあると結論づけた。つまり，子どもにきめ細やかな母性的ケアが欠けているということである。母性的ケアと母親による子育ては必ずしも同義ではないが，日本では，これが母親が養育するのが最も良いと曲解され，高度経済成長期に広く流布され定着してしまった。

　前項で触れたが，かつては農作業や家業に男性も女性も従事せざるを得ない状況であったが，高度経済成長期以降は男性が仕事に専念して経済的に妻子を養い，女性が家庭生活を一手に引き受けるといった性別役割分業を可能にさせる近代家族が一般化した。このことは，生活のためにつらい仕事をせざるを得ない状況からの解放として女性に受け止められ，専業主婦は憧憬を抱かれる存在であった。一方，企業は男性を基幹労働者として位置づけ，終身雇用・年功賃金・家族賃金という日本的経営を実現させ，父親不在の状況は甘受せざるを得ないものとなり，子育ては母親が責任を持って行うべきという認識が実際的

なあり方として広く受け入れられていった。このような産業構造の大転換期に「3歳児神話」が広く受け入れられる素地が整えられていたといえよう。

伝統的地域社会の崩壊と核家族化が進み，学歴社会を背景として3歳児神話はますます強化された。しかし，しつけや教育等の達成レベルが高まる中での子育ては，やりがいがあり楽しいだけのものではなく，家族のなかでさまざまな葛藤を生じさせるものになっていった。

2) 高度経済成長期を背景とした子育てと子育て環境

高度経済成長期に母親が子育ての責任を担うという子育て状況を背景として，1970年代にはコインロッカーに嬰児を捨てる「コインロッカーベビー」がマスコミを賑やかし，「母性喪失」「母性崩壊」などと母親のみを悪者にする報道がなされた。1970年代はじめは高校進学率が90%を超え，中流意識の広まりとともに，より良い大学への進学がめざされるようになった時期である。

『厚生白書　1971年版』には，育児ノイローゼによる母子心中が1970年に増加したことについて，「母親の育児ノイローゼは原因中大きな比重を占めている。児童の問題は親の問題と言われるが，現在の家庭環境における問題点は問題児ならぬ問題親がふえている状況にあると言っても過言ではあるまい」[7]と述べられている。田間泰子は，この時期の子捨て・子殺し報道を取り上げ，いかに母親たちだけが悪者にされ，父親たちが免責されたかを実証的に分析している[8]。

1980年代は父親（夫）たちが家族を顧みずに会社のために力を尽くしていた影で，母親（妻）たちは主婦になりきっていたのだが，子どもが手を離れた時に漠然とした不安感にとらわれ，アルコール依存症や精神疾患，そして離婚に至るという家族問題が本やテレビドラマなどで取り上げられた。また，家族集団の維持よりも個人の行動の自由が尊重され，家族の凝集性が弱まったとして「家族の個人化」が進行したことなどの指摘もなされた。

1990年代後半以降になると，児童虐待相談件数が著しく増加し，その背景として育児不安が社会的に大きく取り上げられるようになった。児童虐待統計に見る主たる虐待者として最も多いのは，日本の場合実母である。『厚生（労働）白書』[9]では，育児不安の原因として核家族化，都市化，少子化が挙げられ，専

業主婦に育児不安が多いこと，一方で，夫が育児に協力的である人，近所づき
あい・子育て以外の生き甲斐を持っている人は育児不安が少ないこと等が指摘
されている。また，現在の母親には子どもとの接触経験や育児経験が不足して
いることが述べられている。

　つまり，母親がおかれている社会的環境や条件が問題とされるようになった
のである。母親が育児に専念すれば良いという訳ではないということが明らか
にされたことの意味は大きい。実際に母親が育児に専念した場合と就業を継続
した場合の子どもの発達状況については，「専業主婦として母親が子どもを育
てているということが子どもに良いという結果ではなく，むしろ，専業主婦の
子が遅れている」という結果が示されており，子どもにとって保育所での子ど
も同士の関わり合いによるプラスの影響が指摘されている。また，母親にとっ
ても就業継続等のために保育所を利用することは，子育ての専門家である保育
士や子育て中の他の親との関わりを持つことができるなどプラスの面を多数挙
げることができる。

　いずれにせよ，３歳児神話に代表されるような育児を母親の責任とする言説
が，政策や子育て意識と現実の子育て，ひいては男性と女性の生き方に与えた
影響はきわめて大きく，その呪縛は現在においても十分に払拭できていない。
しかし，今日のような低成長期においては，夫の一人働きという家族のあり方
は非常にリスキーな生き方であるとの指摘もある通り，男女ともに「自立」す
ることの大切さと，働かないことの「リスク」を認識することが必要である。
専業主婦家庭にとくに顕著な，高度に細分化され内面化された役割分業は，夫
のリストラや離婚・死別によりあっさりと立ちゆかなくなる。

2　子育て政策

（1）1990年以前の子育て政策

　1990年が子育て政策の転換点であったことは先述したが，それ以前の子育て
政策はどのようなものであったのだろうか。そもそも，そのようなものはあっ

第5章　子育て

たのだろうか。

　1947年に児童福祉法が成立し，保育所が児童福祉施設の一つとして規定された。保育所の対象は昼間労働を常態としているなどにより「保育に欠ける」児童であった。1963年の中央児童福祉審議会・保育制度特別部会は，家庭保育を重視した「保育7原則」を示した。とくに第2原則の「母親の保育責任と父親の協力義務」，第3原則の「保育方法の選択の自由と，こどもの，母親に保育される権利」は母親の保育責任を強調したものであった。

　つまり，子育ては母親が担うべき私事であり行政が介入すべきことではないと考えられていたといえよう。なお，保育7原則が示される2年前には配偶者控除が創設され，妻が家庭を守ることに経済的効果をもたらしたが，これは女性を家庭に縛りつけ，労働意欲を阻害する効果もまた持つものである。

　高度経済成長期は専業主婦家庭を増やす一方で女性労働力をも必要とし，女性の働き方も多様化したが，保育所の増設は進まず，1970年代から1980年代になってようやく整備が進行するようになった。しかし，この頃の保育所の対象は3歳以上の児童であり，保育時間は原則8時間，乳児保育や延長保育などを実施している保育所は非常に少なく，多様な保育需要に応えるものではなかった。その背景には家庭保育中心の思想が強くあったことを指摘することができる。

　このような子育て状況のなかで，1970年代後半から80年代になると，ビルの一室などで子どもの一時預かりなどをする認可外保育施設であるベビーホテルで乳幼児の死亡事故が相次ぎ，社会問題となった。全国保育団体連絡会は国の貧困な保育政策の結果もたらされたものであるとして，公的保育制度の充実を厚生省（当時）に要求している。

　高度経済成長期が終わり低成長期になっても，学歴社会を背景として3歳児神話はますます強化されたが，その困難性に政策的な眼が向けられることはなく，子育てについては私事化政策がとられ続けた。加えて1973年のオイルショック以降の低成長期に入ると，「日本型福祉社会論」に見られるように，子育てだけでなく高齢者介護もまた主婦の役割とされていったのである。前項で述

93

べた育児ノイローゼや育児不安が増大していくのは当然の帰結であったといっても過言ではない。

（2）1990年以降の子育て政策

1）少子化対策のなかでの保育サービス

「1.57」ショックを契機に国の少子化対策が重要な政策課題として認識され，1994年に文部，厚生，労働，建設（当時）の4大臣合意により，「今後の子育て支援のための施策の基本的方向について（エンゼルプラン）」が策定された。その後，現在に至るまでさまざまな少子化対策が打ち出されているが，その概略をまとめたものが図5-5である。

これら一連の少子化対策はきわめて広範な事項を扱っているが，仕事と子育ての両立支援を標榜し，そのための保育所と放課後児童クラブなど保育サービスの量的拡充の方向性が示されてきた。これは先に見た1990年以前の「子育ては母親が専業でするもの」という方向から「子育てと仕事の両立」へと大きく方向転換したことを示している。つまり，仕事と子育ての両立をする共働きの家族が前提と考えられるようになったといえよう。この背景には，少子化による労働力不足を補うための女性労働力の活用という経済界の思惑も伺える。

しかし，かつて保育所は，保護者が働いているなどの理由により「保育に欠ける」子どもたちが通う厚生省（当時）管轄の児童福祉施設であり，保育園に子どもを通わせている親に対して「保育園に預けるなんてかわいそう」という声が聞かれたものだった。幼児教育の主流は，あくまで専業主婦の子どもが通う文部省（当時）管轄の幼稚園と認識されていた。そのような時代から考えると隔世の感があるが，保育所利用児童数は増加し，保育サービスは著しく拡大した。

とくに，子育て支援センターをはじめとする地域における子育て支援の取り組みの拡大は顕著である。例えば，自治体のホームページや広報などで子育て支援の取り組みについて掲載していることが当たり前の状況となった。さらに1990年代前半には全国でも数える程しかなかったファミリーサポートセンター

第5章　子育て

図5-5　1990年以降の少子化対策等の展開

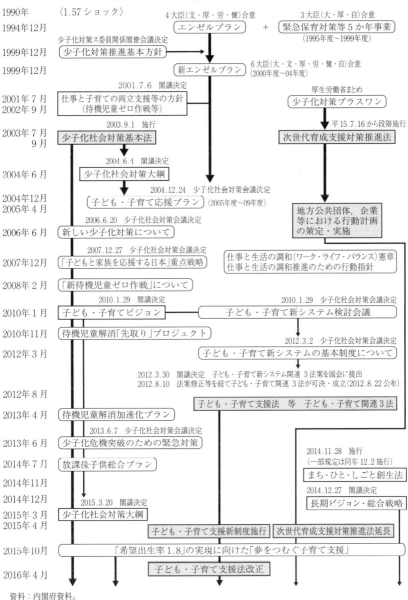

資料：内閣府資料。
出所：内閣ホームページ(http://www8.cao.go.jp/shoushi/shoushika/data/torikumi.html, 2017年6月12日アクセス)。

図5-6 保育所等待機児童数及び保育所等利用率の推移

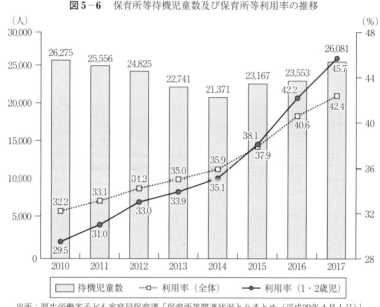

出所：厚生労働省子ども家庭局保育課「保育所等関連状況とりまとめ（平成29年4月1日）」
http://www.mhlw.go.jp/file/04-Houdouhappyou-11907000-Koyoukintoujidoukateikyoku-Hoikuka/0000176121.pdf，（2017年11月アクセス）。

（育児の援助を受けたい人と行いたい人が双方会員となって，育児の相互援助を行う活動）や放課後児童クラブは今や各地の自治体に広がっており，地域的な事情による差異や格差はあるものの，地域レベルでの子育て支援活動の裾野は広がったといえよう。これらは各種プランの数値目標に従って数を伸ばしたものであるが，国が政策目標として数値を明確にして取り組んだことの意味は大きいといえる。

2) 子ども・子育て支援新制度

1990年代後半から共働き世帯の増加に伴い保育所利用児童数が増加すると，都市部を中心とした深刻な待機児童問題が生じることとなった（図5-6）。先に述べた通り，従来，専業主婦世帯では，保育所の入所要件を満たさないこともあり幼稚園が幼児教育の場とされてきたが，女性の就労率の上昇に伴い保育所の利用希望が増加した。しかし，女性の就労率の増加に保育所数等が追いつ

第5章　子育て

いていかないという状況が生じ，保育所に子どもを預けたいと考えても希望する保育所が満員で入所することができず，仕事と子育ての両立可能な環境の整備も十分でないという状況のなかで，待機児童問題がクローズアップされてきた。

　このような状況を背景として，国や地域を挙げて，子どもやその家庭を支援する新しい仕組みを構築することが喫緊の課題とされ，政府は，長年懸案とされてきた幼保一体化を含む新たな子育て支援制度の検討を2010年1月から開始した。そして，2012年8月に「子ども・子育て3法案」（「子ども・子育て支援法」「就学前の子どもに関する教育，保育等の総合的な提供の推進に関する法律の一部を改正する法律」「子ども・子育て支援法及び就学前の子どもに関する教育，保育等の総合的な提供の推進に関する法律の一部を改正する法律の施行に伴う関係法律の整備等に関する法律」）を公布し，2015年4月から「子ども・子育て支援新制度」をスタートさせた（図5-7）。

　新制度のポイントは次の3点にまとめられている。[11]

　1点目は，認定こども園，幼稚園，保育所を通じた共通の給付である「施設型給付」および小規模保育，家庭的保育等への給付である「地域型保育給付」の創設である。これまで別々の体系であった幼稚園と保育所の財政措置を，認定こども園，幼稚園，保育所に共通の「施設型給付」として一本化した。また，新たな給付である「地域型給付」を創設し，6人以上19人以下の子どもを預かる「小規模保育」，5人以下の子どもを預かる「家庭的保育（保育ママ）」や子どもの居宅において保育を行う「居宅訪問型保育」，従業員の子どものほか地域の子どもを保育する「事業所内保育」の4つの事業が財政支援の対象となった。

　2点目は認定こども園制度の改善である。認定こども園は，保護者の就労状況等に関わらず，そのニーズに合わせて子どもを受け入れ，幼児期の学校教育・保育を一体的に行う　幼稚園と保育所の両方の機能を併せ持った施設であり，2006年に創設された。保護者の子育て不安に対応することや，親子の集まる場所を提供するなど，地域の子ども・子育て支援機能も果たし，利用者から

97

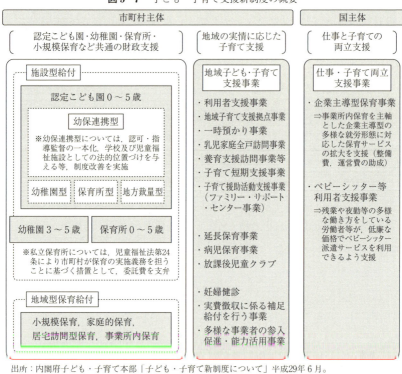

図5-7 子ども・子育て支援新制度の概要

出所:内閣府子ども・子育て本部「子ども・子育て新制度について」平成29年6月。

一定の評価を受けてきた。しかし，学校教育法に基づく幼稚園と児童福祉法に基づく保育所という二つの制度を前提にしていたことによる，認可や指導監督等に関する二重行政の課題などが指摘されてきた。制度改正により，認定こども園の類型の一つである「幼保連携型認定こども園」は，学校及び児童福祉施設の両方の法的位置づけをもつ単一の認可施設とし，二重行政の課題などが解消されることとなった。

3点目は，地域の子ども・子育て支援の充実である。全ての家庭を対象に，地域のニーズに応じた多様な子育て支援を充実させるため情報提供・助言等を行う利用者支援と市町村が行う事業（子育ての相談や親子同士の交流ができる地域子育て支援拠点，一時預かり，放課後児童クラブなど）を「地域子ども・子育て支

援事業」として法律上に位置づけ，財政支援を強化し，その拡充を図ることとした。

　新制度は，消費税税率引き上げに伴い見込まれる財源を活用して就学前児童の教育・保育に給付制度を導入するなどの大改革である。基礎自治体である市町村が実施主体となり，地域における幼児教育・保育及び子育て支援についての需要を把握し，その需要に対する子ども・子育て支援の提供体制の確保等を内容とする事業計画（「市町村子ども・子育て支援事業計画」）を策定し，計画に基づいて「施設型給付」等の給付や「地域子ども・子育て支援事業」を実施するものである。

　しかし，現実には最大の目的である都市部における待機児童は解消しておらず，小規模保育事業における職員配置基準（保育士でない保育者も可）などの課題も多い。

　これまでみた通り，少子化対策のなかで保育サービスは確実に拡大してきた。しかし，保育の質を担保することよりも量的拡大のみがまずはなされたという状況にある。子ども・子育て支援新制度では，「質の高い幼児期の教育，保育の総合的な提供」が強調されているが，これまでもこれからも保育者・保護者ともに願ってきた事柄である。しかしながら，保育の現場は，職員配置基準が低水準ななかで，待機児童解消のために多くの子どもを受け入れざるを得ず，保育者たちの過重負担が懸念されている。また，深刻な保育士不足も生じている。

　待機児童の解消は喫緊の課題ではあるが，子どもにとっての保育という視点からの根本的な問い直しも重要であろう。それは，ひとことで言えば，ワーク・ライフ・バランスを検討し，低年齢児を持つ保護者が子どもと向き合うことのできる生活を保証することといえよう。

3）児童手当等

　1990年以降の少子化対策のなかで，さまざまな問題をはらみつつも，最も実効性をもって進められてきた保育サービスについて見てきたが，他の施策はどうであろうか。

表5-1 児童手当の支給対象と支給額

支給対象年齢	支給額（月）
0歳～3歳未満	15,000円
3歳～小学校修了前	10,000円（第1子・第2子） 15,000円（第3子以降）
中学生	10,000円
所得制限超世帯（約960万円以上）	5,000円

出所：各種資料より筆者作成。

　子育てに関する各種世論調査で期待される政策として挙げられるものは，「仕事と家庭の両立支援」に関わるものと「子育てにおける経済的負担の軽減」が圧倒的に多い。子育て支援の柱としては，保育サービス，児童手当等の児童家族給付，育児休業の三つを挙げることができ，先に述べた保育サービスは両立支援策の一つに位置づけることができる。ここでは子育てにおける経済的負担の軽減策についてみていく。

　子育てにおける経済的負担の軽減策としては，児童手当，医療費補助，保育・教育費への補助，育児休業給付（育児休業については第6章で詳述）などをあげることができる。

　児童手当制度は日本では1972年から開始されている。成立当初は3人以上の児童がいる場合に，3人目以降が5歳未満ならば，1人月額3,000円を支給する制度であった。その後，度重なる改正が行われたが，現在では，2010年に民主党政権が導入した「子ども手当」を引き継ぐ形で支給対象が拡大し支給額も大幅に増えている。支給対象は，0歳以上中学卒業（15歳に達してから最初の年度末）までであり，支給額は表5-1のようになっている。

　日本の児童手当制度を他国と比べた場合，所得制限があること，支給対象年齢が低いことなどが指摘されている。

　乳幼児等の医療費助成制度は，自治体が独自の子育て支援策として設けているものであり，自治体によって対象となる子どもの年齢，親の所得制限の有無，一部負担金の有無，助成方法等が異なる。つまり，居住している自治体によって内容が異なる。

第5章 子育て

　厚生労働省が実施した「平成27年度　乳幼児等に係る医療費の援助についての調査」によれば，現在ではすべての市区町村が子どもの医療費助成制度を実施しており，子どもが小さい間はほとんど医療費がかからないようになっている。しかし，例として対象年齢（通院）をみると，中学校を卒業までを対象としている自治体が930と最も多く，次に多いのが小学校に入学する前までで337，小学校卒業までが185，高校卒業までが201となっている。なかには大学卒業まで無料という自治体もある。

　また，子どもの医療費助成を受けるには，各種健康保険に加入していることが要件となるため，国民健康保険の未納・滞納などがある貧困世帯等で，病気になっても医療機関に行かない「受診抑制」が危惧される。子どもの医療費の無料化は国が取り組む必要のある課題と言えよう。

　教育費については，親の経済力の差が子どもの育ちに格差・不平等をもたらすことが指摘されている。義務教育でも，学校給食費や学校教育費，学校外活動費等がかかり，公立の小学校で1年にかかる学習費総額は約32万円，公立中学校では約48万円（2014年度調査），私立であればその3〜5倍と報告されている。また，学校教育以外の習い事や塾の費用なども考えると，子どもの教育費はとても大きいものとなる。

　2010年4月より「公立高校授業料無償制・高等学校等修学支援金制度」が導入され高校の授業料が無償化された（2014年度には「高等学校等修学支援金制度」に名称変更され，所得制限が始まった）。これにより学費の負担は軽減され，経済的理由による中退者が減少するなどの効果が認められた。しかし，大学となれば入学金や授業料の負担があり，多大な費用がかかる。しかしながら，その負担軽減策は十分ではないのが実情である。

　奨学金は貸与型が中心であり給付型の奨学金の必要性が強調されてきたが，2017年3月に日本学生支援機構法が改正され，給付型奨学金制度が初めて導入された。しかしながら，給付内容（金額）が貧弱であることや対象となる学生数も限定的であることが指摘されている。

　図5-8は，各国の家族関係社会支出の対GDP比の比較である。家族関係

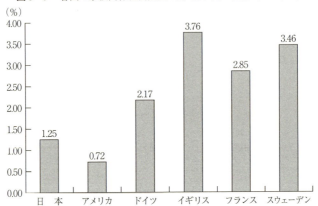

図5-8 各国の家族関係社会支出の対GDP比の比較（2013年度）

注：(1) 家族関係社会支出…家族を支援するために支出される現金給付及び現物給付（サービス）を計上。計上されている給付は以下のとおり（国立社会保障・人口問題研究所「社会保障費用統計」巻末参考資料より抜粋）。
児童手当：給付，児童育成事業費等
社会福祉：特別児童扶養手当給付費，児童扶養手当給付諸費，児童保護費，保育所運営費等
協会健保，組合健保，国保：出産育児諸費，出産育児一時金等
各種共済組合：出産育児諸費，育児休業給付，介護休業給付等
雇用保険：育児休業給付，介護休業給付
生活保護：出産扶助，教育扶助
就学援助・就学前教育・初等中等教育費援助費
就学前教育（OECD Education Database より就学前教育費のうち公費）
(2) 日本は2013年度，アメリカ，ドイツ，イギリス，フランス，スウェーデンは2011年度
資料：国立社会保障・人口問題研究所「社会保障費用統計」（2013年度）。
出所：内閣府『少子化社会対策白書　平成28年版』p. 24。

　社会支出の中身は家族手当，出産・育児休業給付，その他の現金給付と保育・就学前教育，その他の現物給付であるが，日本はこれらについての支出割合が小さいのである。

　児童手当の改正や高校授業料無償化，給付型奨学金の創設は一歩前進といえるが，これまで見てきたように子育てにおける経済的負担の軽減策は十分になされてきたとは言い難い。このことは，図5-9（次頁）の各国の政策分野別社会支出の構成比からも明らかである。日本は高齢者関係の支出が約半分を占めており，家族関係支出はきわめて少ないという特徴がある。スウェーデンを

第5章 子育て

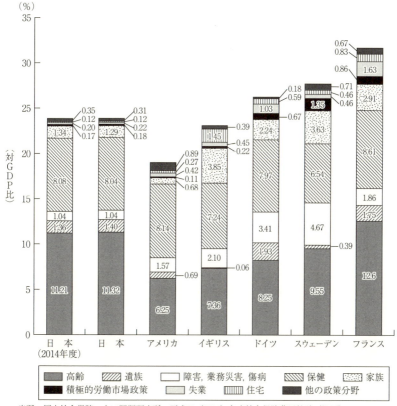

図5-9 政策分野別社会支出の国際比較（2013年度）

出所：国立社会保障・人口問題研究所　平成26（2014）年度社会保障費用統計（概要）
http://www.ipss.go.jp/ss-cost/j/fsss-h26/H26-houdougaiyou.pdf, 2017年6月12日アクセス。

はじめとする北欧諸国では，1980年代の後半から1990年代の雇用危機以降，社会支出の優先順位が高齢者から若・壮年層に移行している。これは，「社会的投資」アプローチといわれているように，将来への投資という側面が強い。

本章のはじめにスウェーデン人との子育て意識の違いを取り上げたが，スウェーデンの高い税負担を背景とした，安価な保育料，大学までの学費は無料，子どもの医療費も無料，児童手当の充実，十分な育児休業と所得保障制度などを見ると，同じ子育てでも，国によってここまで違うのかと驚きを禁じ得ない。

103

スウェーデン在住の日本人にインタビューをした際に「子どもがいた方がお得な社会だと思われる」という感想が語られたが，子育て政策の充実ぶりが伺える。これは，男女平等を実現し，子どもやその家族に対して支援を行うことを目的とした政策理念により実現されているものと考えられる。つまり，子どもの存在やその教育をどのようなものとしてとらえ，将来を見据えどこにどう投資するか，という国家ビジョンが問われているといっても過言ではない。

3　今後の子育てを考える

　子どもを産み育てるという子育ては，きわめて個人的な営みではあるが，その環境や政策に大きく影響されるものである。高度経済成長期以降，日本では子育てが私的な事柄としてとらえられてきたが，それ以前の時代のように，しかし現代の社会生活状況に即して政策に支えられた，家ぐるみ，地域ぐるみでの子育てのあり方が切に求められているのである。家ぐるみ地域ぐるみで子育てをしていたということは，子育ての責任を皆で分担していたということである。これまでは社会が母親に責任を負わせてきただけであり，父親はいうまでもなく，現代の社会を作っている構成員の共同責任という意識の醸成が求められているのである。なぜならば，子どもは将来の社会を背負っていく「社会の子ども」であるからだ。

　現実の子育ては，確かに個人的なことである。しかし，子どもを持つ方が生きやすい世の中であるかどうか，子どもを産み育てることが豊かな人生の担保になるかどうかという問題は，国の長期的な政策と直接的に結び付く問題であり，これは，すなわち国家がどのような将来ビジョンを描き示せるか，そして，どこまで牽引的な役割を果たせるかという問題になろう。

　一方で，母親の子育てに関する意識も，自分の子どもを育てるという認識にとどまらず，社会で受け入れられ生きていける子どもをたくさんの人の手を借りて育てていく，という広がりが必要なのではないだろうか。

注

(1) スウェーデン調査は2003年12月にストックホルムで，日本調査は1997年7月に東京で実施したものである。調査対象等，詳細は，内閣府経済社会総合研究所編『スウェーデン家庭生活調査』2004年4月を参照のこと。

(2) 拙著「スウェーデンの育児環境と子育て」『金城学院大学論集』社会科学編　第5巻第2号，2009年，などに詳しい。

(3) スウェーデン等の北欧諸国やフランスでは，子どもやその家族に対して支援を行うことを目的とした「家族政策（ファミリー・ポリシー）」という政策の位置づけであり，日本における「少子化対策」とは位置づけが違う。日本では，低下した出生率にどのように対応するかという「少子化対策」として位置づけられてきたが，ここでは，戦中の出産奨励策を彷彿とさせる「少子化対策」ではなく「子育て政策」という言葉を使用する。

(4) 落合恵美子は近代家族の特徴として，1.家内領域と公共領域との分離，2.家族構成員相互の強い情緒的関係，3.子ども中心主義，4.男は公共領域・女は家内領域という性別分業，5.家族の集団性の強化，6.社交の衰退とプライバシーの成立，7.非親族の排除，（8.核家族）を挙げている（『21世紀家族へ第3版』有斐閣，2004年，103頁）。

(5) 注(4)文献参照。

(6) 柳田国男『柳田国男全集12』筑摩書房，1990年，赤松啓介『夜這いの民俗学』明石書店，1994年など。

(7) 『厚生白書　1971年版』。

(8) 田間泰子『母性愛という制度──子殺しと中絶のポリティクス』勁草書房，2001年。

(9) 『厚生（労働）白書』1998年版，2001年版，2003年版。

(10) 原田政『子育ての変貌と次世代育成支援』名古屋大学出版会，2006年。

(11) 内閣府『少子化社会対策白書　平成25年版』32-34頁。

(12) 「平成26年度子どもの学習費調査 調査結果の概要」文部科学省HP（2015年12月24日）。

(13) 2009年9月の政権交代により，民主党が主張してきた政策である子ども手当が2010年度から支給された。15歳以下の子どもの保護者に対し，所得制限なく毎月1万3,000円を支給。従来の児童手当は廃止となる。また，同様に2010年度からさまざまな課題を残しながらも公立高校無償化・高等学校就学支援金制度が実施されている。

参考文献

広田照幸『日本人のしつけは衰退したか』講談社現代新書，1999年。

田間泰子『母性愛という制度——子殺しと中絶のポリティクス』勁草書房，2001年

落合恵美子『21世紀家族へ 第3版』有斐閣，2004年。

川崎二三彦『児童虐待』岩波新書，2006年。

原田正文『子育ての変貌と次世代育成支援』名古屋大学出版会，2006年。

浅井春男他編『子どもの貧困』明石書店，2008年。

第6章	働くこと

1 女性労働力の変化

本節では，女性の働き方全般を正社員，非正社員という雇用形態を中心に考えることにしよう。

現代社会において女性が家庭内ではなく社会（ソト）で働くことは，もはや当たり前となっている。女性がソトで働き始めたのは，いつ頃からだろうか。第二次世界大戦後に限定して考えれば，戦後しばらくの間，女性の仕事は家業である「農業」だった。「三ちゃん農業」といって，じいちゃん，ばあちゃん，かあちゃんが中心になって農業を行い，かあちゃんは農業の片手間に家事や育児もこなした。ちなみに，とうちゃんは，サラリーマンとして都市に働きに出ていた。

ところが高度経済成長期（1955-73年）になると労働者不足が続いたため，女性はソトで働き始めた。ソトで働くといっても二つの働き方があり，一つは正社員として働くこと，もう一つは非正社員として働くことである。当時，非正社員として働くのは主婦のパートタイマーが中心だった。対して正社員として働く女性は，高等学校を卒業後に OL として働く女性，大学を卒業後に教員として働く女性などであった。

高度経済成長期に広がった女性の働き方のスタイルに，学校卒業後正社員として働き，結婚・出産を機に退職して専業主婦になるというものがある。こういったパターンの夫婦を「サラリーマン・専業主婦カップル」といい，当時は男性一人の給料で家族を養えたため可能なスタイルであった。

1973年に第一次オイルショックが起きると，高度経済成長にも陰りがみえ戦

後初のマイナス成長を記録した。企業業績は悪化し，経営合理化，主力産業の転換，リストラなどが必要になった。

　1980年代に入ると，第2次産業から第3次産業へと産業構造の中心が転換した。労働者の半数以上は，第3次産業で働くようになったのである。同時に女性の働き方も変化した。それは，第3次産業を中心とした対人サービス分野への進出だった。対人サービス分野では一定の曜日，時間帯に顧客が集中するため，そういった部分に主婦のパートタイマーをあてがうわけである。飲食店や小売業を中心に，主婦のパートタイマーが進出した。

　ところが1990年代に入るとバブル経済が崩壊し，人件費削減策の一つとしてリストラが行われた。リストラだけでなく，新卒採用を手控えるという措置もとられた。とくに新卒で就職希望する女子学生に対しては顕著であり，「女性である」というだけの理由で，就職の門前払いを受けたのである。そういう状況は，「就職（超）氷河期」「ドシャブリ」と表現されていた。

　その後2000年代に入ると，戦後最長といわれる好景気がやってきたが（2002年-2007年），この好景気はこれまでのものと大きな違いがあった。例えば実質経済成長率をみると，高度経済成長期は10％前後，バブル期は2％前後，2002年以降の好景気は1％前後である。また正社員，非正社員比率でも高度経済成長期は9：1，バブル期は8：2，2002年以降の好景気時は7：3であった。つまり経済成長率は低く，雇用形態も非正社員の増加というように，市民意識レベルでは好景気を肌で感じにくい状態だった。

　このように女性の働き方は，年齢を問わず景気動向に大きく左右されていたといえよう。

（1）正社員・非正社員の特徴

　2008年9月のリーマンショック以降は，これまで以上にどういった雇用形態で働くのかということが注目されている。雇用形態には大きく分ければ二つあり，「正社員」と「非正社員」しかない。ただし，非正社員にはパートタイマー，アルバイト，派遣社員，契約社員，期間社員，嘱託などさまざまな名称

第6章 働くこと

表6-1 性別に見た雇用形態別雇用者数割合（%）

年	女　性		男　性		年	女　性		男　性	
	正社員	非正社員	正社員	非正社員		正社員	非正社員	正社員	非正社員
1984	71.0	29.0	92.3	7.7	2001	52.5	47.5	86.8	13.2
1985	67.9	32.1	92.6	7.4	2002	50.7	49.3	85.0	15.0
1986	67.8	32.2	92.6	7.4	2003	49.4	50.6	84.4	15.6
1987	65.7	34.3	92.4	7.6	2004	48.3	51.7	83.7	16.3
1988	64.9	35.1	91.9	8.1	2005	47.5	52.5	82.3	17.7
1989	64.0	36.0	91.3	8.7	2006	47.2	52.8	82.1	17.9
1990	61.9	38.1	91.2	8.8	2007	46.5	53.5	81.7	18.3
1991	62.8	37.2	91.5	8.5	2008	46.4	53.6	80.8	19.2
1992	61.7	38.3	91.1	8.9	2009	46.7	53.3	81.6	18.4
1993	61.5	38.5	90.6	9.4	2010	46.2	53.8	81.1	18.9
1994	61.6	38.4	91.5	8.5	2011	45.6	54.4	80.1	19.9
1995	60.9	39.1	91.1	8.9	2011	45.6	54.4	80.2	19.8
1996	60.2	39.8	90.6	9.4	2012	45.5	54.5	80.3	19.7
1997	58.3	41.7	89.5	10.5	2013	44.2	55.8	78.9	21.1
1998	57.1	42.9	89.7	10.3	2014	43.4	56.6	78.3	21.7
1999	54.9	45.1	88.6	11.4	2015	43.7	56.3	78.2	21.8
2000	53.3	46.7	88.3	11.7	2016	44.1	55.9	77.9	22.1

出所：総務省「労働力調査」を基に筆者作成。

で呼ばれるものがある。

　各雇用形態の特徴として，正社員は主に新卒採用で無期限契約，福利厚生，ボーナス，退職金などが得られることである。それに対して非正社員は，中途採用でもよくて契約期間があり，福利厚生，ボーナス，退職金などが充実していない。非正社員で働くことの問題は賃金が低く，契約期間があり，また契約期間内にも企業の都合で契約を打ち切られる可能性があることだ。契約期間は1カ月，3カ月，半年などであるが，いつ契約が切られるかと思うと安心して働けない状況を生み出してしまう。

　では，男女それぞれがどのくらいの割合で，正社員，非正社員なのだろう。表6-1をみてみよう。これは1980年代からの女性，男性の正社員，非正社員

割合の変遷である。男性をみると，正社員の方が圧倒的に多い。かつてマスコミは，派遣社員として働く男性のことをしばしば取り上げていたが，実際は男性のほとんどが正社員なのである。反対に女性をみると，1980年代は正社員の方が多かったが，バブル経済が崩壊した1991年以降，正社員数は徐々に減少した。そして2002年の2月以降，戦後最長の好景気が到来したにもかかわらず，正社員数は一向に増えていない。反対に非正社員数が格段に増加している。

　これまでは，好景気になれば雇用者数が増加し，同時に正社員数も増加していたが，近年はそうでない。表6-1から明らかなように，景気に大きく影響されるのは女性であり，とくに非正社員として働く女性だった。景気の調整機能を担っていたといえよう。

（2）　M字型雇用曲線と共働き家庭の増加

　ここまでみてきたように，女性の働き方は景気動向に大きく左右されている。実は景気だけでなく，家庭生活にも大きく影響を受けているのだ。その実態をみていこう。

　女性の年齢階級別労働力率を折れ線グラフにした結果が，図6-1である。各年齢階級の頂点を結ぶとローマ字のMの形に似ていることから，「M字型雇用曲線」といわれる。M字型雇用曲線は年度ごとに変化するため，現在の女性労働者を過去のものと比較する際，よく使用されている。具体的にみていこう。

　まず，図6-1にある2015年の数値をみると，最も高いのは25〜29歳の80.3％，ついで45〜49歳の77.5％である。この層がM字の二つの頂点である。反対に最も低く，M字の底になるのは30代の子育て世代であり，30〜34歳が71.2％，35〜39歳が71.8％である。この図からわかるのは，20歳代と45歳前後の労働力率が最も高いことである。しかし雇用形態は20代が正社員，40代以降が非正社員であるパートタイマーが最も多い働き方である。

　次に，図6-2にある2015年の数値をみると，年齢階級が低いほど，有配偶女性の労働力率は低い。40代後半になると，有配偶女性と未婚女性の労働力率

第6章 働くこと

図6-1 女性の年齢階級別労働力率の推移

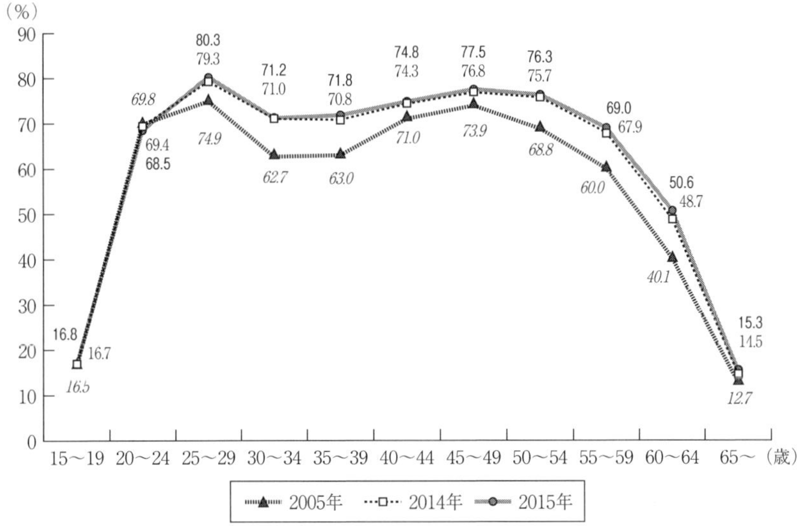

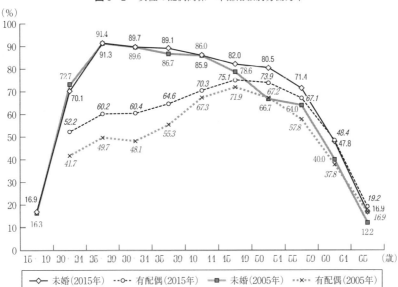

図6-2 女性の配偶関係・年齢階級別労働力率

出所：総務省「労働力調査」（平成17・27年）。

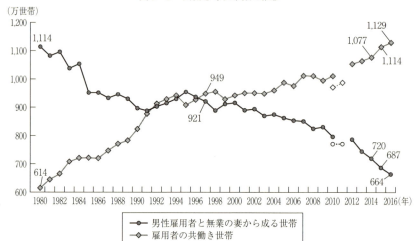

図6-3 共働き等世帯数の推移

注：(1)「専業主婦世帯」は，夫が非農林業雇用者で妻が非就業者（非労働力人口及び完全失業者）の世帯。
(2)「共働き世帯」は，夫婦ともに非農林業雇用者の世帯。
(3) 2011年は岩手県，宮城県及び福島県を除く全国の結果。
出所：厚生労働省『厚生労働白書』，内閣府『男女共同参画白書』，総務省「労働力調査特別調査」，総務省「労働力調査（詳細集計）」。

の差は，10ポイント以内に縮まる。さらに50代後半になると，その差は，5ポイント以内，そして60代になると，未婚女性ではなく，有配偶女性の労働力率が高くなっていた。60代を超えてはじめて，有配偶女性の労働力率が高くなるのは，大部分の企業が60歳定年とされており，企業を退職した（正社員の）未婚女性（40代以降の正社員は未婚が多い）が多いからである。一方で，60歳を超えて働く女性は，40代後半以降と同様に，非正社員の既婚女性が多い。非正社員であると労働時間の調整がしやすいため，フルタイムではなく，数時間程度のパートタイマーとして働きやすい。企業の定年年齢，労働時間の調整という点を含めて考えても，結果として有配偶女性の労働力が高くなったと考える。

最後に図6-3をみてみよう。1980年代では，いわゆる専業主婦世帯（男性雇用者と無業の妻からなる世帯）が共働き世帯（雇用者の共働き世帯）よりも圧倒的に多かった。このことは男性労働者1人の給料で，妻子を養うことができる

第6章　働くこと

ということを意味している。具体的にみると，1980年では専業主婦世帯が1,114万世帯，共働き世帯が614万世帯と専業主婦世帯のおよそ半分が共働き世帯だった。その後，パートタイマーとしてソトに働きに出る主婦が増加した。そのため専業主婦世帯は徐々に減少し，1992年からは共働き世帯の方が多くなった。とくに1997年以降は，継続して共働き世帯の方が多い。2016年においては，専業主婦世帯の2倍弱が共働き世帯である。ただし共働き世帯といっても，正社員同士の夫婦が大部分ではない。2012年の「就業構造基本調査」によれば，女性雇用者数を年齢階級別にみると34歳までは正社員の方が多いが，35歳以降は非正社員であるパートタイマー，アルバイトなどの方が多くなる。女性の平均初婚年齢が29歳くらいであることを考えれば，共働き世帯といっても，非正社員で働く女性が多いことは明白である。このように働く女性が増えたといっても，増加の中心は非正社員のパートタイマーなどが大部分だったといえよう。

　以上みてきたように女性の働き方は，景気，家庭生活という二つの要素に大きく左右されていたことが理解できた。つまり女性自身がどういった働き方をしたいのかということもあるが，それ以上にその他の事情で働き方を選ばなければいけない状況にあったと解釈できる。

2　労働政策の進展

　本節では，女性労働に関する主な法律をみていくことにしよう。なかでも男女雇用機会均等法，労働者派遣法，パートタイム労働法という三つを中心に考えていく。

（1）男女雇用機会均等法

　男女雇用機会均等法（「雇用の分野における男女の均等な機会及び待遇の確保等に関する法律」の通称）は，女性労働者に対して最も大きな影響を与えた法律であるといっても過言ではない。1986年に施行されて以降，何度も改正され現在に至る。男女雇用機会均等法は，もともと1972年に施行された勤労婦人福祉法に

113

男女雇用機会均等法の成立と変遷

　雇用の分野における男女の均等な機会及び待遇の確保等女子労働者の福祉の増進に関する法律（以下，均等法）という法律は，日本政府が女子差別撤廃条約を批准するための国内法整備の一環として1985年に制定され，1986年4月から施行された。しかし同法の成立は簡単ではなかった。女子保護規定の一部廃止等をめぐって，労働者側・女性団体は時期尚早と反対を表明し，企業側・政府側は女子労働の活用を主張して賛成するなど，錯綜した状況を呈したからである。また同法は，従来あった勤労婦人福祉法を手直ししただけの不十分な法律であり，とくに次の2点が欠陥として指摘された。第1に，「募集・採用」と「配置・昇進」に関する規定が「努力義務」となっていること，第2に，紛争の解決手段としての調停委員会の機能が十分でないこと，であった。

　施行された均等法が社会的に与えたインパクトは強く，そのため明白な男女差別は許されないという認識が広く浸透した。しかしコース別雇用管理制度を導入する企業が一挙に増大し，ごくわずかな女性総合職と，圧倒的多数の女性一般職という，女性間の職域分離が進行した。

　均等法は1997年6月に改正された（施行は1999年4月）。まず名称が，男女を視野に入れた，雇用の分野における男女の均等な機会及び待遇の確保等に関する法律に改められた。内容の改正点は，「募集・採用」「配置・昇進」を「禁止規定」にしたこと，紛争を解決する機会均等委員会の機能を強化したこと，新たにセクシュアル・ハラスメントの防止規定を加えたことである。同時に女性労働者に時間外・休日労働，深夜業を規制していた労働基準法も改正され，女性労働者は母性保護以外には男性労働者と同じ取り扱いを受けることになった。

　また，2006年6月に雇用の分野における男女の均等な機会及び待遇の確保等に関する法律及び労働基準法の一部を改正する法律が公布された（施行は2007年4月）。改正の主眼は，結果として女性差別につながる「間接差別」を禁止条項に加えたことである。その具体的な例として，①募集・採用における身長・体重・体力要件，②総合職の募集・採用における全国転勤要件，③昇進における転勤経験要件，の3項目が挙げられた。また，妊娠・出産等を理由とする不利益取り扱いの禁止，セクシュアル・ハラスメントの禁止が強化された。

　このような均等法の進展の背景には，労働の場における女性差別をなくすという社会的な認識が広まったことがあるが，一方では少子化による人口減のために，将来の労働力を確保するという事情もあったことが指摘できる。

第6章 働くこと

「雇用の分野における男女の均等な機会及び待遇の促進」という項目を新設し
てできた改正法である。以下では各改正時の特徴を整理することにしよう。

1) 1986年施行の男女雇用機会均等法

男女雇用機会均等法が施行された目的は，働く現場において男女平等を成し
遂げることである。なぜならばこれまでの女性労働者は専門職でない限り，一
人前の労働者とみなされていなかったからである。そのため「職場の花」「潤
滑油」「嫁入り前の腰掛け労働」など，女性労働者を皮肉った言葉が使われて
いた。

そもそも，なぜこの法律ができたのかといえば，国際的な圧力が背景にある。
それは1980年にコペンハーゲンで開催された「国連婦人の10年中間年世界会
議」において，日本が女子差別撤廃条約に署名したことにある。女子差別撤廃
条約を批准するには，国内行動計画を策定し国内法の改正などが必要だったか
らである。具体的には国籍法の改正，男女雇用機会均等法の制定，労働基準法
の改正，家庭科教育の男女共修である。とくに男女雇用機会均等法については
多くの反対があったものの1985年に制定，1986年に施行される運びとなった。

そのような背景で1986年に施行された男女雇用機会均等法の特徴は，努力義
務規定と禁止規定があり，女性労働者にとって重要な項目が努力義務規定だっ
たことである。そのため女性労働者の雇用環境は，大きく改善することがなか
った。

ところで法律でいう努力義務規定とは条文に「……努めなければならない」
と明記さているものであり，ここでは募集，採用，配置，昇進についてであっ
た。反対に禁止規定とは条文に「……してはならない」と明記されているもの
であり，ここでは教育訓練，福利厚生，定年，退職，解雇についてであった。

そして法律の施行と同時に，女性社員を二分する「コース別雇用管理制度」
を導入する企業が出てきた。具体的には「一般職」と「総合職」に職務を分け，
「一般職」では事務職をはじめとした補助的労働で転勤がないこと，「総合職」
では営業をはじめとした基幹的業務を行い転勤があることだった。

このように1986年施行の男女雇用機会均等法は努力義務が中心であり，かつ

115

コース別雇用管理制度によって女性労働者内に区別をも生み出した。法律の効果が出にくいこともあって，抜け穴だらけの「ザル法」といわれていた。

　問題点の多い法律だったが，さらに拍車をかけたのはバブル経済崩壊による女子学生の就職難であった。高卒，短卒，大卒の就職率はバブル経済崩壊後から徐々に低下し，とくに女子学生は，女性だからという理由で門前払いを受けたのだった。法律では採用の入り口である労働者の「募集」「採用」という段階が企業の努力義務だったため，男子学生と大きく差別されてしまい，社会的にも大きな問題となった。結果的にみれば多くの問題を抱えた男女雇用機会均等法であったため，改正施行される運びとなった。

2)　1999年施行の男女雇用機会均等法

　女子学生の就職差別などに効力を発揮しない抜け穴だらけの男女雇用機会均等法は，それらを解消すべく1997年に改正，1999年に施行された。主な改正点は三つある。

　一つ目は，これまで努力義務規定だった募集，採用，配置，昇進，教育訓練が禁止規定になったことである。これらが禁止規定なったことで，ようやく雇用上男女平等を成し遂げるために必要な法律が整備された。

　二つ目は，セクシュアル・ハラスメントを防止するために事業主に配慮義務が課されたことである。具体的には指針に定められているが，事業主が職場でのセクシュアル・ハラスメント対策，方針を明確化し，労働者に対して周知・啓発することである。例えばセクシュアル・ハラスメント防止に向けた内容を社内報やパンフレットに記載したり，就業規則にセクシュアル・ハラスメントに関する事項を規定することなどである。

　三つ目は，ポジティブ・アクションの実施である。例えば企業が男女平等を成し遂げるために支障となっている状況を改善するための取り組みについて，国が相談や援助を行うことができるというものである。また女性労働者が男性労働者と比較して相当少ない分野では，労働者の募集，採用，配置，昇進において女性が優遇されることは法律に違反しないこととした。

　その他では，指導，勧告に従わない企業に対して企業名を公表できるように

なった。

このように1999年施行の男女雇用機会均等法では，これまでの努力義務規定が禁止規定になったことに大きな成果があったといえよう。

3）2007年施行の男女雇用機会均等法

2006年に改正，2007年に施行された男女雇用機会均等法は，2回目の改正法になる。主な改正点は六つあり，①性別による差別禁止範囲の拡大，②妊娠・出産などを理由とする不利益取扱いの禁止，③セクシュアル・ハラスメント対策，④母性健康管理措置，⑤ポジティブ・アクションの推進，⑥過料の創設である。とくに①～③が大きな特徴であるため，これらを中心に改正のポイントを考えてみよう。

①の性別による差別禁止範囲の拡大では，これまでの女性のみから男女双方の差別禁止になったことである。具体的には募集，採用，配置，昇進，教育訓練，福利厚生，定年，解雇に加えて，降格，職種変更，雇用形態の変更，退職勧奨，雇止めを追加した。

②の妊娠・出産などを理由とする不利益取扱いの禁止では，妊娠中・産後1年以内の解雇は「妊娠・出産・産前産後休業などによる解雇でないこと」を事業主が証明しない限り無効であるとした。

③のセクシュアル・ハラスメント対策では，女性だけでなく男性に対するセクシュアル・ハラスメントも対象になったことである。そして「事業主が職場における性的な言動に起因する問題に関して雇用管理上講ずべき措置についての指針」を定め，セクシュアル・ハラスメントに対する対策を事業主がとらなければならないとしたことは大きい。

その他では，間接差別を禁止したことである。間接差別とは表面上，性別に関係のない規定であっても実際には，もう一方の性別に規定対象者が集中してしまうことを指す。具体的には省令で三つの禁止の例を挙げている。①労働者の募集または採用に当たっては，労働者の身長，体重または体力を要件とすること，②コース別雇用管理における総合職の労働者の募集または採用に当たっては，転居を伴う転勤に応じることができることを要件とすること，③労働者

の昇進に当たり，転勤の経験があることを要件とすること，である。

このように2007年施行の男女雇用機会均等法は，これまでの女性対象から男女双方という視点に変更されたことが大きな特徴である。

4） 2017年施行の男女雇用機会均等法

2017年1月に施行された男女雇用機会均等法の改正点は，妊娠・出産等に関する上司，同僚からの就業環境を害する行為がないようにするための防止措置義務が新たに追加されたことである。具体的には「事業主が職場における妊娠，出産等に関する言動に起因する問題に関して雇用管理上講ずべき措置についての指針」を定めたのである。指針は，以下のように主に5つの観点から成っている。

1　事業主の方針の明確化及びその周知・啓発

(1)　①妊娠，出産等に関するハラスメントの内容，②妊娠，出産等に関する否定的な言動が妊娠，出産等に関するハラスメントの背景等となり得ること，③妊娠，出産等に関するハラスメントがあってはならない旨の方針，④妊娠，出産等に関する制度等の利用ができる旨を明確化し，管理・監督者を含む労働者に周知・啓発すること。

(2)　妊娠，出産等に関するハラスメントの行為者については，厳正に対処する旨の方針・対処の内容を就業規則等の文書に規定し，管理・監督者を含む労働者に周知・啓発すること。

2　相談（苦情を含む）に応じ，適切に対応するために必要な体制の整備

(3)　相談窓口をあらかじめ定めること。

(4)　相談窓口担当者が，内容や状況に応じ適切に対応できるようにすること。また，職場における妊娠，出産等に関するハラスメントが現実に生じている場合だけでなく，その発生のおそれがある場合や，職場における妊娠，出産等に関するハラスメントに該当するか否か微妙な場合等であっても，広く相談に対応すること。

(5)　その他のハラスメントの相談窓口と一体的に相談窓口を設置し，相

第6章　働くこと

談も一元的に受け付ける体制の整備が望ましいこと。

3　職場における妊娠，出産等に関するハラスメントにかかる事後の迅速
　かつ適切な対応
　⑹　事実関係を迅速かつ正確に確認すること。
　⑺　事実確認ができた場合には，速やかに被害者に対する配慮の措置を
　　適正に行うこと。
　⑻　事実確認ができた場合には，行為者に対する措置を適正に行うこと。
　⑼　再発防止に向けた措置を講ずること（事実確認ができなかった場合も
　　同様）。

4　職場における妊娠，出産等に関するハラスメントの原因や背景となる
　要因を解消するための措置
　⑽　業務体制の整備など，事業主や妊娠した労働者その他の労働者の実
　　情に応じ，必要な措置を講ずること。
　⑾　妊娠等をした労働者に対し，妊娠等をした労働者の側においても，
　　制度等の利用ができるという知識を持つことや，周囲と円滑なコミュ
　　ニケーションを図りながら自身の体調等に応じて適切に業務を遂行し
　　ていくという意識を持つこと等を周知・啓発することが望ましいこと。

5　1から4までの措置と併せて講ずべき措置
　⑿　相談者・行為者等のプライバシーを保護するために必要な措置を講
　　じ，周知すること。
　⒀　相談したこと，事実関係の確認に協力したこと等を理由として不利
　　益な取扱いを行ってはならない旨を定め，労働者に周知・啓発するこ
　　と。

　また，妊娠・出産等に関するハラスメントの防止措置の対象となる言動につ
いて，厚生労働省は，「制度等の利用への嫌がらせ型」と「状態への嫌がらせ
型」という二つの型を提示した。それぞれの加害行為者は，上司だけでなく，
同僚も対象となっている。

119

具体的にみると，「制度等の利用への嫌がらせ型」とは，産前産後，軽易業務への転換，時間外・休日・深夜業の制限等の利用等に関することである。女性労働者が上司にそれらを利用したいと相談したり，利用を希望することを伝えた際，上司の言動が解雇や不利益な取扱を示唆していたり，繰り返し，継続的な嫌がらせ等を行った言動が該当する。同様に，先ほどのことについて，同僚の言動が，女性労働者に対して，繰り返し，継続的に利用の請求の取り下げを言い続けたり，繰り返し，継続的に嫌がらせ等をすることである。

　「状態への嫌がらせ型」とは，妊娠，出産，産後休業，妊娠，出産に起因する症状等に関することである。女性労働者はそれらの症状が生じると，労働能力が低下したり，就業制限により就業できなくなる。そのことに対して上司の言動が，解雇や不利益な取扱いを示唆したり，繰り返し，継続的に嫌がらせ等をすることが該当する。また，同僚の言動は女性労働者に対して繰り返し，継続的に嫌がらせ等をすることである。

　ポイントとしては，職場の上司だけでなく同僚の言動も対象になること，そして1回，複数回という一時的なものではなく，繰り返し，継続的に嫌がらせを行うことである。

　ここまでみたように，男女雇用機会均等法は，施行から30年以上経過しているが，その間，法律は複数回，改正され，その時々の不備を補っていると理解できる。

（2）労働者派遣法の変遷

1）派遣社員の実情

　派遣社員が大きく注目されたのは，2008年9月のリーマンショック以降，日本中が不景気の波に襲われてからである。連日のようにマスメディアをにぎわせたのは，いわゆる「派遣切り」された男性の派遣社員だった。彼らの多くは製造業で働いていたが，景気の悪化で雇用契約期間満了を待たず，途中で契約解除されたり，雇用契約期間満了をもって再雇用契約されなかった人たちである。連日にわたるマスメディアの報道から，人々の脳裏には派遣社員＝製造業

第6章 働くこと

で働く男性という図式が作り上げられてしまった。しかし実際のところはどうなのだろうか。そのような点を確認しながら，派遣社員に関する現状と法律の変遷をみていくことにしよう。

表6-2をみてみよう。派遣社員数は，多少の増減はあるものの，少しずつ増加している。性別でみると，女性の方が圧倒的に多い。派遣社員として働くのは，女性が中心であることが明らかである。

2) 労働者派遣法の歴史

今や派遣社員として働くことは，働くうえでの選択肢の一つとなっている。派遣社員に関する法律が施行されたのはさほど古くなく，先に紹介した男女雇用機会均等法と同じ1986

表6-2 労働者派遣事業所の派遣社員数の構成比（%）

	女性	男性
2005年	2.9	1.5
2006年	3.6	1.7
2007年	3.6	1.8
2008年	3.8	1.9
2009年	3.2	1.3
2010年	2.7	1.2
2011年	2.6	1.3
2011年	2.6	1.4
2012年	2.4	1.3
2013年	2.9	1.7
2014年	3	1.7
2015年	3.2	1.7
2016年	3.2	1.8

出所：総務省「労働力調査」を基に筆者作成。

年に労働者派遣法（「労働者派遣事業の適正な運営の確保及び派遣労働者の保護等に関する法律」の通称）として施行された。その後，現在まで何度も改正施行されているため，ここでは主だったものをみていくことにする。

日本で初めての派遣会社は，1966年に開業したアメリカ資本の「マンパワージャパン」であり，その後，1969年には国内資本の「マンフライデー」，1973年には「テンプスタッフ」，1976年には「パソナ」というように多くの派遣会社が設立された。当時は派遣社員に対する法律はなかったが，1980年代になると派遣社員を法律上認める必要性が求められ，1985年に制定，1986年に施行されることとなった。当時の労働者派遣法の特徴は三つある。

一つ目は，労働者派遣法でいう労働者には二つの型があり，「常用型」といって派遣会社で主に正社員として働く人，もう一つは「登録型」といって依頼のあった企業に派遣されて働く非正社員のことである。一般に派遣社員といわれるのは，登録型派遣の人が多い。二つ目は，登録型派遣の場合，派遣社員は

派遣会社と労働契約を交わすため、派遣される会社とは労働契約を結ばないことである。ただし、仕事に関する指示、命令は派遣された会社に従わねばならない。つまり、労働契約を結ぶ会社と実際に働く会社が異なるということだ。三つ目は、派遣される業務は専門職や事務職などの専門的な知識、経験が必要な業務だったことである。当時、法律で定められた業務はわずか13業務であり、その後、下記の3業務（(1)－2，(1)－3，(1)－4）が追加され16業務になった。具体的には(1)ソフトウエア開発，(1)－2機械設計，(1)－3放送機器など操作，(1)－4放送番組など演出，(2)事務用機器操作，(3)通訳，翻訳，速記，(4)秘書，(5)ファイリング，(6)調査，(7)財務処理，(8)取引文書作成，(9)デモンストレーション，(10)添乗，(11)建築物清掃，(12)建築設備運転，点検，整備，(13)案内，受付，駐車場管理であった。これら16業務をポジティブリストとした。ポジティブリストとは派遣対象業務をあらかじめ示し、それ以外の業務の派遣は認めないというものである。

　その後、1996年には派遣対象業務を10業務追加し、合計26業務となった。26業務とは先の16業務に(17)研究開発，(18)事業の実施体制の企画，立案，(19)書籍などの制作・編集，(20)広告デザイン，(21)インテリアコーディネーター，(22)アナウンサー，(23)OAインストラクター，(24)テレマーケティングの営業，(25)セールスエンジニアの営業，金融商品の営業関係，(26)放送番組などの大道具，小道具という10業務を追加したものである。

　1999年12月には、労働者派遣法が再び大幅に改正施行された。主に二つの点が改正された。

　一つ目は、派遣対象業務が自由化されたことである。これまでのポジティブリストからネガティブリストへと転換した。ネガティブリストとは派遣できない業務をあらかじめ指定し、その他はすべて自由化することである。すなわちこれまでの26業務に加えて業務の専門性などは関係なく、一時的、臨時的ならば派遣を認めるということである。[(1)] 二つ目は、新たに自由化される業務に対して、1年以上雇用し続けることを原則禁止した。

　翌2000年には派遣対象業務自由化の流れを受け、「紹介予定派遣」が認めら

れた。これは派遣社員が派遣先企業で最終的に正規雇用されることを前提にして，派遣されるものである。その際の事前面接は可能である。

2004年になると主に三つの点について，規制要件がさらに緩和された。

第一に，26業務の派遣期間制限の撤廃である。これまでは最長3年であったが，これを廃止し原則自由とした。第二に，自由化業務の派遣期間も1年から最長3年に延長した。これまで同一の就業場所で同一の業務を行う際は1年までだったが，今後は一定の要件を満たせば3年まで可能とした。第三に，製造業の派遣を解禁したことである。これまで物の製造業務（工場内労働）は，派遣期間を1年間だけ認めていた（2007年2月28日まで）が，2007年3月1日以降は3年まで延長可能とした。⁽²⁾

このように派遣対象業務が自由化され，特に製造業への派遣が解禁されたことは，企業側が足りない労働力を日単位，月単位で手に入れ，労働者を1日単位で使い捨てできるようになったといえる。その弊害は，2008年のリーマンショックによる景気の悪化の際に表れており，一例として翌年初頭に実施された「年越し派遣村」が挙げられるであろう。年越し派遣村についてはマスメディアが大々的に取り上げたため，大きな注目を集めた。

こういった一連の流れを受けて，労働者派遣法は，改正法が2012年10月に施行された。改正法の特徴は大きくいえば3つあり，①30日以内の日雇い派遣の禁止，②インターネットなどに派遣会社のマージン率や教育訓練に関する取り組み状況などを公開，③派遣会社と同一グループ内の派遣社員の割合を8割以下に制限すること，である。それぞれの内容を以下で確認しよう。

まず①については，派遣社員が社会的に注目された年越し派遣村に端を発する項目である。つまり毎日の生活費を確保しづらい労働者は，雇用契約期間が短い30日以内の日雇い労働者として働けないことになった。ただし例外規定があり，(a)政令で定める業務についての派遣（専門26業務），(b)60歳以上の人，雇用保険の適用を受けない学生の派遣，(c)副業（生業収入が500万円以上）として働く人の派遣，(d)主たる生計者でない人の派遣（世帯収入が500万円以上）の場合は，日雇い派遣として働くことが可能になった。

つぎに②により，いわゆるピンハネ率を高くする事業主からの派遣労働を未然に防ぐことが可能になった。あまりにもピンハネ率が高いと労働者自身のモチベーションの低下にもつながりかねない。そういう意味では，労働者自身も依頼企業の支払う賃金から派遣会社を経由することで，どれくらい減額されているかを事前に確認することができる。

最後に③については，派遣会社といっても派遣先が自社グループ内で，そのグループ内で人材を移動させた場合，労働条件などが低下しやすい。そのため，直接雇用とすべき労働者を派遣労働者に置き換えることで，労働条件が切り下げられることがないように，派遣会社は，離職後1年以内の人と労働契約を結び，元の勤務先に派遣することができないこととした（元の勤務先が該当者を受け入れることも禁止）。

このように法律が改正されたことで，派遣として働くことに制限がかかるようになった。今回の改正では，①の(d)（30日以内の日雇い派遣禁止の例外規定である主たる生計者でない人の派遣）として主婦層が該当しやすくなり，一時的な労働を担う対象者として注目されている。ただし，パートほど決められた日時を働くわけでもない，日雇い派遣という働き方は，ある意味女性の経済的自立をさらに遠ざけることにもなりかねないと考えられる。

さらに2015年には，これまでの労働者派遣事業の区分けである「許可制」と「届出制」を廃止し，「許可制」に一本化することとした。その他「雇用の安定とキャリアアップ」という視点から，雇用安定措置の実施（3年間継続雇用の場合は，派遣先への直接雇用を依頼，新たな派遣先を提供，派遣元での無期雇用，その他安定した雇用の継続を図るための措置），キャリアアップ措置の実施（教育訓練，希望すればキャリアコンサルティングの受講），募集情報提供義務（派遣先が新規に労働者を雇用する際，派遣労働者を雇い入れる努力や情報提供の義務）がある。最後に，雇用期間に関する制限が変更された。これまでの（26業務以外）ものは原則1年（最長3年）だったが，二つの観点から期間制限を変えた。一つは，派遣先事業所単位の制限（同一の派遣先の事業所に対しては原則3年），もう一つは派遣労働者個人単位の制限（同一の事業所の一つの部署に対しては原則3年）となった。

ただし，派遣元で無期雇用されている派遣労働者，60歳以上の派遣労働者等は，対象外とした。

このように，労働者派遣法は，多くの改正，施行を経て現在に至る。現在では，派遣社員として働くものが，派遣という働き方を選択することで不利益が生じないように，逆に派遣社員として働くことが，不安定雇用から安定雇用に繋がるための一歩になるような措置を法律が提示しているといえよう。

（3）パートタイム労働法

パートタイマーという働き方は，戦後発達したものである。高度経済成長とともに希望する時間で働けるということで，既婚女性を中心に広がった。ここではパートタイマーに関する法律をみていくことにしよう。

パートタイマーに関する法律は，1993年にパートタイム労働法（「短時間労働者の雇用管理の改善等に関する法律」の通称）として制定，施行された。法律上パートタイマーとは「短時間労働者」のことを指し，短時間労動者とは「1週間の所定労働時間が，同一の事業所に雇用される通常の労働者の1週間の所定労働時間に比して短い労働者」のことである。つまり同じ職場で働く正社員と比べて，労働時間が短ければ短時間労働者になるわけである。法律の条文には短時間労働者＝パートタイマーとしてはいないが，通常，その適用者はパートタイマー（アルバイト）であるとされる。

法律制定の背景には，これまでパートタイマーが労働者として認識されにくかったことにある。つまり労働基準法，男女雇用機会均等法などは正社員のためのものであって，非正社員であるパートタイマーは法律の適用外であると認識されがちだったからである。

1993年施行のパートタイム労働法の問題点はすべてが努力義務であるため，法律の効果が出にくく，企業姿勢に頼らざるを得ないことであった。またパートタイマーのほとんどは既婚女性であるため，家庭内にもう1人労働者（夫）がいることが多い。そのためパートタイマーは就労に関する逼迫感があまりないと考えられがちだった。そういった背景からも明らかなように，先述した同

じ非正社員である派遣社員に関する法律の改正数と比較しても，明確な違いが一目瞭然である。

　その後パートタイム労働法は，2007年に改正，2008年4月に改正法が施行された。改正法のなかで最も大きな特徴は，パートタイマーでも一定の条件を満たせば正社員に転換できる制度を設けたことである。例えば正社員を募集する際，すでに現場で働くパートタイマーに対して正社員の募集内容をあらかじめ提示したり，正社員へ転換するための優位性を示したりすることである。これまでは主にスーパーマーケット，飲食店などが企業独自の正社員転換制度をもっていたが，それらがすべてのパートタイマーに適用されるわけである。以下では，改正施行された法律の特徴をみてみよう。

　第一に，労働条件の文書交付の説明義務化である。とくに昇給，賞与，退職手当の有無を文書で明示することが義務化された。違反し，行政指導によって改善されなければ，パートタイマー1人の違反につき10万円以下の過料を支払わなければならなくなった。第二に，すべてのパートタイマーを対象に正社員と均衡のとれた待遇を確保することが義務化された。働き，貢献に見合った公正なルールの整備である。とくに正社員とほぼ同じように働くパートタイマーに対しては，差別的取り扱いを禁止した。具体的には①職務（仕事の内容や責任）が同じであること，②人材活用の仕組み（人事異動の有無や範囲）がすべての雇用期間を通じて同じであること，③契約期間が無期，あるいは反復更新により実質的に無期契約であることだった。(3)

　さらに2014年4月には，パートタイマーを含む非正社員の年々の増加と正社員との均等・均衡待遇の確保を推進することを目指してパートタイム労働法が改正され，翌2015年4月1日に施行された。主な改正点は，以下の三つである。

　①　均等・均衡待遇の確保
　　正社員との差別的取扱いが禁止されているパートタイマーの範囲を拡大した。これまでの(1)職務内容が正社員と同一，(2)人材活用の仕組み（人事異動等の有無や範囲）が正社員と同じ，(3)無期労働契約を締結しているパー

トタイマーであったが，改正後は，(1)，(2)に該当すれば，有期労働契約を締結しているパートタイマーも正社員との差別的取扱いが禁止されることになった。

②　事業主の雇い入れ体制の確保

パートタイマーを採用する際，雇用管理の改善措置の内容について説明しなければならず，また，相談があった際，適切に対応するために必要な体制を整備する。

③　実効性の確保

雇用管理の改善について厚生労働大臣からの勧告に従わない場合，厚生労働人臣は事業主名を公表することができ，また，虚偽の報告をした際，20万円以下の罰金を支払わねばならない。

以上，上記したような改正措置がとられた。簡単にいえば，雇用待遇の説明責任，正社員との処遇差の改善に向けたステップアップだといえる。

3　両立支援策の進行
──育児・介護休業法の変遷と次世代育成支援対策推進法──

本節では，仕事と家庭生活を両立させるために施行された法律のなかでも，とくに女性労働者に対して影響の大きい，育児・介護休業法と次世代育成支援[4]対策推進法を中心にみていこう。

（1）　育児・介護休業法の変遷

育児・介護休業法（「育児休業・介護休業等育児又は家族介護を行う労働者の福祉に関する法律」の通称）が施行されたのは1992年である。それ以前にも企業独自のものや対象者を限定したものは存在した。古くは1967年に実施された日本電信電話公社（現・NTT）や，1976年施行の女子教育職員等育児休業法などである[5]。

育児・介護休業法が施行された目的は，育児をするすべての労働者が仕事と家庭生活を両立しやすいよう支援することである。というのはこれまでの法律は，特定の職業につく女性に限定したものだったからである。1992年に施行された法律では，職業を問わずすべての女性労働者と同様に男性労働者も取得できるようになった。ただし適用される事業所は従業員数30人以上のみであり，対象者の育児休業中の賃金は基本的に無給だった。

　法律施行当初はいくつかの点で内容が限定されていたため，その後何度も改正施行されている。以下では主だったものをみていくことにしたい。

　1995年にはこれまでの育児休業に介護規定を盛り込んだ育児・介護休業法が成立し，1999年に全面施行された。その際，これまで努力義務規定だったものが義務規定に変更された。とくに三つの改正点が特徴である。

　一つ目は，事業所規模規定がなくなり，どのような規模であろうとも育児休業を取得できるようになったことである。二つ目は，社会保険関係として雇用保険から育児休業給付金として賃金の25％が支給され，同時に育児休業中の厚生年金と健康保険料の労働者負担分が免除になったことである。休業中でも無給にならないことは労働者にとって大きなメリットである。三つ目は，就学前の子どもをもつ場合，「深夜業の制限」が創設されたことである。

　その後，2000年には厚生年金の事業主負担分が免除になり，2001年になると残業の免除制度，健康保険の事業主負担の免除が可能となった。そして労働者の賃金は，雇用保険から，原則として休業開始時点賃金の40％が支払われるようになったのである。

　ここまでみてきたように法律施行から短期間の間に，多くの項目が少しずつ改正されてきた。2005年には，さらに三つの項目が改正施行された。

　一つ目は，非正社員でも育児休業が取得できるようになったことである。ただし同じ事業主に雇用された期間が1年以上で，子どもが1歳を超えた時も継続雇用の予定がある場合である。二つ目は，育児休業期間が延長されたことである。基本的には子どもが1歳になるまでだが，保育園に入れないなどという理由で休業が必要な場合，子どもが1歳6カ月になるまで休業延長できるよう

になった（2017年10月1日からは，2歳までの延長が可能となった）。三つ目は，努力義務であるが，子どもの看護休暇を創設したことである。就学前までの子どもに対して，1年間に5日まで休暇が取得できるようになった。このように2005年の改正施行において，一定の条件を満たせば非正社員でも育児休業を取得できるようになったのは画期的である。

次に，2010年に改正された内容を紹介する。最も大きな特徴は二つあり，短時間勤務（1日6時間）と所定外労働時間，つまり残業の免除制度が義務化されたことである。これまでは育児休業制度として短時間勤務，フレックスタイム制度，所定外労働の免除などから一つ選択すればよいことになっていた。実際に，制度を利用する多くの女性からは，短時間勤務と残業の免除制度が最も重要な支援であるという多くの調査結果があり，それらが実現する形になったといえる。

さらに2016年3月には，育児・介護休業法が改正され，2017年1月に施行された。改正された内容は，以下3点である。

① 看護休暇の取得

これまでは，1日単位だったが，半日単位も可能となった。

② 休業対象となる子どもの範囲の変更

これまでは法律上の親子関係（実子・養子）だったが，法律上の親子関係に準ずる子（特別養子縁組の監護期間中の子，養子縁組里親に委託されている子）も追加

③ 有期契約労働者の休業取得要件の緩和

これまでは，1年以上雇用され，かつ今後，1年以上雇用される見込みがあるものだったが，1年以上雇用され，かつ今後1年半以上雇用される見込みがあるものとした。

このように，大きな変更点ではないが，取得単位，期間が若干緩和され，取得しやすくなったといえる。

表6-3 育児休業取得者の割合

年	女 性	男 性	年	女 性	男 性
1993	48.1	0.02	2009	85.6	1.72
1996	49.1	0.12	2010	83.7	1.38
1999	56.4	0.42	2011	87.8	2.63
2002	64.0	0.30	2012	83.6	1.89
2004	70.6	0.56	2013	83.0	2.03
2005	72.3	0.50	2014	86.6	2.30
2006	88.5	0.57	2015	81.5	2.65
2007	89.7	1.56	2016	81.8	3.16
2008	90.6	1.23			

出所：厚生労働省「女子雇用管理基本調査（1993年，1996年）」「女性雇用管理基本調査（1999年～2006年）」「雇用均等基本調査（2007年，2016年）」。

　ここまでみたように，1992年に育児・介護休業法が施行されて以降，労働者は職場での就業規則への組み込みの有無にかかわらず育児休業を取得できるようになった。表6-3をみてみると，法律施行直後の1993年には女性が48.1％，男性が0.02％であったが，女性は年々上昇し1999年になると56.4％と半数を超えた。そして2008年には90.6％とほとんどの女性が取得していることがわかる。反対に男性は大きく数値が上昇することはないが，2016年に3.16％と，10年間でほぼ倍になった。注意しなければならないのは，ほとんどの女性が育児休業を取得しているようにみえるが，実際は取得前に6割が退職しており，出産後も働き続ける予定である4割の女性の数値だということである（「現代日本の結婚と出産～第15回出生動向基本調査報告書～」2015）。

　このように法律が整備され取得者も増加したものの，取得前に退職する女性がおり，彼女たちが働き続けるためにはどうするべきかが今後の課題だといえよう。

（2）　次世代育成支援対策推進法

　次世代育成支援対策推進法は急速な少子化の流れを変えるため，2003年に制定し，一部の規定以外施行された。2005年からは全面施行されており（当時は）

2015年までの時限立法であった。

　法律の目的は，国，地方自治体，企業が一丸となって従業員の仕事と家庭生活を両立しやすい就業環境を整備することである。そのための取り組みとして2005年から地方自治体は地域行動計画を，企業は一般事業主行動計画（従業員数300人以下は努力義務，301人以上は義務化）を策定することである。2007年4月からは企業が一般事業主行動計画を提出後，一定の基準を満たせば，都道府県労働局長から認定マーク（くるみん）を取得できる仕組みを作った。[6]

　義務化された企業は行動計画を策定しているが，そうでない企業の場合，行動計画を策定し，従業員が仕事と家庭生活を両立しやすいように配慮することは難しい。そういったこともあって2007年12月に策定された「子どもと家族を応援する日本」重点戦略において，①働き方の見直しによる仕事と生活の調和の実現，②保育サービスなどの社会的基盤による「包括的な次世代育成支援の枠組み」，という二つの同時進行的な取り組みが必要だとした。その際，地域，職場での次世代育成支援対策を推進するために児童福祉法の一部を改正し，同時に2008年12月に次世代育成支援対策推進法の改正案を提出した。改正のポイントは，地域と企業における取り組みをさらに促進することである。以下，各々の取り組みに関する要件を列挙する。

　①　地　域

・国が市町村行動計画において，保育事業，放課後児童健全育成事業などの実施に際し，参考とすべき標準を定めること。

・地域行動計画を策定・変更する場合，地域住民の意見だけでなく，労使を参画させるようにすること。

・地域行動計画の定期的な評価・見直し（2010年4月施行）を行うようにすること。

　②　企　業

・一般事業主行動計画の策定義務のある従業員規模を小さくし，（従業員数101人以上）2011年4月1日以降義務化されること。

・従業員数101人以上の企業も一般事業主行動計画の公表と従業員への周知が

義務化されること（公表方法はホームページ，新聞などへの掲載，従業員への周知方法は職場の掲示板，書面による交付，電子メールなど）。

・次世代育成支援対策推進法に基づく認定基準を変更すること。

a)2011年以降，新たに策定，変更した行動計画については公表，従業員への周知を適切に行っているかを要件に追加する。

b) 従業員数300人以下の企業に対して，男性の育児休業取得者の要件を緩和すること（行動計画の期間内に男性の育児休業取得者がいなくても，計画期間内に子どもの看護休暇を取得した男性がいる場合は〔1歳未満の子のために利用した場合を除く〕良いことにする。また計画期間内に短時間勤務制度を利用した男性がいたり〔子どもが3歳まで〕，あるいは計画期間の開始前3年以内に，男性で育児休業制度を取得したものがいれば，要件を満たすことができる）。

先に述べたように，この法律は10年間の時限立法であったが，法律の有効期限がさらに10年（2027年）延長された。引き続き一般事業主行動計画（従業員数101人以上は義務，100人以下は努力義務）は策定しなければならず，小規模事業所以外は，国からの義務として事業計画を策定し，各労働局に提出しなければならない。

（3）女性活躍推進法

2015年8月に女性活躍推進法（「女性の職業生活における活躍の推進に関する法律」の通称）が成立し，翌9月に公布された。2016年4月1日から全面施行されたが，これは10年間（2026年3月31日に効力を失う）の時限立法である。法律制定の目的は，働くことを希望する女性が職業生活上で，個性と能力を十分に発揮できるように環境を整備することである。そのために，国は，事業主に対して行動計画の策定を義務付けた（301人以上の労働者規模）。行動計画の内容は，女性が職業生活上における活躍のための状況把握（女性採用比率，勤続年数男女差，労働時間の状況，女性管理職比率等），改善すべき事柄についての分析を行うことである。

第6章　働くこと

　この法律が施行された背景には，1990年代に明確になった少子化の進行と国内の労働者人口の減少，同時に進行している超高齢社会の到来，高齢者の年金財源確保のための現役労働者数の確保がある。労働者人口を増加させるためには，現在，育児等を理由に働いていない女性が子育てと仕事が両立しやすい就業場所，労働形態等，何らかの取組を行うことで彼女たちが労働者として，社会に復帰できるようにする方策が必要である。また，現代社会のなかで女性活躍のモデルとして考えられるのは，やはり管理職的地位にある女性であろう。だが，企業において，管理職に占める女性の割合は，課長相当職以上（役員含む）で12.1％（「平成28年度雇用均等基本調査」）であり，近年ゆるやかに上昇しているものの，諸外国と比べても低い状況である。

　このように，働く場面において女性の力が十分に発揮できているとはいえない状況を踏まえると，働くことを希望する女性が，その希望に応じた働き方を実現できるように官民一体となって取り組む機運が，さらに女性の働きやすさを助長することを願ってやまない。

注
(1)　派遣できない業務は，①港湾運送業務，②建設業務，③警備業務，④適正な業務遂行のために派遣が適当でないと認められるものである。
(2)　一例として一般労働者派遣事業の売上高をみると，1999年には10,821億円，2000年には12,847億円から，2004年には23,280億円，2005年には33,263億円，2006年には44,082億円と2004年からの売上増加が顕著である。売上＝人材派遣数と考えるならば，派遣対象業務が自由化され，さらに2004年から製造業への解禁が始まったことは，派遣社員数増加に拍車をかけたといえる。
(3)　その他に義務化されたこととして，通常の労働者と職務内容が同じ場合，同様に教育訓練を実施すること，福利厚生施設（給食施設，休憩室，更衣室）を利用できることなどである。
(4)　本来ならば育児・介護休業法であるため，育児と介護に関する内容を述べるべきであるが，今回は育児に関することがメインであるため，ここでは育児に関することのみにする。
(5)　公立学校の女性教員と医療機関で働く看護師など特定の職業につく女性に限定したものだった。

(6) 認定企業は2,824社（2017年11月末日現在）である。

参考文献

大内伸哉『君の働き方に未来はあるか？──労働法の限界と，これからの雇用社会』
　　光文社，2014年

乙部由子『ライフコースからみた女性学・男性学──働くことから考える』ミネルヴ
　　ァ書房，2013年。

濱口桂一郎『働く女子の運命』文藝春秋，2015年。

<table>
<tr><td>第7章</td><td>高齢者問題</td></tr>
</table>

1 老後の女性問題

　近年「高齢者の時代」と言われ高齢者の問題を取り上げない日がないくらいである。それは，日本が未曾有の高齢者を迎えようとしているからである。65歳以上の高齢者は2025年，3,657万人（高齢化率30.3％）となり，2042年には3,878万人となってピークを迎えると予想されている。高齢者数の伸びに対応して認知症高齢者の増加，高齢単独・夫婦のみの世帯の増加，要介護率が高くなる75歳以上の人口増加等々高齢者問題は深刻である。

　では，高齢者とは何歳のことだろう。高齢者の明確な定義はないがこれまで65歳以上としてきたきっかけは，1956年に国連が発表した報告書で，総人口に占める65歳以上の割合が7％を超えた社会を「高齢化社会」としたことによるといわれている。WHO（世界保健機関）では65歳以上を高齢者としている。社会統計上高齢化の進んだ国では，（近年の日本の官庁統計を含めて）65歳以上を高齢者とすることで国際的にも同意が見られる。ただし，発展途上国などでは60歳以上を高齢者としている国もある。しかし，65歳の高齢者説の起源はさらに古く，1889年にドイツの宰相が定めた世界初の公的年金支給が65歳だったからという説もある。[1]

　2017年1月，一般的に65歳以上とされている高齢者の定義を，「75歳以上にすべき」と日本老年学会，日本老年医学会は提言をした。現在の高齢者においては10～20年前と比較して加齢に伴う身体的機能変化の出現が5～10年遅延しており，「若返り」現象がみられているというのが根拠のようである。[2]

　また，内閣府が2014年に60歳以上の男女6000人に行った高齢者の日常生活に

おける意識調査によると，70歳以上を高齢者と考える割合が29.1％で最多，自分を高齢者と感じている人は，70〜74歳で47.3％であった。80歳以上でも自分は高齢者ではないと感じている人が1割を占めていた。[3]

　こうした実態を見ると，年齢で高齢者かどうかを決めることに無理があるようである。年齢には「暦年齢」と心身の「機能年齢」がある。便宜上，暦年齢で65歳以上を高齢者と呼んでいるが，心身機能の面では，暦年齢よりはるかに若い人もいれば，反対に老化が進んでいる人もいる。これからは，一概に暦年齢にとらわれることなく，機能年齢を引き延ばすことで健康長寿に努めたいものである。

　わが国は世界でトップレベルの長寿国である。長寿自体は喜ばしいことであるが，しかし，このことが「少子高齢化」[4]の問題に深く関係している。そして，団塊の世代が全て75歳以上の後期高齢者となる2025年は，少子高齢化問題にさらに拍車がかかってしまうことで多くの問題が生じる。そこで，本章では超高齢社会[5]を取り巻く現況，介護保険，介護の問題，認知症高齢者の増加を取り上げ考察していく。

　日本は超高齢社会を迎え高齢者問題は，誰にとっても関わりのある問題となった。2016年10月1日現在時点の総人口は1億2,693万3,000人で6年連続して総人口は減少している。しかし，65歳以上の高齢者人口は3,459万1,000人，高齢化率は27.3％で，総人口が減少するなか高齢化率は上昇している。総人口に占める65歳以上の割合（高齢化率）は1920年調査開始以来最高となった。[6]この節では超高齢社会を取り巻く現況について考察する。

（1）超高齢社会の到来

　高齢化が進展してきたのはなぜであろうか，要因を考えてみよう。まず第1の要因は長生きが可能になったこと，すなわち寿命が伸びたことである。2016年の日本人の平均寿命は女性が87.14歳，男性が80.98歳となり，いずれも過去最高を更新したことが，2017年7月28日厚生労働省が公表した簡易生命表で分かった。男性が世界4位から順位を上げ，女性とともに香港に次ぐ2位となっ

た。主な国・地域別の平均寿命によると，女性は1位が香港（87.34歳）3位は
スペイン（85.42歳，2014年のデータ）。男性も1位が香港（81.32歳）で3位はキプ
ロス（80.9歳，2014年のデータ）と続いた。厚生労働省は，わが国の平均寿命が
延びた理由について「医療技術の進歩に加え，健康志向の高まりにより生活環
境の改善が進んだことや，対策が進んだことで自殺者が減ったことも影響して
いる」としている。

　他の要因として考えられるのは，出生率の低下である。合計特殊出生率，す
なわち一人の女性が一生の間に産む子供の数が減少する一方で，高齢者が長生
きできるようになったなかで，わが国の高齢化は急速に進展してきたのである。

（2）日本の高齢化の特徴

　日本の高齢化の特徴としては，①高齢化のスピードが速い，②高齢化率が高
い，③後期高齢者層の増加，という3点が指摘できる。

　高齢化のスピードについては，例えば，フランスは高齢化率が7％から14％
になるのに115年を有している。スウェーデンでは85年かかっている。これに
対して，日本はわずか24年で14％に達しているので，高齢化への対応が早急に
必要とされたのである。さらに，韓国，中国の倍加年数を見てみると，それぞ
れ18年，23年と予測されており，日本を上回るペースで高齢化が進展する見込
みである（図7-1，次頁）このように，高齢化は世界各国においても直面する
問題であり，その先陣を切っている日本の対応には，グローバル社会が極めて
高い関心を寄せている。

　次に，高齢化率の高さであるが，欧米主要国の高齢化を比較してみると，
1980年代までは最低水準であった日本の高齢化率は2050年には最も高い水準と
なり，その後も将来にわたって最高水準を維持していくことが見込まれている。
続いて，アジア主要国の高齢化が進行していく見込みであり，2060年の各国の
高齢化率は，2015年と比較しておよそ3倍になる見込みである（図7-2，次々
頁）。

　次に後期高齢者層の増加についてみてみると，75歳以上の全体人口占める比

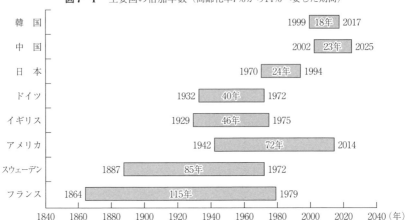

図7-1 主要国の倍加年数（高齢化率7%から14%へ要した期間）

注：1950年以前は UN, The Aging of Population and Its Economic and Social Implications (Population Studies, No. 26, 1956) および Demographic Yearbook. 1950年以降は UN, World Population Prospects: The 2015 Revision（中位推計）による。ただし、日本は総務省統計局「国勢調査」、「人口推計」による。1950年以前は既知年次のデータを基に補間推計したものによる。
資料：国立社会保障・人口問題研究所「人口統計資料集」（2016年）
出所：厚生労働省『厚生労働白書 2016年版』9頁。

率も増加していき、2025年に2,179万人（高齢化率18.1%）、2055年には2,401万人（同26.1%）となる見込みである。

日本の統計調査では65歳以上を高齢者と定め、65歳から74歳の高齢者を前期高齢者、75歳以上の高齢者を後期高齢者と区別している。それは、前期高齢者と後期高齢者ではニーズが異なっているためである。

つまり、前期高齢者の人々は、まだまだ若く活動的な人が多く、高齢者扱いをすることに対して躊躇され、また違和感を多くの人が感じるところである。前期高齢者の最近の暮らしでは、高年齢者雇用安定法で、本人が希望すれば65歳まで働き続ける人が増えている。これからはさらに現役で活躍する高齢者が増えるだろう。

最近の後期高齢者の実情は、国民の8人に1人が後期高齢者と言われている。75歳を過ぎると入院や長期療養が多くなり、後期高齢者の約4分の1が要介護認定を受けている。また、後期高齢者になると他者の世話を必要とする虚弱な

第7章 高齢者問題

図7-2 世界の高齢化率の推移

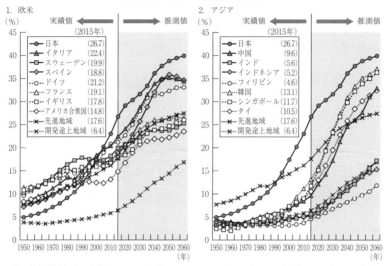

注：先進地域とは，北部アメリカ，日本，ヨーロッパ，オーストラリア及びニュージーランドからなる地域をいう。
開発途上地域とは，アフリカ，アジア（日本を除く），中南米，メラネシア，ミクロネシア及びポリネシアからなる地域をいう。
資料：UN, World Population Prospects: The 2015 Revision
ただし日本は，2010年までは総務省「国勢調査」，2015年は「人口推計（平成27年国勢調査人口速報集計による人口を基準とした平成27年10月1日現在確定値）」及び2020年以降は国立社会保障・人口問題研究所「日本の将来推計人口（平成24年1月推計）」の出生中位・死亡中位仮定による推計結果による。
出所：厚生労働省『高齢社会白書 2016年版』9頁。

人々や寝たきり，認知症患者が多くなる。後期高齢者になった75歳の誕生日から後期高齢者医療制度への加入が義務付けられている。後期高齢者が特に著しく増加する傾向にあり，後期高齢者に女性が多くなる。それは高齢女性の問題が増えることに繋がっていく。

（3）高齢女性の問題

高齢女性とは何歳以上を言うのかはここでは定義できないし，そもそも年齢や性別を超越して生きている（生きていたい）自分にとって，何歳以上が高齢女性と呼ばれるのかは問題ではない。ここでは漠然と高齢女性という言葉を使

139

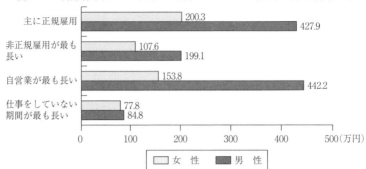

図7-3 高齢者等(55〜74歳の本人の就業パターンによる年間収入(平均額)(性別)

注:(1) 内閣府「高齢男女の自立した生活に関する調査(平成20年)」より作成。
　(2) 「収入」は税込みであり,就業による収入,年金等による収入のほか,預貯金の引き出し,家賃収入や利子等による収入も含む。
出所:内閣府「高齢男女の自立した生活に関する調査」(2008年)。

わせていただきたい。高齢者問題は男女どちらにも降りかかる問題だが高齢社会では,介護する側,される側も女性が多く「高齢者問題は女性の問題」といわれのである。では高齢女性の抱える問題点を社会的背景,歴史的背景の二つの観点から考えてみよう。

1) 社会的背景

　高齢女性の抱える問題の社会的背景は,女性が男性より平均寿命が長いこと(2016年の日本の平均寿命は女性が87.14歳,男性,80.98歳),女性が年上の男性と結婚する傾向にあること,また後期高齢者の女性には戦争で夫を亡くした人が多いこと等で,高齢になればなるほど単身女性が多いため以下のような問題が発生する。

　高齢女性が抱える最大の問題として,生活費が自分で賄えるかという経済面の問題が挙げられる。高齢期女性のジェンダー問題が最も著しいのは,経済力においてである。すなわち,高齢女性の不安はお金の不安である。

　男性と比較して教育の機会の不平等,性差別賃金が存在していた時代であったために,賃金格差がそのまま年金格差になり,就業における男女の格差がはっきりと高齢期の収入に反映される。高齢者個人は,どのくらいの年間所得があるか男女を比較してみると正規雇用の女性年収(平均額)は200万3,000円,

第7章　高齢者問題

表7-1　国民年金の一か月あたり平均支給額の男女別

年金月額	合　計	男　子		女　子	
合計人数	30,069,052	13,155,521		16,913,531	
万円以上万円未満	人	人	%	人	%
～1	96,639	12,737	0.1	83,902	0.5
1～2	345,232	62,731	0.5	282,501	1.7
2～3	1,146,443	227,520	1.7	918,923	5.4
3～4	3,515,587	789,319	6.0	2,726,268	16.1
4～5	4,446,349	1,270,018	9.7	3,176,331	18.8
5～6	6,797,178	2,853,896	21.7	3,943,282	23.3
6～7	12,291,110	7,634,083	58.0	4,657,017	27.5
7～	1,430,514	305,207	2.3	1,125,307	6.7
平均年金月額（円）	54,414	58,218		51,455	

出所：厚生労働省年金局「平成26年度厚生年金保険・国民年金事業の概況」。

　正規雇用の男性年収（平均額）は427万9,000円。非正規雇用が最も長い女性の年収（平均額）は107万6,000円，非正規雇用が最も長い男性年収（平均額）は199万1,000円となっていている（図7-3参照）。

　1986年4月の年金制度の改正で，20歳以上60歳未満の人はすべて加入が義務づけられ，全国民に共通の基礎年金が導入された。それまでは，被扶養者（専業主婦など）は任意加入で，約6～7割の加入率であった。現在80～90代の女性は，国民年金制度の施行時はすでに相当な年齢であったため，加入期間が短かったり，保険料未払いがあったり，国民年金に加入していなかったりというケースがあったので，低年金・無年金者となっている人もいる。

　2014年の国民年金1カ月あたり平均支給額の女性を見ると女性の最多層は月額6万円台で27.5％である（表7-1参照）。

　第2として，女性は人生を家族のため家事労働に費やし，子育て，介護をしてきた。「男は仕事，女は家事」という性別役割分業であった。市場経済において有償労働は，主に男性が担い社会的に価値がある活動として認識されやすく，従来家族が担っていた介護労働は女性が担い無償労働として不利に作用している。特に介護に関しては非営利的なものとして捉えられている。

表7-2　厚生年金の一か月あたり平均支給額の男女別

年金月額	合　計	男　子		女　子	
合計人数	15,422,014	10,403,940		5,018,074	
万円以上万円以下	人	人	%	人	%
～5万円	422,487	141,676	1.4	280,811	5.6
5～10万円	3,512,589	1,147,451	11.0	2,365,138	47.1
10～15万円	4,471,923	2,550,078	24.5	1,921,845	38.3
15～20万円	4,104,310	3,728,641	35.8	375,669	7.5
20～25万円	2,485,873	2,416,424	23.2	69,449	1.4
25～30万円	398,669	393,905	3.8	4,764	0.1
30万円～	26,163	25,765	0.2	398	0.0
平均年金月額（円）	144,886	165,450		102,252	

出所：表7-1と同じ。

　厚生年金の支給からも見てみよう。厚生年金は国民年金の基礎年金に加えて厚生年金部分が支給されているので国民年金より支給額が多くなっている。2014年の厚生年金の1カ月あたり平均支給額の男女差を見てみると男性の平均が16万5,450円に対して女性は10万2,252円，男性は女性の1.6倍の受給となっている。また，分布にも注目すると女性は1カ月あたり平均支給額5～10万円（47.1％）と一番多くなっている。これは国民年金の受給にほんの少し上乗せがある程度である。女性の働き方は，結婚，出産，育児等のために非正規雇用が多く，就業年数も短い傾向にある。その結果高齢期における年金等の収入が少ない（表7-2参照）。

2）　歴史的背景

　戦前の日本の家族の基本的パターンは，次男，三男が外に出て，長男夫婦が親と同居して，そのまま老後の生活保障と介護負担を引き受け，家屋敷，田畑を単独相続するというものであった。戦後，民法で均等分相続の制度ができても，次男以下は相続権を放棄するという傾向が続いた。親の側にも子どもに老後保障の期待があり，子どもの側にもそのつもりがあった。夫の親と同居していたら，同居している子どもが親を看るのが当たり前，それも男ではなくて女が看るのは当たり前，だから介護は「長男の嫁」の責任だった。

長男が家督相続人として家を守るという家族の形は，1950年頃まで続いた。やがて高度経済成長期になると，この形が崩れはじめ，1960年代ぐらいから相続規範と介護規範とのねじれが出てきた。負担が重ければその分，財産の取り分が多くて当たり前なのに，そうではなくなってきた。それに対して介護者の側から不満が生まれた。その後1980年代に，遺産相続のなかで「寄与分制度」が成立した。寄与分制度とは，介護は単独で負担しているのに，相続は均等分相続というねじれを修正するための法的な制度である。とはいえ，寄与分制度もまた相続権者の権利しか守らない。相続権者は血縁者に限るから，娘や息子は寄与分制度を利用できても嫁には資格がない。

1970年から1985年にかけて，自治体は在宅の寝たきりの高齢者を介護した者を表彰する制度として，「模範嫁」表彰を実施していた。その後1986年から要綱を改め「優良介護家族」表彰となった。しかしながら，「優良介護家族」となっても主たる介護者の約70％は嫁，妻等の女性であり，なかでも嫁が圧倒的に多く表彰されている。表彰制度は8県2指定都市で実施されていて，市町村レベルで「模範嫁表彰」「考養彰」「考行嫁さん顕彰」などの名称で表彰が行われていた。この政策に見られるように，1980年代までは，「嫁が老親を介護するのは当たり前」という社会の役割期待が広く受け入れられていた。その後，介護保険制度が確立したことにより表彰制度は廃止となった。

2　高齢者政策の進展——介護の社会化をめざして

時代の変化とともに「介護の社会化」が模索されるようになっていく。高齢者介護システムの全体像について検討がはじめられる。この節では介護保険制度の創設についての流れを検討する。

（1）日本型福祉社会の形成

日本の社会福祉の枠組みは，1940年代から1950年代にかけて作られたもので，第2次世界大戦後の戦災孤児，戦傷病者など生活困窮者の保護・救済を目的と

143

して出発したものである。高齢者介護サービスは，措置制度に基づく低所得層を中心とした「救貧的」視点からのサービス体系であり，「選別主義」による福祉サービスであった。

　1950年代半ばから始まった高度経済成長は，労働力として働く側に急速な変化をもたらした。家族機能，地域機能の低下により，多くの問題が出現した。1960年半ばには，各地で革新自治体が生まれ，自治体の福祉政策を国が後追いするという構図が見られた。とくに，1969年に美濃部（東京都知事）都政の下で，実現された老人医療の無料化は，1972年の老人福祉法改正によって，翌年から全国レベルで実施されることになる。年金制度改革も行われ，不十分ながらも社会保障制度が整い，社会保障関係の予算も伸びて，1973年は「福祉元年」と称され，介護の問題への政策的な取り組み，介護の社会化に向けて素地が整ったかにみえた。しかし「福祉元年」は「福祉2年」を迎えることなく終わってしまう。1973年秋に勃発した第1次石油ショックにより，その方向を転ずることを余儀なくされたからである。その行方は，1975年頃から提唱された「福祉見直し」論や「日本型福祉社会」論により方向づけられた。そのような追い風の下で予算の削減等が行われ，社会保障制度の拡充に歯止めがかけられた。

　なかでも「日本型福祉社会」論は，個人や家族の自助努力と近隣社会の連帯を強調するもので，老親などの介護も，公的なものに頼らず，家族，とくに女性が担うべきだと勧めるものであった。別の言い方をすれば，福祉支出を抑えるために，家族介護が奨励されたといえる。家族による介護労働は，嫁や娘といった役割への期待の下で無償で行われるため，公費で介護サービスを整備する必要は減り，その分だけ公費が節約できたわけだ。

　従来の施設中心主義から在宅福祉への転換が強調されたのもこの頃からである。北欧で生まれたノーマライゼーションの思想に代表される施設介護から在宅介護へという主張は，高齢者を閉鎖的な施設に集めて介護するという従来の発想を批判し，どんなに介護が必要となっても，普通の生活を自宅で続けられるように援助する方がより人間的な福祉だ，という考えであった。そして，それは介護の社会化，つまり公的な在宅サービスの整備を前提条件としていた。

これに対して日本の在宅福祉の思想は，公費を節約するために家族介護を奨励するものへと歪められた。1978年にショートステイ，1979年にはデイサービスが制度化され，今日の在宅サービスの枠組みができ上がるが，そのまま進むかに見えた介護問題への政策的取り組みはこの時期を境に大きく後退してしまう。

　1980年代に入ると，こうした「日本型福祉社会」論に基づく政策が本格的に展開されていく。1981年に発足した臨時行政調査会は，医療や福祉に支出する公費をできるだけ少なくすることを基本方針にしていた。1980年代を通じて，医療・福祉支出の抑制と削減がなし崩しに進められた結果，老人ホームなどの老人施設やホームヘルパー等の在宅介護の整備は進まず，その量は圧倒的に不足することになる。

（2）新・日本型福祉社会の形成

　1980年代後半になると，「日本型福祉社会」論が基盤としたような家族像が少しずつ変化した。家族に大きな負担と犠牲を強いる「日本型福祉社会」論に基づく政策の限界が明らかになってきた。

　男女雇用機会均等法に代表されるように，女性を「労働市場へ押し出す」一連の政策もあり，1980年代には「働く主婦」が「専業主婦」を上回った。親と同居しているからといって，必ずしも専業主婦ではない。「日本型福祉社会」論が破綻したのは，このような女性の変化によっている。1980年代終わり頃から提唱された，いわゆる「新・日本型福祉社会」論は，家族や地域の機能の弱体化を一応前提としており，家族の多様化と働く女性の増加を是認し，3世代同居を強調しないことが特徴として挙げられる。しかし，自助・連帯を重視し，公的部門をできるだけインフォーマル部門へ移行させること，そして女性がインフォーマル部門の中核として積極的に位置づけられている。つまり形は変わっても，依然として社会福祉の担い手としては女性が想定されている。

　このような「新・日本型福祉社会」論では，高齢者介護に当たる家族を支援するために，ショートステイ，ホームヘルパー，デイサービスを中心とする在宅サービスの充実を進めた。したがって，ヒューマンパワーの確保が急務とな

った。1987年に社会福祉士及び介護福祉士法が制定され，福祉職が制度化された。しかし，それだけではなく文部省・厚生省（当時）により推進された家庭の主婦を対象としたボランティア講座が，ヒューマンパワー政策に組み込まれた。それは1991年4月から，ホームヘルパー養成を目的とした段階的研修制度としてスタートした。1級から3級に分けた3段階研修制度であり，1級は講義・実技・実習合わせて360時間研修で，介護福祉士の国家試験に合格できる程度の研修，2級は90時間で寝たきり高齢者の介護に対応できる程度の研修，3級は在宅高齢者の家事援助を中心に40時間の研修で，パートヘルパーとして働ける知識・技術を習得する。このように，「新日本型福祉社会」論を支えるヒューマンパワーとして，女性（主として主婦）が積極的に位置づけられたのである。[9]

　1989年には，目の前に迫った超高齢社会対策として，老人保健福祉の分野の将来のビジョンを数量的に示した「高齢者保健福祉推進10カ年戦略（ゴールドプラン）」が策定された。1994年12月には，高齢者保健福祉推進10カ年戦略の全面的見直し（新ゴールドプラン）の策定が行われた。新ゴールドプランは，ホームヘルパーの数をゴールドプランの10万人から17万人へと増加したが，この数は公務員のヘルパー以外の社会福祉協議会ヘルパー，委託型ヘルパー，ボランティア型ヘルパーといった地域参加型ボランティアを含めた数字である。このようなさまざまな形のヘルパーとしての女性（主婦）なのである。「新・日本型福祉社会」論では，女性は家族機能を担い，かつ地域で他人の家族を介護する福祉労働として――あるいはボランティアとして期待されていたのである。

（3）介護保険の創設

　1990年代に入ると，家族（女性）が担う介護の負担が重いことは社会的な問題として認識され，家族による介護を何らかの形で軽減する方策が模索されるようになる。1993年12月，政府は「21世紀福祉ビジョン――少子高齢化社会に向けて」を公表した。そして，1994年4月「高齢者介護対策本部」が厚生省

（当時）内に設けられた。現在の介護保険制度の創設を視野に入れて1994年12月，「新たな高齢者介護システムの構築を目指して」という報告書が公表された。本報告書が公表されたことで，厚生省（当時）は介護保険制度創設に向けて公式に作業を開始したのである。この報告書は，高齢者介護の基礎理念として，「高齢者の自立支援」を掲げ，新介護システムの創設を目指すことを提案した。介護サービスの提供方法として，保健，医療，福祉の介護担当者からなるケアチームが要介護者のケアプランを作成し，それに従って介護サービスを提供していくケアマネジメント[10]という方法を打ち出すとともに，その費用負担方式については公費方式よりも社会保険方式の方が適切であるとした。高齢者介護に公的なシステムを導入する必要性についてはほぼ合意が得ていたものの，その具体的なシステムが介護保険という「保険」が適しているか否かについては議論が分かれた。

　1995年2月から老人保健福祉審議会において高齢者介護システムの全体像についての検討が始められた。老人保健福祉審議会は1995年7月に第1次中間報告を取りまとめたが，そのなかで社会保険方式を基本として高齢者介護制度を創設するという方向を明らかにした。同審議会は1996年4月には，30回にわたる審議の結果として「高齢者介護保険制度の創設について」を取りまとめた。この報告を踏まえて厚生省（当時）において作成された介護保険法[11]は，1997年12月9日に可決され，2000年4月から施行されることとなった。

　2000年4月からスタートした介護保険制度は，共助のシステムだといえる。費用は一定で選択的なサービスについて保険で賄われる。介護・介助は市場に私企業の参入を促し，福祉多元化によって福祉サービスは行政が一元的に提供するのではなく，多様な供給によって提供される。かつて公助による措置としてサービスが供給された時代は，介護を権利として要求できなかった。つまり介護保険制度が発足するまで介護の享受の権利は市民権として認識されなかったのではないだろうか。それが介護の社会化を拒む要因となっていた。それを介護保険制度は，すべての国民が権利として契約によってそのサービスを選ぶことができるようにしたので2000年は，介護革命の年だといえよう。

147

（4）介護保険制度と家族給付

　日本の介護保険制度はドイツの制度を基にしている。ドイツの制度には介護保険を使用しないで家族が介護を行った場合に現金を支給するという，家族給付があるが，日本の制度には家族給付がない。日本でも介護保険制度の審議過程において，家族介護をどう評価すべきかは議論の焦点であった。家族介護に対して現金給付をすべきか否かという議論は，老人保健福祉審議会の審議の結果を取りまとめて1996年に出された「高齢者介護保険制度の創設について」のなかでも結論が出なかった。1996年6月に厚生大臣が老人保健福祉審議会会長宛てに「介護保険制度案大綱」の諮問を行ったが，この大綱のなかでは家族介護についてとくに触れていない。諮問を受けた老人保健福祉審議会は4日後に答申「介護保険制度案大綱について」を発表した。大綱は，「老後の介護不安を取り除き，人生の最後まで人間としての尊厳を全うしたいという国民の願いに応えるためには，家族愛に根ざしつつ，国民の共同連帯によって，高齢者が自立した生活が送れるよう社会的に支援していくことが必要である」とし，ここにきてようやく家族介護への現金給付という案は消滅した。

　しかし，介護保険制度施行直前の1999年10月，自民党議員，亀井静香氏の「子が親を見る美風」の発言をきっかけとして，家族介護を見直す制度が付け加えられた。介護保険制度の枠外で，家族介護慰労金を支給することである。

　最初，亀井説は「月額5万円の慰労金」であったが，最終的には「年額10万円」にまで減額された。対象者も，要介護4と5の重度と認定された高齢者の介護をしている住民税非課税の低所得世帯で，年に1週間程度のショートステイ利用を除いて外部のサービスを利用しなかった世帯に制限されたのである。もし介護保険によるサービスを受けた場合，要介護度5の要介護者は月額約35万円程度までサービスが受けられる。年間にすると，420万円分と試算される。実際，要介護度5の高齢者を在宅で介護している人に，そのぐらい支払っても不思議ではないぐらい値うちのある労働である。

第7章　高齢者問題

── 介護保険制度 ──

　介護保険制度とは，寝たきりや認知症などで日常的に手助けが必要になった高齢者を社会全体で支える社会保険制度である。介護保険制度は，健康保険，国民健康保険，雇用保険，労働者災害補償保険（労災保険）に次ぐ五つ目の社会保険として位置づけられている。市区町村が運営し，介護サービスを利用したとき，利用者負担は原則1割（2015年8月から一定以上の所得がある人は2割，2018（平成30）年8月からさらに収入の高い人は3割となる）。40歳以上が保険料を払い，原則65歳以上を対象とするものである。介護が必要かを示す要介護認定は最も軽い「要支援1」から，日常生活に介護が必要な最重度の「要介護5」まで7段階あり，利用限度額に差がある。日本の介護保険制度の財源は，全体の50%は被保険者の保険料，残りの50%は公費（租税）で賄われるため，厳密にいえば公費（租税）と社会保険の折衷方式である。

サービス提供機関

　施設サービス…特別養護老人ホーム・老人保健施設・療養型病床群などの介護体制の整った医療施設。

　居宅サービス…訪問介護（ホームヘルプ）・日帰り介護（デイサービス）・施設への短期入所（ショートステイ）・訪問看護・リハビリ（訪問・通所）・福祉用具の貸与等・訪問入浴・住宅改修・有料老人ホームにおける介護サービス等。

　地域密着型サービス…認知症高齢者グループホーム・認知症高齢者専用デイサービス・小規模多機能型居宅介護・夜間対応型訪問介護・小規模（定員30人未満）介護老人福祉施設・小規模（定員30人未満）で介護専用型の特定施設。

介護保険料

　介護保険事業に要する費用に充てるために拠出する金額で，市町村（保険者）は被保険者から徴収する。被保険者の種類により，第1号被保険者（市町村に住所を有する65歳以上の者）の徴収額は，一定の基準により算定した額（基準額）を基に所得を反映した額となる。第2号被保険者（市町村に住所を有する40歳以上65歳未満の医療保険加入者）の徴収額は加入している医療保険の算定方法に基づき算定した額となり，医療保険料と一括して徴収される。

要介護認定制度

　市町村に要介護認定の申請をする。申請を受けた市町村は認定のための調査を行い調査項目をコンピューターで処理し，介護認定審査会に提出される。認定のためには医師の意見書が必要となる。それを審査会に提出され，認定審査会では要介護度を最終的に決める。この結果は市町村に報告され，市町村は本人にその結果を通知する。

保険給付内容

要介護度	1カ月の支給限度額
要支援1	約5万0,030円
要支援2	約10万4,730円
要介護1	約16万6,920円
要介護2	約19万6,160円
要介護3	約26万9,310円
要介護4	約30万8,060円
要介護5	約36万0,650円

注：支給限度額は介護報酬の1単位10円として計算。

3 高齢者と介護問題

　介護問題は働く人々とその家族が社会の仕組みの中で背負わされた労働問題と切り離すことができない生活問題の一環である。要介護者の思い，その家族（別居している家族を含む）の抱える問題，就労の困難・所得の減少，生活面でのさまざまな負担，不安，混乱，日々の地域住民間の対話・交流の行き詰まり等が起きてくる。この節では介護をめぐる問題について考える。

（1）介護問題とは何か

　広辞苑に「介護」という語が採録されたのは1983年（第3版）である。「介護」という社会問題のカテゴリーはここ30年余りの間に成立したのである。確かにそれ以前の社会にも「年寄りの世話」「病弱な家族員の介抱」などと呼ばれる事柄はあった。しかし，私領域とされるそうした活動を家族が担うことを人々が「自明のこと」とし，それを問題とみなさない時代には，介護問題は存在しなかった。

　しかし，近年の少子・高齢化や女性の社会進出，高齢者の別居志向，産業・就業構造の変化に伴う大都市への人口の集中による核家族化のため，家庭における介護の機能が低下した。長寿化に伴い，介護に対する不安を抱かざるを得なくなってきたものの，高齢者の介護の問題は，もはや国民の自助努力では解決することが困難となってきた。すなわち，寝たきりや認知症などの高齢者介護の問題を社会問題として対処する必要が出てきたのである。

　そこで「介護の社会化」をうたう介護保険制度が開始された。しかし，制度が施行されたとはいえ，在宅サービスの水準が「無償の家族介護を前提とし，それを補完する程度」とされる現状では，介護問題として提起されてきた問題の多くは未解決のまま残されている。介護保険制度を使おうが，在宅介護の柱はやはり家族である。そこで由々しき事態が続発している。介護に行き詰まったあげくの無理心中や殺人事件である。

第7章　高齢者問題

　最近の事例として2017年4月11日，三重県で父親（80歳）は一階和室寝室の
ベットであおむけに寝た状態で死亡しており，首に絞められたような痕があっ
た。息子は（52歳）1階の階段付近で，首をつっていた。父親と息子の二人暮
らしで，息子の携帯電話の未送信メールには「こんな状態の父親を置いていけ
ないので連れていく」と書かれていた。父親の移動に車椅子を使い息子が世話
をしていた。一年前から町内のデイサービスに週2回通い，息子は父親がデイ
サービスを利用する日に合わせて仕事をしていた（「中日新聞」2017年4月12日付
「80歳父，52歳長男死亡」より抜粋）。

　こうした悲劇は後を絶たない。警察庁によると親族間で起きた殺人（未遂を
含む）や傷害致死事件は2014年の1年間に272件で動機では「将来を悲観」が
最多で33％を占めた。「介護・看病疲れ」が原因の殺人の検挙件数は2016年の
1年間で43件であった。介護の重い負担から家族が手をかける事件が後を絶た
ない。膨張する介護費用を抑制する目的で，政府は介護サービスのカットを
次々と打ち出しているが，介護殺人・心中は今後さらに増える恐れがある。
『介護殺人の予防』などの著書がある湯原悦子氏（日本福祉大学）は「介護者の
悩みに周囲が早く気付いて手を打つ必要がある。介護者が将来を悲観すること
なく，過度の負担を強いられない社会を築いていくことが，早急に取り組むべ
き課題」と話す。吉川雅博教授（愛知県立大学）も「老老介護で，介護する人
が家のなかのことを知られたくない」「子供たちに迷惑をかけたくない」と抱
え込むのは事件化するパターン。介護する人の疲労度を図る客観的な制度を検
討すべき」と述べている。

（2）介護をめぐる困難

　介護労働を社会化しようとステップを踏み出し，介護サービスに代価を支払
うようになったのが介護保険制度である。家族介護という今までには見えない
労働，つまり女のタダ働きが，その実，他人に頼めばただではない労働だとい
うことである。

　誰もが「介護者」となりうる現在，人材確保の難しさがある。介護職員は低

151

©くさか里樹／講談社
注：『ヘルプマン』は，高齢者福祉の分野で奮闘する介護福祉士，ヘルパー，介護支援専門員等を描いている。上記のシーンは介護保険改正をめぐって介護支援専門員が活躍している場面である。
出所：くさか里樹『ヘルプマン』第6巻，講談社，2006年。

賃金，きつい，汚い仕事のイメージある。その一方で，高齢化に歯止めはなく，増え続ける介護が必要な人への公的サービスを，どう支えるのかが，大問題になっている。

2014年現在，高齢者のいる世帯は全世帯（50,431千世帯）の約半分（23,572千世帯）が「単独世帯」「夫婦のみの世帯」である。要介護者から見た主な介護者の続柄を見ると，6割以上が同居している人が主な介護者となっている。その

主な内訳をみると，配偶者が26.2％，子が21.8％，子の配偶者が11.2％となっている。また，性別については，男性が31.3％，女性が68.7％と女性が多くなっている。要介護者等と同居している主な介護者の年齢についてみると，男性では69.0％，女性では68.5％が60歳以上であり，いわゆる「老老介護」のケースも相当数存在していることがわかる。高齢者の要介護等数は急速に増加しており，特に75歳以上の割合が高い（『高齢者白書　2016年版』）。

　厚生労働省は団塊の世代が全員75歳以上の後期高齢者になる2025年度に必要な介護職員を248万人と推定。都道府県を通して，同時点で確保可能な介護職員数を予想したところ，総数215万人となり，33万人不足すると推定した。原因とされるのが，不安定な身分や待遇の悪さ。施設では約４割，訪問介護では８割を非正規職員が占め，年齢層は施設で30〜40代，訪問介護では50〜60代が主と高齢職場のイメージが強い。また施設で７割，訪問介護では９割が女性。月給は常勤の場合で全産業平均の32万4,000円に対し，施設職員，ホームヘルパーとも22万円弱と10万円もの開きがある。平均勤続年数が５〜６年と短いのも特徴だ。

　介護職員の現状について，厚生労働省は，資格があっても専門性や役割が不明確で，昇進の道も見えにくいことが早期離職につながり，人手不足が過酷な労働環境も招いていると分析している。対策を検討してきた社会保障審議会の専門委員会は2025年に向けた介護人材確保の基本戦略をまとめた。①若者から中高年まで他職種も含めて就業を促し，人材のすそ野を広げる。②職員の質の向上とともに能力に応じた待遇や昇進の道を明らかにし，長く続けられる環境を整える──などを柱としている。

　目玉対策として2015年の介護報酬改定に合わせて打ち出したのが，介護職員一人当たり最大１万2,000円相当の加算を設けた。2017年４月からは，さらに平均月１万円引き上げるとされている。しかし，経営者は損益を見極めたうえでなければ賃上げに動けないという見方だ。介護職員待遇改善は厳しい。

　また，政府は担い手確保が厳しい介護の仕事を，外国人の採用を検討している。外国人介護職員に関しては，EPA（経済連携協定）に基づき，インドネシ

ア，フィリピン，ベトナムから1,500人余りを受け入れ，1,000人が国内の施設で働いている実績もある。

　介護問題は働く人々とその家族が社会の仕組みの中で背負わされた労働問題と切り離すことができない生活問題の一環である。介護に対して社会的評価が低い現在においては，介護が社会的に価値ある労働と位置づけ，家族介護も社会的サービスの全体的文脈に位置づけられ，これまでの私的な介護をより公的なものとして承認していくことが必要である。介護の社会化とは，高齢者・家族全員の自己実現が可能となるために，家族を含む社会全体で高齢者の介護を協働的に行っていくことであり，家族の位置を明確にすることが不可欠である。

4　認知症高齢者の増加

　WHO の認知症定義によると，認知症とは「記憶，思考，見当識，理解，計算，学習，言語および判断力など多くの高皮質機能障害であって，通常は慢性及び進行性の経過を辿る脳疾患による症候群である」と規定されている。さて，認知症は多様な原因疾患で生じる症候群であるため「認知症」は単一の疾患名ではなく，あくまで病気の状態を示す総称であり，その中の代表的疾患が「アルツハイマー型認知症」や「脳血管性認知症」などということになる。認知症の約50％以上をアルツハイマー型認知症が占め，30％前後を脳血管性認知症が占めている。その他の認知症の疾患が20％という割合で認知症を起こす病気が構成されている。

　厚生労働省の試算によると2025年には認知症高齢者は700万人に達すると推定されている。高齢者の4人に1人が認知症またはその予備軍と言われている。[15]さらに重度の要介護4・5の認知症の高齢者数は2025年には最大99万人になり，今後も増えるとしている。認知症は今やだれもが関わりのある身近な病気となっている。世界各国でも認知症は増加しており，その対応は世界共通の課題である。本節では認知症高齢者介護，ドライバー事故，不明者の増加について述べる。

（1）認知症患者の監督義務

　2016年3月に最高裁判所の判決を下した認知症高齢者の列車事故について考えてみよう。事故は2007年12月7日夕方に起きた。要介護4の認定を受けていた認知症の男性（当時91歳）を在宅で介護していた当時85歳の妻が数分間うたた寝した間に外出（門扉に施錠したこともあったが男性がいら立って門扉を激しく揺らし危険であったので，施錠は中止していた。玄関ドアにはセンサーを設置してあったが男性は別の出口から外へ出てしまった事情がある）。最寄りのJR東海道本線大府駅から一駅先の共和駅まで電車に乗り，同駅のホーム端から線路上におり，電車にはねられ死亡した。横浜に住む長男の妻は義理父母の住む近所に転居して介護を手伝い，ヘルパーの資格を持つ三女も手伝って，家族ぐるみで6年近く在宅介護にあたっていた。

　JR東海は妻や長男（65歳）らに対して振り替え輸送費などの損害賠償金約720万円を請求した。控訴の最大の焦点は本人に代わり賠償責任を負う「監督義務者」にあたるかが争点だった。

　一審の名古屋地裁は，「注意義務を怠った」として，同額の約720万円支払いを妻と長男に命じた。二審の名古屋高裁は，「夫婦は相互に助け合う義務がある」という民法の別の規定を理由に妻を監督義務者に認定し半額の約360万円の賠償を命じた。長男は20年以上も別居していて「監督義務者に当たらない」と判断された。

　この2つの判決が投げかけた影響は大きかった。それは，行動予測が難しい認知症高齢者を相手に一瞬たりとも目を離さずに監視することなどおよそ不可能だからだ。介護者が高齢で介護を担う家族の負担は重い。社会学者の上野千鶴子氏は「判決は認知症の人は拘束状態に置けと言っているのと同じ。高齢者介護の全責任が家族にあるという考え方そのものが問題だ」と指摘する（「中日新聞」「遺族に賠償命令　波紋呼ぶ」2013年8月29日付より抜粋）。

　2016年3月1日最高裁判所は，「同居している配偶者というだけで監督義務者に当たるとは言えない，家族に責任はないと判断」。JR東海の賠償請求を棄却の判決を下した。最高裁は，監督義務者として一審，二審の考を排した画期

的判決である。吉川良一教授（立命館大学）は判決の特徴を「『妻だから』『息子だから』という形式的な理由で責任の有無を判断しなかった点にある」と指摘し「監督義務者を限定的にとらえており適切だ」と評価した。もし，配偶者というだけで常に責任を負わされるなら，追いつめられる結果になってしまう。家族だけでは到底十分な介護はできない。特別養護老人ホームなどの施設介護にも限界がある。地方に住む息子や娘に頼ることもむろん限界があるだろう。新しい施策が必要である。認知症高齢者を地域で見守るのは，必然的な現代社会である。他人事では済まない問題である（「朝日新聞」2016年3月2日付「認知症男性の愛知・列車事故最高裁判決」より抜粋）。

（2）認知症患者の交通事故

　高齢ドライバーによる相次ぐ交通事故が社会問題化している。認知症をはじめ身体機能の衰えが要因ともいわれている。認知症高齢者が運転する車が道路を逆走したり，ブレーキとアクセルを間違えたりして衝突事故を起こし，死傷するケースが続発している。2016年10月28日の朝，集団登校の列に軽トラックが突っ込み市立桜丘小学校1年生の学童が死亡，7人が怪我をした事故が起きた。逮捕されたのは男性（88歳）だった。横浜地検は2017年3月31日，自動車運転処罰違反容疑で逮捕された男性を嫌疑不十分で不起訴とした。地検によると，「男性は認知症と判明，事故当時，男性は症状を自覚していなかった」としている（「朝日新聞」2017年3月31日付「小1死亡事故88歳を不起訴へ」より抜粋）。

　認知症高齢者ドライバーによる事故に巻き込まれ短い生涯を終えた息子の家族は，運転手に罪を問うことができないという判断は到底納得のできるものではない。その無念は筆舌に尽くしがたい。

　警察庁は認知症の検査を厳格化する方針で，2017年3月12日に施行された「改正道路交通法」により，75歳以上の高齢ドライバーの免許更新が厳しくなった。認知機能検査を受けるのは従来通りだが，その結果「認知症のおそれあり」とされると，後日臨時適性検査を受けるか，一定の要件を満たす医師の診断書を提出する必要がある。

第7章　高齢者問題

　高知県基幹型認知症疾患医療センターの上野直人医師によると，認知症の人の運転では，行き先を忘れる，標識や信号の意味が分からず，交通ルールを無視する，ハンドルやブレーキ操作が遅くなるなどの特徴が表れやすいという。そして，高齢者ドライバーはなぜ認知症とわかっても運転がやめられないのかについては，「患者への聞き取り調査では，やめる理由が理解できなかったり，通院，買い物など生活に必要との答えが非常に多い。また生きがいや楽しみを失うと考える人もいる」と，その理由を説明している（「中日新聞」「認知症ドライバー事故防げ」2015年2月8日付より抜粋）。大切なのは運転をやめても困らない環境づくりが必要である。家族や知人による送迎のほか，地方自治体による移動・外出の支援，運転以外の趣味や交流の場づくりなどが求められる。また，アルツハイマー型などの認知症型は急になるものではなく，何年も前から原因物質が脳にたまり始める。従って60代で発症していなくても，その予備軍である「MCI（軽度認知障害）」は珍しくない。ただし，軽度認知障害は対処すれば進行を予防できる。大切なのは早期発見である。

（3）認知症患者の不明者

　2016年6月16日，警視庁は認知症やその疑いで行方不明になったとして全国の警察に届けられたのは1万2,208人（昨年より1,425人増）だったと発表した。統計を取り始めた2012年以降，毎年増加している。病気や事故などで発見時に死亡が判明した人も過去最多の479人（50人増），昨年中に所在未確認だったのは150人（18人減）だった。[17]

　認知症患者を抱える家族は，行方不明になった場合，身内で抱え込まず，警察に「早期の届け出」をして行方不明者を無事発見につながるよう相談することも必要である。警察は，対応を強化しており，家族の同意を得たうえで顔写真などのインターネット上の公開や市町村と情報共有を促進している。

　厚生労働省は，2013年度から始めた「認知症施策推進総合戦略（オレンジプラン）」を発展させた「認知症施策推進総合戦略（新オレンジプラン）」を2015年1月に策定した。総合戦略はいわゆる団塊の世代が75歳以上となる2025年を見

通し，認知症の人の意思が尊重され，出来る限り住み慣れた地域の良い環境で自分らしく暮らし続けることができる社会を実現すべく，7つの柱（①認知症への理解を深めるための普及・啓発の推進，②認知症の様態に応じた適時，適切な医療・介護等の提供，③若年性認知症施策の強化，④認知症の人の介護者への支援，⑤認知症の人を含む高齢者にやさしい地域づくりの推進，⑥認知症の予防法，診断法，治療法，リハビリテーションモデル，介護モデル等の研究開発及びその成果の普及の推進，⑦認知症の人やその家族の視点の重視）に沿って，認知症施策を総合的に推進していくもので，2017年度末などを当面の目標年度としている。

5　高齢者施策の取り組み課題

今後，75歳以上となる高齢者の増加に伴い，要介護認定率や認知症の発生率が高くなり医療と介護を併せ持つ高齢者の増加が見込まれる。高齢者の尊厳の保持と自立生活を目的とした可能な限り住み慣れた地域で，自分らしい暮らしを人生最後まで続けることができるようにするためには，日常生活圏等において，在宅医療・介護の提供休制の構築がますます必要となる。

（1）介護保険制度改正のゆくえ

2000年4月に社会全体で高齢者介護を支える仕組みとして創設された介護保険制度は2017（平成29）年で17年目を迎える。介護保険制度については，国民は介護保険制度に関してある程度評価している。高齢期を支える制度として順調に着実に定着している。それは，民間の活力による多様な事業者・施設によるサービスが提供され，利用者が多様な主体からサービスを選択して受けられるようになったからだ。

介護サービスの利用者は在宅サービスを中心に着実に増加し，2000年4月には149万人であったサービス利用者数は，2015年4月には511万人と3.4倍になっている。大幅な伸びに伴い介護保険制度は課題が山積している。今後の介護保険制度を取り巻く状況は，これからの10年，都市部で進む急激な高齢化，要

介護率が高くなり75歳以上の人口増加も続く，介護保険料を負担する40歳以上の人口が減り始める。介護保険制度の持続可能の確保のために見直し事項が盛り込まれ，介護保険制度の改正が随時施行されている。2015年の改正の目的は，住み慣れた地域での継続的な生活を可能にするために，高度急性期から在宅医療・介護までの一連のサービスを地域において総合的に確保するところにある。ここでは介護保険制度改正が行われる，①利用者負担の引き上げ，②予防給付の見直し，③特別養護老人ホームの入所者要件の厳格化の3点をみていくことにしよう。

1）利用者負担の引き上げ

介護サービスの自己負担は原則1割だが，2015年8月から一定以上の所得（単身で年金だけの場合，年収280万円以上）がある人は2割となった。さらに，2018年8月から自己負担を現在の2割から3割に引き上げられる。3割に引き上げられる対象は単身の場合年金収入のみの場合，年収340万円以上とする。夫婦世帯は年収463万円以上である。全利用者の約496万人のなかで2割負担は約45万人でこのうち12万人が3割となる。高齢化で膨らみ続ける介護保険の費用を抑え，地域の実情に合わせた多様なサービスを提供するのが狙いである。しかし，介護が必要な高齢者とその家族にしわ寄せがいくことは必至だ。

介護保険制度開始当時の2000年度は，3.6兆円だった介護費用は，2016年度には10.4兆円となっており，高齢化がさらに進展し，団塊の世代が75歳以上となる2025年には，介護費用は21兆円になると推計されている。介護費用の増大に伴い厚生労働省は40〜64歳の会社員，公務員らが負担する介護保険料は2017年度はひとり当たり平均月5,640円になると推計をまとめた。介護保険制度創設時全国平均2,075円の約2.7倍になった。また，65歳以上の保険料は3年に一度見直され2015〜2017年度の全国平均は5,514円。2025年度には8,200円程度まで上がると見込まれている。このように介護保険料が高くなると低所得高齢者は負担が難しくなるのではないか危惧される。2014年に介護保険料を滞納し，市区町村の差し押さえ処分を受けた65歳以上の高齢者がはじめて1万人を超えたことが厚生労働省の調査で分かった。保険料が上昇を告げるなか，支払いに

困る高齢者が増加しているとみられる。

2) 予防給付の見直し

　要介護度の低い「要支援1・2」の高齢者が利用する通所介護（デイサービス）と訪問介護（ホームヘルプ）が2017年4月から介護保険制度から地域支援事業に完全移行した。予防給付のうち通所介護と訪問介護について市町村が地域の実情に応じた取り組みができる地域支援事業は，住民参加で高齢者をはじめ誰でも参加しやすく，地域に根差した介護予防活動が推進されれば，支援する側とされる側という画一的な関係性ではなく，サービスを利用しながら自分でも地域での居場所を作り出し，地域とのつながりを互助のなかで維持することができて，それが結果として介護予防を促進し，介護費用の抑制にもつながると政府は考えている。

　2018年度から実施される制度改革が盛り込まれた介護保険関連法案は，要介護者の「自立支援」「重度化防止」施策の推進が明確に打ち出されたのも特徴だ。状態改善を図るのは当然のことだが，今回の法案で国は市町村の役割について要介護状態の軽減とともに介護給付費の「適正化」への努力を自立支援施策と定義している。適正化とは事実上の抑制を意味する。成果を挙げた場合，交付金を出すことを盛り込んでいる。基準や金額など詳細は未定だ。国の方針について，福祉ジャーナリストの浅川澄一氏は「介護保険を使わないことがいいこととなったら，家族介護から社会的介護への転換を宣言した介護保険法に反する。一時的に自立となっても，人間は必ずまた衰える。その際にサービスを利用しにくい雰囲気を作り出すのは間違いだ」と指摘している。適格な介護支援があれば，保険サービス外の地域の力を活用するなどで，給付抑制と個人の尊厳の両立を保つことができるはずである（「中日新聞」「自立促す介護保険法改正案」2017年4月19日付より抜粋）。

3) 特別養護老人ホームの重度者への重点化

　2015年4月から特別養護老人ホームに新規に入所する要介護者について，原則として，要介護3以上の高齢者に限定することになった。その他居宅において日常生活を営むことが困難なものとして要介護1や要介護2でも入所できる

第7章 高齢者問題

（「厚生労働省が定めるもの」とは知的障害・精神障害など伴って，地域での安定した生活の継続が困難者。家族等による虐待が深刻であり，心身の安定・安全の確保が不可欠。認知症高齢者であり，常時の適切な見守りや介護が必要。以上のような状態にある場合が考えられる）。特別養護老人ホームの重度者への重点化の背景には，かなり多くの要介護状態の高齢者が特別養護老人ホームの入所を待っており，なかでも在宅の重度介護者の深刻な介護事情があり，これまで以上に優先的に特別養護老人ホームに入所することができるよう，見直すこととなった。

（2）高齢者が住み慣れた地域づくり

　厚生労働省は，2025年を目途に，高齢者の尊厳保持と自立生活の支援の目的のもとで，可能な限り住み慣れた地域で，自分らしい暮らしを人生の最後まで続けることができるよう，地域の包括的な支援・サービス提供（地域包括システム[19]）の構築を目指している。高齢者が住み慣れた地域で安心して暮らしをするために，介護サービスなどの充実だけでなく，急性期医療から円滑な在宅へ[20]の復帰を可能とする体制整備が重要であり，この観点からも在宅医療・介護連携が特に必要である。

　行政サービスのみならず，NPO，ボランティア，民間企業等の多様な事業主体による重層的な支援体制を構築することが求められるが，同時に，高齢者の社会参加をより一層推進することを通じて，元気な高齢者が生活支援の担い手として活躍するなど，高齢者が社会的役割をもつことで，生きがいや介護予防にもつなげる取組が重要である。では地域包括システムはどのようにしたらよいのだろうか。

　地域包括システムはおおむね30分以内に必要なサービスが提供される日常生活圏域（具体的には中学校区）を単位として想定される〝小地域システム〟であること。高齢者が住み慣れた小地域で自分の足で通える場を設けて，サークル活動に参加して友達と話す機会を多くして脳の若返り運動（回想法，音楽療法，栄養管理指導等）に取り組み，「高齢者が高齢者を支える」ことが高齢者の生きがい，介護予防につながり，介護保険の認定率を下げることにつながるのでは

161

ないか。

　そして，地域では地域包括システム構築に取り組む必要がある。地域包括システム構築のプロセスとしては，個別の課題にとどまらずに地域課題情報を蒐集し現状とニーズの分析に基づく課題を明確化し，社会資源の把握を基礎に，それらの解決の仕組みづくりに向けて対応策を推進し施策化する。そのためには地域ケア会議等を通じて保健・医療・福祉の関係者との協働を作り出し，個別支援を充実さていく政策形成へ結び付けていくとともに，地域課題への普遍化を通じて街づくりを前進させる取り組みが目指すべき地域包括システムと考える。高齢者が住み慣れた地域で安心して生活を営むことができる支援の一つが地域包括システム構築ではないだろうか。

　最後に，高齢者問題は若者の問題でもある。なぜなら，このまま放置すればこの先若者が50代，60代になったとき，さらに深刻な状態が待っているからだ。自分たちが生きる老後をよりよくするためには，社会が抱える問題を自分のこととして捉え考えることが必要である。

注

(1)　日本が65歳以上を高齢者と決めたのは，ドイツのビスマルクが労働者年金法を作った時，老齢年金の受給開始年齢を65歳にしたことに起源がある。

(2)　日本老年学会・日本老年医学会「高齢者に関する定義検討ワーキンググループからの提言」2017年1月14日。

(3)　内閣府「平成26年度高齢者の日常生活に関する意識調査」。

(4)　少子高齢化とは総人口が占める子供の割合が少なくなる「少子化」と高齢者の割合が増える「高齢化」が同時に進んでいる状態をいう。

(5)　国際連合の1956年の定義によると，総人口に占める65歳以上の高齢者の人口割合が7％を超えると，高齢化社会，14％を超えると，高齢社会とされている。21％を超えると，超高齢社会と定義される。

(6)　総務省統計局 HP を参照。

(7)　中央法規出版編集部『改正介護保険制度のポイント──平成27年4月からの介護保険はこう変わる』中央法規出版，2014年，8頁。

(8)　高年齢者雇用安定法とは急速な高齢化の進行に対応し，高年齢者が少なくとも年金受給開始年齢までは意欲と能力に応じて働き続けられる環境の整備を目的として，

「高年齢者等の雇用の安定等に関する法律」（高年齢者雇用安定法）の一部が改正され，2013年4月1日から施行される。今回の改正は，定年に達した人を引き続き雇用する「継続雇用制度」の対象者を労使協定で限定できる仕組みの廃止などを内容としている。

(9) 杉本貴代栄編著『フェニズムと社会福祉政策』ミネルヴァ書房，2012年，7頁。

(10) ケアマネジメントとは介護保険で要介護認定を申請し，要介護とされた人に対する介護サービス，または介護サービス計画（ケアプラン）に基づき，地域の社会資源を連絡・調整する技術。介護支援サービスという場合もある。

(11) 介護保険法の目的は加齢に伴って生ずる心身の変化に起因する疾病等により要介護状態となり，入浴，排せつ，食事等の介護，機能訓練並びに看護及び療養上の管理その他の医療を要する者等について，これらの者が尊厳を保持し，その有する能力に応じ自立した日常生活を営むことができるよう，必要な保健医療サービス及び福祉サービスに係る給付を行うため，国民の共通連帯の理念に基づき介護保険制度を設け，その行う保険給付等に関して必要な事項を定め，もって国民の保健医療の向上及び福祉の増進を図ることを目的とする。

(12) 「中日新聞」2017年4月12日付。

(13) 「読売新聞」2017年2月28日付。

(14) 厚生労働省「介護職員数調査の推移」2013年，（財）介護労働アンテイセンター「就業形態調査」報告書を資料とした。

(15) 厚生労働省『厚生労働白書 2016年版』「認知症施策の推進」，395頁。

(16) 特別養護老人ホームとは介護保険リービスが利用できる施設で，高齢者が食事，入浴，排せつなどの介助を24時間休制で受けられる。主な運営主体は社会福祉法人や自治体で，民間の有料老人ホームなどに比べ費用が安いことから入所希望者が多い。手厚いケアが必要な人に重点化するため，2015年4月から新規入所者が原則，要介護3〜5の人に限定された。

(17) 認知症最新ニュース（info.ninchisho.net，2017年4月13日アクセス）。

(18) 高度急性期とは医療機能急性期の患者に対し，状態の早期安定化に向けて，診療密度が特に高い医療を提供する。

(19) 地域包括ケアシステムとは地域住民の生活を包括的（総合的）にケア（支援）していく仕組み。

(20) 急性期医療とは，病気の発症から回復期や急性期まで移行するまでの期間における医療を指す。急性期医療は「病気の進行を止める」「病気の回復が見込める目処をつける」までの間提供する医療であり，その期間において患者は生命の危機と隣り合わせということも珍しくはない。そのような状況において患者の健康状態を良好にし，急性期の状態から回復期へ向かわせるべく，高度な医療を提供する。

参考文献

乙部由子・山口佐和子・伊里タミ子編著『社会福祉とジェンダー──杉本貴代栄先生退職記念論集』ミネルヴァ書房, 2015年。

中央法規出版編集部『改正介護保険制度のポイント　平成27年4月からの介護保険はこう変わる』中央法規出版, 2014年。

杉本貴代栄編著『フェニズムと社会福祉政策』ミネルヴァ書房, 2012年。

杉本貴代栄『福祉社会の行方とジェンダー』勁草書房, 2012年。

日本認知症ケア学会編『改訂・認知症ケアの基礎』ワールドプランニング, 2009年。

目黒区HP「区分支給限度額（介護保険から支給される1か月あたりの上限額）」（www.city.meguro.tokyo.jp/kurashi/kaigo/kaigoriyoannai/serice/kubunsikyugendogaku.html 介護保険支給限度額, 2017年4月24日アクセス）。

> **コラム**

小説・映画に描かれる若年性認知症
—— 萩原浩『明日の記憶』（光文社，2004年）——

　本書の著者である荻原浩は，痛快ユーモア小説『オロロ畑で捕まえて』で小説すばる新人賞を受賞してデビューした作家である。本書『明日の記憶』は，2005年にベストセラーになった本で，若年性認知症に罹患した人を主人公とする小説である。

　認知症は高齢者の病気と誤解している人が多いのではないだろうか。しかし，実は働き盛りの年代でも認知症になることがある。なかには20代で若年性認知症になったケースも報告されている。

　若年性認知症とは18歳以上，65歳未満で認知症の症状がある場合を総称した言い方である。旧厚生省の研究班は，若年性認知症の実態を調査し，その結果を1998年に報告した。それによると，18歳から64歳までの年齢で，全国に約2万6,000人いると推計されている。このうち1,425人について調べたところ，約6割の人が，「日常生活に絶えず監督が必要」か「独立して生活するのには危険で，かなり監督が必要」と判定された人であった。また，徘徊などの「問題行動」や幻覚などの精神症状がある人は半数以上いた。障害者手帳など福祉サービスを受けている人が46.9％。障害年金を受けている人は40.7％であった。

　厚生労働省は2009年に10年ぶりに実態調査を行い，全国の若年性認知症の推定患者数を約3万8,000人と発表した。厚生労働省の調査結果によれば，若年性認知症の発症年齢は平均で51歳であった。女性に多い高齢者認知症とは違い，若年性認知症は男性の方が発症数が多い。64歳以下で発症する若年性認知症は，本人や家族の生活に大きな支障が生じるにもかかわらず，社会の理解が広がっておらず，支援体制もまだこれからというのが現状である。

　本書の主人公佐伯は，広告会社の部長として働いている。家庭を顧みないほど仕事に没頭して50歳になっていた。大きなプロジェクトと娘の結婚を控え，忙しい日々を送っていた。そんな佐伯に襲いかかったのは体調不良と記憶障害である。頭痛，不眠，めまい，人の名前を忘れる，重要な会議，先方との約束，相手企業の場所等々…当たり前にあるはずの記憶が曖昧になり，その記憶が果たして本当なのかどうかさえ自信を失う。佐伯は妻に連れられて病院へ行く。告げられた病名は初期の若年性認知症であった。

　若年性認知症患者にとって，最初に目立つのが物忘れエピソード（出来事）と記憶の障害である。このために生活に種々のトラブルが生じるようになる。

　佐伯は，娘の結婚式までは現役で頑張った。結婚式も妻の協力で，親族に若年性認知症のことを悟られず無事に終わった。しかし，その後，会社に症状が知れわたり左遷さ

れ，退職した。

次第に食欲不振が激しくなる。はじめは抗アツルハイマー薬の副作用のためだと思っていたのだが，臭覚と味覚が狂い始めていた。魚は海辺の潮溜まりに似た臭いしかない，肉は血の味のするゴム，青物野菜はのどに藁をつめているようだ。ヨーグルト・ドリンクはバ

「明日の記憶」2006年公開　ⓒ2006「明日の記憶」製作委員会

リウムを飲む気分である。「50歳になった男には，流す涙などほとんど残っていないと思っていたのに，自分の涙腺のもろさに驚いている。しかし自分の流す涙が，悔し涙なのか，何かを失う寂しさの涙なのか，自分への哀れみの涙なのか。そもそも自分がなぜ泣いているのか，いつも私は判らないでいる。」とつぶやく佐伯である。

学生時代からの趣味である陶芸教室に通うが，教室では先生にお金を騙し取られ自尊心を傷つけられる。佐伯は本で若年性認知症介護者の苦痛を知り，また，妻が外へ仕事に出るようになったことから，妻のお荷物ではないかと感じるようになる。長年連れ添った妻と離婚し施設入所を考えるが妻に反対される。1人で電車に乗り施設見学した後，かつて行ったことのある日向窯を訪ね，湯飲みを野焼する。そして窯場の帰り道，夫を心配して探しに来た妻に出会うが，佐伯は自分の妻も認識できなかった。

「記憶を失うということは，人格を失うことでもある」という主人公の悲痛な叫びが心に響く。若年性認知症は早ければ5，6年，平均して7年で死に至る。しかも進行が早い。緩やかな死の宣告である。

佐伯の妻は「世間に期待したって無理」といっているが，介護は1人で抱え込まないで専門家に相談し，介護教室や認知症家族会などに参加して，他の介護者と情報交換することも心身の負担軽減につながる。若年性認知症患者に対する福祉サービスは，高齢者認知症患者に比べるとまだ整っていない。高齢者が通う介護保険でのデイサービスでは受け入れが難しいなど，介護保険が若年性認知症患者に手を差し伸べるような制度になっていないもどかしさがある。本書は，若年性認知症患者が病気を受け止めていく過程，家族との関わり方，医師・福祉サービスのあり方等を考えさせる本である。若年性認知症患者自身の声を医療・福祉施策に活かしていくことが期待される。

（伊里タミ子）

第8章	困難を抱える女性と社会福祉

1 貧困と女性

　本節では，貧困と女性の問題を取り上げ，それに対して社会福祉がどのように働きかけているのかをみていく。

　日本では，正規雇用者として働く男性の平均年収を100とすると，正規雇用者として働く女性は75である。ところが実は働く女性の半数以上が非正規雇用者であり，彼女たちの平均年収を先程の比率で表すと54になる。

　このような賃金の性別格差の問題が大きく反映されるのが，母子世帯の生活である。母親だけの収入で，子どもを育てて生活をしていくのは並大抵のことではない。

　京都府に住む32歳のA子さんは，母子世帯の母親だ。職場までは45分かけて自転車で通う。前は車だったが，ガソリン代が上がり，節約せざるを得なくなった。出勤前に，夕飯の下ごしらえと洗濯物干し。小学校に6歳の上の子を，保育園に4歳の下の子を送り届ける。離婚して5年。幼子2人を抱え，仕事がなく困っていたとき，建設業を営む友人の家族が事務の仕事を紹介してくれた。1日5時間，週3日でいいという。月収5万円。児童扶養手当を足しても毎月10万円に届かない。実はA子さんは離婚届を出した直後に2人目の妊娠に気が付いた。その時はつわりがひどくてパートにも行けなかった。生活保護を受けようと福祉事務所を訪れたが，「近所の実家の母が働いてるし，持ち家もあるから申請はできない」といわれた。法律に詳しくなりたいという思いが募り，下の子を生後2カ月で保育

167

園に預け，行政書士の資格のための専門学校に通った。試験は合格したが，就職できない。面接で「子どもさんが熱を出したとき，誰が見ますか？」と聞かれて「私です」と答えると，相手は黙った。半年間で20社以上に問い合わせたが，すべて駄目だった。A子さんはいう。「過去に負けたくない。働いたお金で暮らし，子どもを育てて自立したい」（朝日新聞2008年7月2日付「母子家庭123万世帯シングルマザーはいま」より抜粋）。

　母子世帯は，現在およそ124万世帯以上であり，1988年のデータと比べるとおよそ1.5倍増加している。NPO法人「しんぐるまざあず・ふぉーらむ」の赤石千衣子（理事）によれば，「母子世帯の多くが働いているが，低賃金，非正規労働で，手当てに頼らざるを得ない現実がある」という（同上）。
　本節では，母子世帯の母親たちの実状と，それに対する社会福祉制度をみていくこととする。まずは，母子世帯の実状を探っていく。

（1）母子世帯の実状

　母子世帯になる理由には，大きく分けて二つある。一つは，夫が亡くなってしまった死別，そしてもう一つは，夫と離婚したりあるいは未婚のまま母親になるといった生別である。近年は，離婚を理由とする母子世帯が増加している。1980年代には離婚は5割程度であったが，現在では8割を占めている。反対に死別を理由とするものは，3割から1割以下に減った。
　母子世帯の母親の平均年齢は39.7歳で，年齢階級別で見ると「40歳から49歳」が最も多く，「30歳から39歳」がこれに次ぐ。母親は1人ないし2人の子どもを抱えており，一番下の子の平均年齢は10.7歳である。死別母子世帯の6割以上は持ち家に住んでいるが，生別母子世帯の場合は2割代にとどまる。
　母子世帯の母親は80.6％が就業している[1]。この数値は諸外国の母子世帯の母親と比べると高い。就業率の高さは日本の母子世帯の特徴の一つなのである。参考までに，おもな国の母子世帯の母親の就業率を上げると，イギリス56.2％，オランダ56.9％，ドイツ62.0％，フランス70.1％，アメリカ73.8％，イタリア

第8章　困難を抱える女性と社会福祉

78.0％である。[2]

　では母子世帯の母親はどのように働いているのだろうか，筆者が2009年に行った夫からの暴力が原因で母子世帯となった母親へのインタビュー調査のなかから，Ｂ香さんとＣ美さんの語りを取り出してみてみよう。

　　Ｂ香さん：朝，生命保険会社に行って，夕方は塾をやって，夜はお店で働いていました。

　　Ｃ美さん：前は，午前中クリーニング屋に行って，午後週２日はスーパー，週３日は託児所に行ってました。今は保育園でパートしながら，新聞配達とネットビジネスをしています。

　このように複数の仕事を抱える母親は珍しくない。なぜこのような働き方を母子世帯の母親たちはしているのだろうか。それは従業上の地位が不安定であり，細切れの仕事しかなく，一つの仕事から得られる収入も少ないからである。

　就業している母親の従業上の地位は，正規雇用者が39.4％，パート・派遣社員が52.1％である。正規雇用者の方が少ない。平均年間就労収入は181万円で，平均年間収入は291万円である。この平均年間収入は，生活保護法に基づく給付，児童扶養手当などの社会保障給付金，就労収入，別れた配偶者からの養育費，親からの仕送り，家賃・地代などを加えたすべての収入の額である。しかし養育費を受け取っている母子世帯は実際には２割を切っていることをここで付け加えておこう。

　「平成27年国民生活基礎調査の概況」によれば，児童のいる世帯の平均所得金額は712.9万円である。すると母子世帯は，その約４割の年収で子どもを育てて生活していることになる。諸外国と比較すると，フランスの場合，両親家庭よりも単親家庭の平均収入がマイナス46％，ドイツがマイナス31％，アイルランドがマイナス39％，イタリアがマイナス32％，オランダがマイナス38％，イギリスがマイナス39％であり，50％以上マイナスの国はない。[3]厚生労働省（2015年）の発表では，大人１人と子どもからなる世帯の相対的貧困率は62.0％

169

で，大人2人以上と子どもからなる世帯の8倍以上となっている。

このような母子世帯の貧困に対して，どのような社会福祉制度があるのだろうか。

（2）母子世帯への社会福祉制度

1）児童扶養手当

児童扶養手当は，生別母子世帯が受けられる現金給付制度である。2010年から父子家庭も対象となっている。ひとり親家庭および両親のいない家庭で児童（18歳に達する日以後の最初の3月31日までの間にある者，または20歳未満で一定の障害の状態にある者）を養育している者に支給される。

そもそも，日本における母子世帯の母への救済は，戦後の戦争未亡人から始まった。その後，1959年に国民年金法が制定され，死別母子世帯に母子年金，母子福祉年金が支給されることになった。それにともない，父親のいないことによる経済的不安は生別母子世帯も変わらないという考えから，1961年，児童扶養手当制度が誕生した。この後，1964年には，母子福祉法（1981年，母子及び寡婦福祉法に改正）が制定され，母子家庭の福祉を推進する基本が整備された。

1970年代，児童扶養手当制度の内容はいろいろな角度から充実された。例えば，障害児童に対する支給対象の拡大や年齢の引き上げ，老齢福祉年金などとの併給，国籍条項の撤廃，支給対象年齢の引き上げである。

ところが当初は少なかった生別母子世帯が，1978年には死別母子世帯を上回る数となった。逆転現象がこの年起きたのである。この状況をみた当時の政府からは，社会的道徳に反する動機で母子世帯になった世帯に援助の手を差し伸べるのはおかしいという意見が出されるようになった。1983年には，厚生大臣（当時）の私的諮問機関が，離婚により増え続ける児童扶養手当による重い財政負担を強調し，離婚した夫の子どもに対する扶養義務を理由にして，生別母子世帯と死別母子世帯を同じように扱うことを疑問視する意見を出した。

1985年，児童扶養手当を受給できる所得の制限が強化され，全額支給と一部支給という手当額の2段階制が導入された。また国が全部の負担するのではな

く，新しく認定した受給者に関しては，給付金の一部を都道府県が負担することになった。

1980年代後半，いったんは受給者増加が収まったものの，1990年代半ばを過ぎると再び受給者は増加し2010年代以降100万以上で推移している（表8-1参照）。

1989年，手当額の改定に自動物価スライド制が導入され，1996年には支給対象を18歳未満の者から18歳に達する日以後の最初の3月31日までにある者，まで拡大された。一方，1998年，一部支給の所得制限が引き下げられ，児童扶養手当の受給要件は再び厳しくなった。

表8-1 児童扶養手当受給者の推移

年　度	受給者数（各年度末）
1975	251,316
1985	647,606
1995	603,534
2000	708,395
2005	935,966
2010	1,055,181
2015	1,037,645

出所：総務省統計局「政府統計の総合窓口」ウェブサイトのデータを基に筆者作成。

政府は，離婚の急増や母子家庭をめぐる状況に対応するため，2002年，児童扶養手当法，児童福祉法，社会福祉法，母子及び寡婦福祉法の改正を盛り込んだ母子及び寡婦福祉法等の一部を改正する法律を制定した。この改革によって，児童扶養手当全額支給の所得限度額は引き下げられ，一部支給の所得限度額は上げられたものの所得額に応じて10円刻みできめ細かく給付額を算出することになった。そのほか，給付額を算出する際，養育費の80％を所得として換算したり，受給期間が5年を超える場合は支給額の最大2分の1の減額が2008年より実施されることなどが決められた。

この改革の流れは，2002年の母子家庭等自立支援対策大綱に始まったものである。この改革の主眼は，児童扶養手当という給付政策から就労自立をめざすワークフェア型への変換と，母子世帯になった直後に集中的に対応することで早く自立してもらおうというもので，結果的には政府の財政負担を軽くすることにつながるものだ。関係法律改正の翌年には，母子家庭及び寡婦の生活の安定と向上のための措置に関する基本的な方針が策定され，母子世帯等の母の就業支援に関する特別措置法が出された。

この受給期間が5年を超えると減額されるという新しい措置に，当事者たち

171

からは強い反対の声が上がった。減額対象世帯は30万世帯といわれ、当事者団体の運動が繰り広げられた。そのかいあって、また参議院選で与野党逆転という政治的な背景も手伝って、与党プロジェクトチームは、「就業意欲のみられないもののみ減額する」と中身を変更し、2008年に児童扶養手当施行令の一部を改正する政令を出した。つまり、実質上、減額は行われないことになったのである。

現在、母と子ども1人の母子世帯で考えてみると、収入が130万円未満の場合は全額支給され、収入が130万円以上365万円未満の場合は、その一部が支給される。それ以上の場合は支給されない。また、児童扶養手当の額は消費者物価指数によって毎年改定される。2017年度の場合、全額支給は月額4万2,330円で、一部支給は4万2,320円から9,990円までの10円刻みである。児童2人目については月額5,000円、3人目以降については月額3,000円が加算される。

児童扶養手当の受給者数は、2015年度末現在で103万7,645人である。この数からみると母子世帯の非常に多くが、児童扶養手当を受給していることになる。児童扶養手当の給付額が十分かどうかは別にして、児童扶養手当が母子世帯の母親たちの命綱であることに間違いはない。

2) 生活保護

生活保護は、生活困窮者の救済のための制度である。生活保護制度には生活、住宅、教育、医療、介護、出産、生業、葬祭の8種類の扶助がある。これらは、年齢、世帯人数、住んでいる地域等によって給付額が変わる。

生活保護は、戦後の深刻な貧困問題に対処するため、1946年、生活保護法によって設けられた制度である。1949年には母子加算が導入された。この背景には、育児という特別な就労状態にあるものに対する加算は必要であるという当時の合意があり、厚生省（当時）も同様に考えていた。1950年には、困窮者に対する施策としてさらに充実させるべきだという考え方の下、改正法において、国家責任による最低生活保障の原理、無差別平等の原理、健康で文化的な最低生活保障の原理などが盛り込まれた。

しかし、1980年以降、不正に受給する問題が浮上し、受給者の道徳性による

選別が厳しくなっていった。1981年には，暴力団関係者による生活保護の不正受給事件の発生を原因として厚生省（当時）から123号通知が出され，生活保護を適正に実施することが求められるようになった。

1983年，厚生省監査指導課（当時）は，不正受給防止対策の推進とともに母子世帯に対する指導・援助の充実を重要課題として掲げた。これにより生別母子世帯は，不正受給者と並べられて問題視されるようになってしまった。生活保護を受給する母子世帯が，生活保護受給者全体に占める割合は，1985年の14.4％をピークに減少しはじめ，2014年には6.8％になった。つまり，生活保護受給者全体のなかで，母子世帯が占める割合は非常に低い。

一方，見方を変えて，母子世帯全体のなかで生活保護受給者がどれだけいるかみてみると，同年に14.8％となっている。これは他の受給群である高齢者世帯（6.23％）やその他の世帯（1.96％）と比べると高い。

しかし，いずれにしても以前から，母子世帯は生活保護を受給しても早く離脱させるべき対象とされてきた。また多くの母子世帯は生活保護の基準以下でも受給をせずに生活しているといわれている。なぜ，母子世帯は生活保護を受給しにくいのだろうか。まず，受給することにスティグマがつきまとい，生活保護を受けることが人生の落伍者のように世間から見られてしまうという心配が挙げられる。次に，生活保護申請の時に扶養義務調査があり，前の夫に居場所を知られたり，親族に迷惑をかけることを避けたい人は申請しにくい。また，ほんの少しでも預貯金があったり，保険に入っていても申請はできない。郊外では生活必需品の軽自動車を持っていたら，申請は無理だ。申請の時には窓口でさまざまなことを根掘り葉掘り聞かれることもある。生活保護を受ければ，住まいも家賃の低いところに限られる。

生活保護を受けずに自活し，生活保護基準以下で生活している母子世帯と，生活保護を受けて生活している母子世帯の収入のアンバランスから，生活保護を受けている母子世帯に加えられる母子加算を段階的に撤廃することが，2006年に厚生労働省から発表された。つまり，自活している母子世帯よりも，生活保護を受け母子加算のある母子世帯の方が生活水準が高くなるのは困る，とい

うことである。この決定は，およそ10万世帯に影響を及ぼすことが心配された。しかし，関係諸団体の働きや政治的な理由から，2009年12月より母子加算は復活することが決まった。

いずれにしても，生活保護が母子世帯の強い味方というわけではない。

3) 母子父子寡婦福祉資金貸付金

母子父子寡婦福祉資金貸付制度は，20歳未満の児童を扶養している配偶者のいない女性あるいは男性とその子どもを対象に貸付を行うものである。この制度は，母子福祉資金貸付等に関する法律に基づいて，1953年から始まった。2013年から父子も対象となり，母子父子寡婦福祉資金貸付金と呼ばれるようになった。

この貸付金には，事業開始資金，事業継続資金，修学資金，技能習得資金，修業資金，就職支度資金，医療介護資金，生活資金，住宅資金，転宅資金，就学支度資金，結婚資金がある。母子世帯のうち，この貸付金を利用したものは6.3％に過ぎない。およそ半数が不満を持っており，その理由として，貸付金額が低い，借入手続が繁雑といったことがあがっている。

4) 遺族年金

夫が亡くなった死別母子世帯への給付制度として，国民年金法や厚生年金保険法に基づく遺族基礎年金や遺族厚生年金がある。

亡くなった夫が国民年金加入者であった場合，18歳到達年度の末日（3月31日）に達していない子ども（一定の障害があるときは20歳未満）がいると遺族年金が支給される。

亡くなった夫が会社勤めで厚生年金に加入していた場合，子どもが18歳になった年の年度末まで遺族基礎年金と遺族厚生年金の両方を受け取ることができる。

なお，子どもが18歳の年度末に達した後は，65歳まで遺族厚生年金と中高齢寡婦加算があり，65歳以上になると遺族厚生年金と老齢基礎年金を受給できる。

5) 子育て・生活支援，就業支援，養育費の確保

1) で述べたように，2002年には母子及び寡婦福祉法等の関係法律の改正が

あった。これは，児童扶養手当中心の支援から，就業・自立に向けた総合的支援への転換を意味するものだった。そのために立てられた4つの柱が，子育て・生活支援，就業支援，養育費の確保，経済的支援である。これを受けて，2003年，母子世帯および寡婦の生活の安定と向上のための措置に関する基本的な方針が策定された。2012年には母子家庭の母及び父子家庭の父の就業の支援に関する特別措置法が成立した。

　ここでは，『平成27年度母子家庭の母及び父子家庭の父の自立支援施策の実施状況』にある子育て・生活支援策，就業支援策，養育費確保策についてみていこう。経済的支援はすでに1）と3）で触れているので，ここでは取り上げない。

　子育て・生活支援策としては，①母子・父子自立支援員による相談支援，②ヘルパー派遣・保育所等の優先入所，③子どもの生活・学習支援事業等による子どもへの支援，④母子生活支援施設の機能拡充などが取り組まれている。

　就業支援としては，①母子・父子自立支援プログラムの策定やハローワーク等との連携による就業支援の推進，②母子家庭等就業・自立支援センター事業の推進，③能力開発等のための給付金の支給などが行われている。

　就業相談・就業支援講習会・就業情報提供・母子父子自立支援プログラム策定といった具体的な就職支援策の推進により就業したもののうち，およそ5割は非常勤・パートである。能力開発策のうち自立支援教育給付金事業による実績も6割が非常勤・パートとなっている。なお高等技能訓練促進事業だけは，8割以上が常勤職を得た。

　養育費確保に関しては，①養育費相談支援センター事業の推進，②母子家庭等就業・自立支援センター等における養育費相談の推進，③「養育費の手引き」やリーフレットの配布が行われている。養育費を現在受け取っている母子世帯は19.7％に過ぎず，養育費の1世帯当たり平均は約4万円である。養育費確保については今後も行方を見守る必要があるだろう。

2　暴力と女性

　本節では，暴力に苦しむ女性の問題，とくに現在深刻な社会問題となっているドメスティック・バイオレンス（以下，DV）を取り上げる。
DVの実態とはどのようなものなのか，DVはどのようにして人々の知るところとなり，DV被害を受けた者に対してどのような救済がなされているのかをみていくことにする。

（1）DVの実態
　まずは，DVを経験した2人の女性の証言をみてみよう。

　「食わせてやっている」「何様だと思っているんだ」「お前なんかにできるものか」「俺と同じくらいの稼ぎがなければ認めない」「お前が悪い」「お前が，お前が」…夫の口から出るのは否定的で私を貶める言葉の羅列でしたので，自分は駄目人間なのだと危うく思いこまされるところでした。反論すれば「わかったようなことを言いやがって」と，とてもまともな話のできる状態ではありませんでした。〈関西　59歳〉（原田恵理子・柴田弘子編著『ドメスティック・バイオレンス女性150人の証言──痛み・葛藤そして自由へ』明石書店，2003年より抜粋）

　全身を殴っても気がすまず，一晩中どなりちらしていました。鼻血は止まらず鼻と頬の差がないくらいに腫れ上がり，全身にあざができ，殺されると思いましたが，その時は，それだけ愛されていると思い，別れることも考えませんでした。その後すぐ優しくなる。その優しさが本当のその人だと信じていたのです。ふだんは優しくてとてもいい人。私を一番で考えてくれる人。でも何かと理由をつけ殴ってくる。頭，手，足と外から見えないところを必ず。親にも友だちにも職場にもいえず，幸せなふりをして

第8章 困難を抱える女性と社会福祉

表8-2 DVの種類

暴力の種類	具体的内容
身体的暴力	小突く，拳骨や平手や物で殴る，蹴る，噛み付く，押す，つねる，つかむ，突き飛ばす，包丁を突きつける，刃物で刺す，物を投げる，髪を引っ張る，引きずり回す，タバコの火を押し付ける，首を絞める，腕をねじる，階段から突き落とす，熱湯など液体をかける等
精神的暴力	大声で怒鳴る，殴る素振りや物を投げつける素振りや言葉で脅す，ののしる，卑下する，無視する，発言権を与えない，人前で侮辱する，自尊心を低下させる，命令口調で言う，子どもおよび子ども以外の家族に危害を加えると言う，子どもおよび子ども以外の家族に身体的・精神的暴力を振るう，大事なものを捨てる，大事なものを壊す，食事について嫌がらせをする等
性的暴力	女性の望まない性行為・妊娠・出産・中絶を強要する，見たくないポルノビデオやポルノ雑誌を見せる，女性の胸や性器を傷つける，女性を性欲を満たす対象としてのみ扱う，子どもができないことを一方的に非難する，浮気をする，男性関係を疑う等
経済的暴力	女性の就業を妨害する，仕事をやめさせる，生活費を渡さない，生活をしていけないほどの少額しか渡さない，収入や財産について女性に知らせない，借金を重ねる，働かない，家計を厳しく管理する等
社会的暴力	外出の制限・禁止，友人や実家との交流の制限・禁止，手紙の開封・渡さない・監視，電話の禁止・監視，行動の監視・制限

出所：筆者作成。

いました。〈栃木　28歳〉（同上）

　はじめに証言した女性をD代さん，次に証言した女性をE菜さんと呼ぼう。D代さんが夫から受けた暴力は精神的な暴力である。E菜さんが夫から受けた暴力は身体的な暴力である。DVは，過去に「親密な」関係にあった，あるいは現在「親密な」関係にある者からの暴力である。暴力には，いくつかの種類がある。表8-2で内容を確認してみよう。

　このような暴力にはサイクルがある。先述のE菜さんの経験からもわかるだろう。この暴力のサイクルを理論化したのが，アメリカ人心理学者レノア・E・ウォーカー（Lenore E. Walker）だ。それによれば，表8-3（次頁）が示すように，暴力には，①緊張の蓄積期，②暴力の爆発期，③ハネムーン期といった周期がある。「ハネムーン期」のなかで，被害女性は，加害者をやはりいい人なんだと思い直したり，自分を必要としていると考えたりすることで，加害者から逃げ出すきっかけを失うことになる。しかし，しばらくするとまた「緊

177

表8-3　暴力のサイクル理論

〈第1段階〉緊張の蓄積期	次第に加害者の緊張が高まり、小言を言うことが多くなり、イライラし小さな暴力が起こる。
〈第2段階〉暴力の爆発期	抑制がきかなくなり、激しい感情と暴力が起きる。数分のこともあれば数時間以上続く場合もある。
〈第3段階〉ハネムーン期	加害者は謝罪し、急に優しくなり食事に誘ったり、プレゼントをしたりする。

出所：筆者作成。

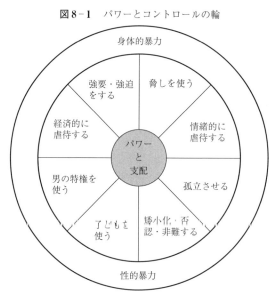

図8-1　パワーとコントロールの輪

出所：須藤八千代・原卓郎・山口佐和子ほか『女性福祉相談ハンドブック』名古屋市、2006年「図1　パワーとコントロールの輪」を筆者修正。

張の蓄積期」に入り、同様の過程が繰り返される。このサイクルのなかで女性は次第に自らの力を無くしていき、バタード・ウーマン症候群と呼ばれる状態に陥ることもある。これは、暴力を振るわれ続けた結果、自分は無力で無価値だと思ってしまったり、すべては自分のせいだと思い込んでしまうDV被害者特有の症状を指していう。

　研究の進んだアメリカでは、DVの構造がいちはやく解き明かされている。それはエレン・ペンス（Ellen Pence）とマイケル・ペイマー（Michael Paymer）

が考案した「パワーとコントロールの輪」（図8-1）による説明である。

「パワーとコントロールの輪」の車輪図で一番外側にあるのは，身体的・性的暴力である。その外輪を回りやすくしているのが内輪である強要，脅し，情緒的虐待，孤立させること，矮小化，子どもの利用，男の特権の利用，経済的虐待といった精神的暴力や経済的暴力である。そして車輪の中心でこれらの暴力の動力源となっているのがパワーとコントロールであり，それは男性の力の行使を可能にする社会の性差別構造を指している。

さて，このような性差別構造のなかにからめとられているDVの被害者は，現在私たちの住む日本に，一体どのくらいいるのだろうか。

2014年に内閣府から出された『男女間における暴力に関する調査』によれば，4人に1人の女性が被害を受けたことがあると答えている。11.4％が命の危険を感じていた。警察庁の調べによれば，毎年およそ3日に1人の割合で女性は，その夫に殺害されている。その数は，虐待で死亡する年間子ども数よりもかなり多い。またこの警察庁の調べは結婚している者に限られており，恋人による殺害は含まれていない。

（2）DVの社会問題化

日本においてDVに対する取り組みが本格的に開始されたのは，1990年代になってからである。1992年に，民間活動家，女性相談員，電話相談員，弁護士，研究者などからなる「夫（恋人）からの暴力」調査研究会が，フェミニスト・アクションリサーチ（女性固有の経験を明らかにし，解決をめざし調査することで，社会の改善意識を高めようとするもの）の方法を用いて，日本初のDV実態調査を行った。その結果，地域，年齢，職業が異なっても，多くの女性たちの経験に，「男性からの暴力」という共通点があることがわかった。つまりDVは個人的な問題ではなく，社会的な問題であることが裏づけられたのである。

1990年代，世界の潮流のなかでも，女性に対する暴力は大きな問題となっていた。1993年，国際連合で「女性に対する暴力の撤廃に関する宣言」が満場一致で採択された。1995年の北京女性会議では「北京宣言・行動綱領」が採択さ

179

れ，そのなかで，DVを防止し根絶するために総合的対策をとることが各国政府に求められた。1996年，国連特別報告者ラディカ・クマラスワミ（Radhika Coomaraswamy）は，『ドメスティック・バイオレンス特別報告書』のなかで，「女性に対する暴力犯罪に対する行動をとっていない国家は犯罪者と同様に有罪である」と記した。

　日本から北京女性会議に参加した女性グループの活動家たちは，その後，DVが国際的にも女性の人権侵害であると位置づけられていることに確信をもち，被害女性のためのシェルター作りに乗り出した。1998年は後に，シェルタームーブメントの年と名づけられたほどだ。シェルター数は，国内で2016年現在およそ115カ所といわれている。

　2000年2月，日本政府は，初のDV実態調査である『男女間における暴力に関する調査』を公表した。これに続いて各地方自治体も独自にDV実態調査を行った。2000年6月にはニューヨーク世界女性会議で「ニューヨーク政治宣言・成果文書」が採択され，そのなかでDV防止法整備が各国に求められた。このような①国際的圧力，②民間の活動，③日本におけるDV調査結果により，政府はようやく本格的にDV施策に取り組むことになった。

　2001年4月，配偶者からの暴力の防止及び被害者の保護に関する法律が成立した。同年10月に一部施行，翌年4月に完全施行となり，配偶者暴力相談支援センター，婦人相談員，婦人保護施設の規定についても具体的に実施されることになった。その後，3回の改訂を経て現在の配偶者からの暴力の防止及び被害者の保護に関する法律（2004年，2007年，2013年に改正）がある。法律ができたということは，DVが社会問題であるという一定の理解を得られたと考えてよいだろう。

（3）DV防止法

　ここでは，2007年に成立した配偶者からの暴力の防止及び被害者の保護に関する法律の重要な部分をみていこう。

　第1条では，まず，「暴力」と「配偶者」の定義がされている。「暴力」とは，

身体に対する暴力またはこれに準ずるような心身に有害な影響を及ぼす言動を指す。「配偶者」とは，事実婚の関係にあるものと離婚したものも含まれる。第2条では，国及び地方公共団体の責務が記されている。被害者の自立支援と適切な保護のために，国は基本方針を，都道府県はその基本方針に即した基本計画を定めなければならず，市町村も基本方針に即しかつ都道府県基本計画を考慮して，基本計画を定めるよう努めなければならないとされている。第3条では，「配偶者暴力相談支援センター」について規定されている。都道府県が設置する婦人相談所のほか，市町村が設置する適切な施設においても，配偶者暴力相談支援センターとしての機能を果たせるように努めるものと記されている。

配偶者暴力相談支援センターは，相談，医学的・心理的指導，被害者の一時保護のほか，被害者の自立のための就業の促進，住宅の確保，援護等に関する制度の利用等について，情報の提供，助言，関係機関との連絡調整その他の援助を行うこととしている。また配偶者暴力相談支援センターが民間団体と連携に務めることも盛り込まれている。

第6条では，配偶者からの暴力を受けている者（身体的暴力）を発見した場合，それを配偶者暴力相談支援センター，または警察に通報するように努めなければならないとあり，一般の人々も協力してこの問題の摘発に関わっていく必要があることが記されている。ほかに，医療関係者，警察，福祉事務所など被害者救出に深い関わりをもつところが迅速に適切な対応を取ることが求められている。

第10条から第22条では，保護命令について規定されている。保護命令を裁判所に申し立てることができるのは，被害者が，さらなる配偶者からの身体に対する暴力により，その生命または身体に重大な危害を受ける恐れが大きい時であるとされている。

保護命令対象は，被害者の申し立てによって15歳未満の子どもにも適用可能となっている。また被害者の親族その他被害者と社会生活において密接な関係を有する者も含まれる。

保護命令は，接近禁止命令としては6カ月間，退去命令としては2カ月と定めている。退去命令とは，被害者と共に生活した住居から退去すること及びその住居付近をはいかいしてはならないことをいう。

　接近禁止命令とは，被害者の身辺につきまとい，被害者の住居や勤務先そのほか日常行くような場所の付近をはいかいしてはならないことをいう。さらに具体的内容として，①面会を要求すること，②行動を監視していると思わせるような事項を告げ，またはそのことを知りえるような状態に置くこと，③著しく粗野または乱暴な言動をすること，④電話をかけても何も告げなかったり，連続して電話，ファクシミリ，電子メールをすること，⑤緊急の場合を除き午後10時から午前6時までに電話，ファクシミリ，電子メールをすること，⑥汚物，動物の死体そのほかの不快または嫌悪の情を催させるようなものを送付し，またはそれを知りえるような状態に置くこと，⑦名誉を害する事項を告げ，またはそれを知りえるような状態に置くこと，⑧性的羞恥心を害する事項を告げ，もしくはそれを知りえる状態に置き，またはその性的羞恥心を害する文書，図画その他のものを送付し，もしくはそれを知りえる状態に置くこと，が挙げられている。なお，接近禁止命令と退去命令は再度申し立てが可能である。

　第29条では罰則として，保護命令に違犯した者は，1年以下の懲役または100万円以下の罰金に処するとしている。

　2001年に成立した配偶者からの暴力の防止及び被害者の保護に関する法律，2004年に成立した改正法，そして先述の2007年成立の新改正法という一連のプロセスのなかで，いくつかの点が改善されてきた。それらは，被害者の保護だけでなく自立までを視野に入れた支援，都道府県のみならず市町村の基本計画策定，保護命令の拡充，市町村機能の強化などである。

　しかしながら，いまだ不十分な点は多い。まず，保護命令の対象となる暴力が生命への脅迫だけと限定してよいのか疑問が残る。どんな脅迫であろうと被害者の精神状態を著しく悪化させることに変わりはないはずだ。脅迫の概念の拡大が必要であろう。保護命令の期間に関しても問題がある。被害者視点に立って，一人ひとりの安全を考えるならば，保護命令期間は被害者によって異な

第8章　困難を抱える女性と社会福祉

ってもよいだろう。しかし何よりもそもそも期間が短すぎるといえよう。DV
対策の進むアメリカでは，3年から5年というところもある。

　また保護命令の申し立ては，被害者だけでなく，子どもや親族，被害者と密
接な関係にある者も申し立てできるようにするべきであろう。安全網は張り巡
らさなくてはならない。接近禁止命令については，直接的な加害者のみならず，
他の人を使って間接的に近づくことも命令の中身としていれるべきである。加
害者が女性友だちを使うなどして連絡をとろうとすることもあるからだ。

　発見者の通報に関しても，身体的暴力を受けている被害者だけに限ってよい
のだろうか。身体的暴力はふるわずとも，大声で怒鳴り散らしていたり，危険
な道具を使って脅していたとしたら，それは通報するに値する十分な暴力なの
ではないだろうか。

　また警察，公的福祉機関，医療関係者による2次被害の報告が後を絶たない[4]
現状を考えると，DVについてしっかりと理解をする研修を法的に義務化する
ことも考えられよう。DV防止法の課題はまだまだ山積している。

　さらにいえば，この法律はもともと婚姻関係を軸として作られていることか
ら，その関係にない加害者には法の適用が難しい。ただし2013年の一部改正で，
生活の本拠を共にしていれば法の適用が可能となった。

（4）デートDV

　先述したように，恋人同士に起こるDVは，現在のDV防止法の手の及ば
ないところにある。

　あるとき，ある民間シェルターのスタッフは，「主婦より大学生の方が大変
よ」と教えてくれた。彼女の言い分によれば，主婦ならば，加害者から逃れる
ために日本国内のどこか遠くに移り住むことは可能だが，大学生にはそれがで
きないというのだ。せっかく入試を突破して志望大学に入ったのに，大学を辞
めてまで，遠くに移り住むことは簡単には勧められないという。

　デートDVの被害は深刻である。内閣府の行った調査結果をみてみよう。こ
こでは女性の被害者に絞ってデータを拾っていく。20代から60代までの女性[5]

183

注：『だめんず・うぉ〜か〜』には、DV男がしばしば登場する。上記のシーンはそのDVを愛の証だと思ってしまう「だめんず」である。
出所：倉田真由美『だめんず・うぉ〜か〜』第1巻，扶桑社，2001年。

904名のうち，交際していた相手から，暴力を受けた者は19.1％ある。身体的暴行を受けた者が7.5％，心理的攻撃を受けた者が10.0％，性的強要を受けた者が4.2％であった。女性全体でデートDVの経験のある者のうち，25.4％は命の危険を感じたという。

このようなデートDVにより，心身の不調（26.6％）や不眠（12.7％），外出が

怖くなった（12.7％）の他，仕事やアルバイトを辞めたり休んだりした者が16.8％，引越しした者が6.9％，学校や大学を辞めたり休んだりした者が2.9％となっている。

このような被害を受けながらも，誰にも相談しなかった者が全体の4割を占める。相談先の半数は友人である。相談しなかった理由としては，相談するほどのことではないと思ったから，という回答が一番多い。相談先として，配偶者暴力相談支援センターや男女共同参画センター，あるいは民間の専門家や専門機関（弁護士，弁護士会，カウンセラー，カウンセリング機関，民間シェルター等）にアクセスしたものは各々わずか0.4％にすぎず，支援情報が十分に行き届いていないことが伺われる。

現在のDV防止法では完全にカバーできないデートDVであるが，法律的にはストーカー行為等の規制等に関する法律（2000年成立）が援用できる。[6] 何がデートDVで，どこに相談すべきか，どのように予防すべきなのか，DV問題をぜひとも教育に取り込んでいく必要性がある。

注

(1) 厚生労働省雇用均等・児童家庭局『平成23年度全国母子世帯等調査結果報告書』2012年。

(2) 厚生労働省雇用均等・児童家庭局家庭福祉課「ひとり親家庭の支援について」2014年3月（www.mhlw.go.jp/bunya/kodomo/pdf/shien_01.pdf，2017年11月2日アクセス）。

(3) メリー・デイリー，キャサリン・レイク／杉本貴代栄監訳『ジェンダーと福祉国家——欧米におけるケア・労働・福祉』ミネルヴァ書房，2009年。

(4) DV被害について相談した際に，「あなたにも非があるのでは」と責められたり，話をきちんと聞いてもらえなかったりするなど，相談・対応機関の不適切な接し方や仕事の進め方をいう。

(5) 男性被害者について言及すれば，20代から60代までの男性943名のうち，10代および20代の頃，交際していた相手から，暴力を受けた者は10.6％である。

(6) ストーカー規正法では以下の行為を禁止している。①つきまとい，待ち伏せし，進路に立ちふさがり，住居，勤務先，学校その他の通常所在する場所の付近等において見張りをし，または住居等に押しかけること，②その行動を監視していると思

わせるような事項を告げ，またはその知りえる状態に置くこと，③面会，交際その他の義務のないことを行うことを要求すること，④著しく粗野又は乱暴な発言をすること，⑤電話をかけても何も告げず，または拒まれたにもかかわらず，連続して，電話をかけもしくはファクシミリ装置を用いて送信すること，⑥汚物，動物の死体その他の著しく不快または嫌悪の情を催させる物を送付し，またはその知りえる状態に置くこと，⑦その名誉を害する事項を告げ，またはその知りえる状態に置くこと，⑧その性的羞恥心を害する事項を告げ，もしくはその知りえる状態に置き，またはその性的羞恥心を害する文書，図画その他の物を送付し，もしくはその知りえる状態に置くこと，が反復して同一のものに行われるとき，警察は警告することができる。これに加害者が従わない場合，公安委員会が禁止命令を発令することができる。

参考文献・資料

杉本貴代栄・森田明美編著『シングルマザーの暮らしと福祉政策——日本・アメリカ・デンマーク・韓国の比較調査』ミネルヴァ書房，2009年。

メリー・デイリー，キャサリン・レイク／杉本貴代栄監訳『ジェンダーと福祉国家——欧米におけるケア・労働・福祉』ミネルヴァ書房，2009年。

山口佐和子『アメリカ発DV再発防止・予防プログラム——施策につなげる最新事情調査レポート』ミネルヴァ書房，2010年。

厚生労働省雇用均等・児童家庭局『平成23年度全国母子世帯等調査結果報告書』2012年。

内閣府男女共同参画局『男女間における暴力に関する調査』2014年。

厚生労働省雇用均等・児童家庭局家庭福祉課母子家庭等自立支援室『平成27年度母子家庭の母及び父子家庭の父の自立支援施策の実施状況』2016年。

映画

「Dearフランキー」イギリス作品，2004年（カンヌ映画祭出品作品）。

CD

ベビーフェイス「ハウ・カム・ハウ・ロング」（アルバム「ザ・デイ」に収録）1997年。

サヴェージ・ガーデン「トゥー・ベッズ・アンド・コーヒーマシーン」（アルバム「アファメーション」に収録）1999年。

第8章　困難を抱える女性と社会福祉

資料8-1　デートDVチェックテスト

☆彼にあてはまる項目があれば，☑しましょう。

☐　機嫌が悪いと，すぐにものやあなたにあたり，怖いなと思いますか？

☐　あなたに頻繁に携帯にメールしたり，電話したりして，居場所を確認したり，返事を強要しますか？

☐　あなたに他の用事があって会えないとき，自分を優先してくれないとすねたり，怒ったりしますか？

☐　あなたのことを「バカ」，「うざい」，「きもい」，「ブサイク」といった人をおとしめるいやな言葉で表現したことがありますか？

☐　あなたの携帯をチェックし，異性の友だちからのメールやアドレスを消せと命令したり，勝手に消してしまったりしますか？

☐　あなたの友だちがだれで，どんなことを話しているのか，あなたの家族とはどんなことを話しているのか，必要以上に知りたがりますか？

☐　優しいときと意地悪なときの差がわりとあるほうですか？

☐　あなたが伝えたいことがあるときも，自分の関心がないと，「つまらない」というそぶりで，聞いてくれないことがありますか？

☐　けんかしても，原因はいつもあなたにあるように主張しますか？

☐　いろいろな約束を破ることが多いですか？

☐　あなたの服装や髪型に細かく意見を言いますか？

☐　あなたにひどいことをしたあと，とても優しくなったり，平謝りすることがありますか？

☐　あなたにセックスを無理強いすることがありますか？

☐　あなたの気が進まないことを，自分がやってみたいからと言って，結局あなたがやるはめになることがありますか？

☐　コンドームをつけて欲しいといいにくい雰囲気がありますか？

☐　あなたのことを，俺の女だと思っているふしはありますか？

☐　別れ話が出ると，死んでやるとあなたを脅すことがありますか？

☐　相手は気が短くてキレやすい感じがしますか？

☐　相手は自分が今まで経験してきた喧嘩や暴力を自慢げに話しますか？

☐　殴られたことがありますか？

★ひとつでも☑があれば，相手との関係を見直すチャンスかもしれません。

出所：筆者作成。

第9章	買売春・性の商品化

1 女性の人権とセクシュアリティ

　今まであまり取り上げられることがなかった女性の人権が主張されるようになったのは，1990年代に入ってからである。このような主張は，まず国連レベルで率先して行われたのだが，そこで取り上げられた女性の人権とは，セクシュアリティ（生物学的なセックスだけでなく，社会的・文化的な側面を含む広義な性の概念）に関連する事柄に集中していた。具体的には，女性に対する暴力，セクシュアル・ハラスメント，買売春，リプロダクティヴ・ライツ等についてである。つまり，その大部分がセクシュアリティに関連した女性の権利——いわば性的権利を意味している。女性だけに存在する身体や性の問題を女性自身の問題として語ることは女性解放運動の重要な主張の一つであり，1960年代から主張されてはいたのだが，1990年代に入ってやっと女性の人権の問題として認識されたのである。その背景には，最も表面化しにくいセクシュアリティに関する問題が取り上げられるためには1990年代という「時間」が必要であったこと，また国連レベルで問題化したことは，これらの問題の多くは貧困問題と結び付き，また国際情勢の複雑化の結果である深刻な人権侵害として表層化したことがある。具体的には，ボスニア・ヘルツェゴビナでの戦争の場での性暴力，アジアでの買売春問題，「従軍慰安婦」問題，アフリカの一部地域で行われている女性性器切除（Female Genital Mutilation：FGM），リプロダクティヴ・ヘルスや生殖革命をめぐる問題等である。

　このような女性の人権が取り上げられたのは，1990年代前半に開催された一連の国際会議であった。まず，1993年6月にウイーンで開催された25年ぶりの

189

世界人権会議は，「ウイーン人権宣言と行動計画」のなかで女性の権利について明記した。同宣言は，「女性の人権は，普遍的な人権の不可侵で不可欠な部分である。女性が国家，地域，国際のレベルで，政治，公民，経済，社会，文化生活に十分に平等に参加し，性にもとづくあらゆる差別をなくすことは，国際社会の優先課題である」と表明し，「世界人権会議は，女性に対する公的および私的な暴力の撤廃，あらゆる形態のセクシャル・ハラスメント，女性の搾取と売買の根絶，司法の運営におけるジェンダー的な偏見の根絶，女性にとって有害な伝統的あるいは因習的な慣行，文化的偏見および宗教的な極端論のあいだで起こりうるあらゆる対立の根絶に向かって努力することの重要性を強調する」と言及した。この宣言を受けて国連は同年12月に，「女性に対する暴力撤廃宣言」を採択した。ここに意味する女性に対する暴力とは，夫からの暴力，職場におけるセクシュアル・ハラスメント，強姦，ポルノグラフィ，買売春を含有する幅広い概念である。

　1994年9月には，カイロで国際人口開発会議が開催され，女性のリプロダクティヴ・ヘルスが議論の焦点となった。また，1995年9月に北京で開催された世界女性会議では，上記のセクシュアリティに関連する諸問題が集約して取り上げられ，北京から世界へ向けて発信された。

　本章では，このような女性の人権――性的権利――の焦点の一つである買売春問題について取り上げることにする。

2　売春防止法の成立と施行

（1）売春防止法と婦人保護事業

1）売春防止法成立までの経緯

　江戸時代から連綿として続いている公娼制度を廃止するため，明治期から日本基督教矯風会や救世軍によって廃娼運動が展開されたが，その目的は第二次世界大戦後10年以上が経つまで達成されることはなかった。公然と女性の性を売買する公娼制度は，人身売買をともなって明治以降にも引き継がれ，都市の

第9章　買売春・性の商品化

一画に公娼地帯（遊廓）が設けられ，そこでは売春業者たちが公然と，金銭で拘束した女性たちに売春をさせて利益を上げていた。

　第二次世界大戦が終わると，売春をめぐる状況は錯綜する。1946年には，GHQ から公娼の存続はデモクラシーの理想に反するので，公娼の存在を直接・間接に許容する一切の法令を無効にする「公娼制度廃止に関する覚え書き」が日本政府に出された。また，当時の社会情勢に照らして公娼制度は廃止した方が良いので，貸座敷・娼妓は自発的に廃業させるけれども，私娼としての営業は許容する，という内容の「公娼制度廃止に関する件」という内務省保安部長通牒が各警察署長宛に出された。

　しかし，性病の蔓延，風紀びん乱への危惧から発せられた各省次官会議の決定である「私娼の取締並びに発生の防止及び保護対策に関する件」により，売春地域を限定して公娼を温存させることになる。つまり売春はやむを得ないものであり，性病の蔓延を防止することを理由として，特殊飲食店を指定して警察の特別取締区域とすることを認めたのである。元の遊廓地帯が地図上で赤線によって囲ったことから「赤線」，それ以外の私娼地帯は青線で囲ったために「青線」と呼ばれるようになっただけで，実質的には公娼制度は維持された。むしろ，日本中が焼土と化し，住まいや働き手を失って生活難に苦しむなかでやむなく街娼となる女性たちも出現した。性病取り締まりのために特定地域以外での売春は禁じられているので，私娼である彼女たちは取り締まりの対象として，しばしば行われた「パンパン狩り」によって検挙された。検挙された女性は，3 日間病院に収容され，性病の検査が行われたという。

　このような社会情勢のなかで，売春防止法成立の気運は高まった。女性に参政権が与えられたこと，それにより多くの女性議員が誕生したことが転機となった。衆参婦人議員団が発足したのが1953年，売春禁止期成全国婦人大会の開催が1954年，何度も国会に提案されては廃案となった売春防止法がやっと成立したのは1956年 5 月であった。同法は約 2 年間の準備期間をおいて，1958年 4 月 1 日から完全施行された。

　しかし同法は，売春そのものの禁止ではなく，「売春を助長する行為等」を

191

罰すること，売春を行った者は罰するが買春をした男たちは罰しないため，
「ザル法」と批判された。しかし，同法は第1条で，「売春が人としての尊厳を
害し，性道徳に反し，社会の善良な風俗を乱す」と規定し，国家が売春を
「悪」と認めたことは評価できる。売春防止法とは，①売春を行った者に対す
る処罰事項，②売春を行う恐れのある者に対して婦人保護事業を行う，という
2本建ての法律である。婦人保護事業とは，婦人相談所・婦人相談員・婦人保
護施設という3本柱からなる事業である。婦人保護事業自体は，明治期以降の
廃娼運動にともない，婦人救済事業として実施されてきたが，それは民間社会
事業として実施されていたにすぎない。売春防止法が成立したことにより，初
めて法的に位置づけられたのである。売春防止法施行当時は，全国で売春に従
事する業者1万5,000人，そこで売春に従事する女性が5万6,000人いたといわ
れ，婦人保護事業の目的の第一は，その女性たちの行き所や生活手段を確保す
ることであった。

2) 婦人相談所を中心とした婦人保護事業の展開

　婦人相談所は，各都道府県に1カ所の計47カ所（東京都は2カ所）設置され，
問題を抱えた女性の相談に乗り，必要な指導・判定を行う。また，婦人相談所
は一時保護の施設を併設し，保護，行動観察，短期間の更生指導などを行う。
婦人相談員は，婦人相談所，福祉事務所，市役所等に配置され，婦人相談所を
中心とした関係機関と連絡をとり，問題を持つ女性の相談に応じ，必要な指導
を行う。売春防止法施行当時には，468人が婦人相談所に配置された（現在は
1,415人──2016年）。婦人保護施設は，婦人相談所の所長の行う保護の決定に基
づき，保護を必要とする女性を入所させ，社会復帰に必要な生活訓練，職業指
導等を行う施設である。売春防止法施行直後は65カ所であった（現在は48カ所
──2016年）。

　当時の婦人相談員は，活動の第一戦に立っていた。売春防止法施行直後の活
躍をいくつかの資料から知ることができるので，そのなかから活動の実態を紹
介しよう。彼女たちの仕事は，赤線などをはじめとする集娼地区へ足を運び，
ビラをまき，あるいは集会を開いて，また一軒一軒訪ねて法律を知らせ，自由

になれることを知らせること，仕事の斡旋，医療や生活費の相談と援助，施設入所，住居の世話，結婚相談，貸付金（婦人更生資金）の手続きなどを伝えること，前借金を負っている場合は棒引きにする交渉などであった。

> 「従業婦の方々の身のふりかたについて，婦人相談所，福祉事務所，婦人相談員が赤線地区（売春地域）に出向き，個々に当たり助言，転業，廃業の話を具体的に進めていきました。当初，毎日のように訪ね歩いたものでした。町を通る私の姿を，2，3人の立ち話のなかで『売春防止法が通った』と背に浴びせる嬌笑もしばしばでした。完全廃業の昭和33年3月15日は，朝早くから各楼をまわり，彼女たちの荷物の荷造り，荷札書き，部屋の整理を手伝いました」⁽¹⁾

このような婦人保護事業が，売春防止法施行直後はもとより，その後も同法に抵触した女性の社会復帰や，それを未然に防止するために果たした役割は大きい。しかし，時代が経つと，次第にその役割が変化する。1990年代に入ると，婦人保護事業の見直しが取り沙汰されるようになる。その理由として，まず売春防止法による検挙件数・人員が，年を追うごとに減少したことがある。それは1959年を100とすると，1993年の検挙件数は22.1%，人員数は88%である。それにともなって婦人保護事業の対象者が，直接的に売春問題を抱えていることはきわめて少なくなった。婦人相談所に来所した相談者を，その抱える問題別に分類した厚生労働省雇用均等・児童家庭局の統計によると，相談の主訴は，「家庭の問題（夫の暴力・酒乱，離婚問題等）」が77.5%と，「売春問題」は1.7%でしかない（「平成27年度婦人保護事業実施状況報告の概要」）。このように統計的数字を見る限り，婦人保護事業の対象は「売春ケース」が減り，「一般ケース」が増加した。婦人保護施設の総数も時代が下がると減少し，在所率も低下するのだが，それはこの傾向を裏づけている。

このような状況の変化は，買売春問題は社会構造的に出現する社会的問題であるとの認識から，「一部の」「特殊な」問題であるとして，婦人保護事業の役

割が希薄化される。そしてこのような傾向は，1980年代から進行した臨調・行財政改革の流れのなかで予算カットされる理由とされた。2001年に配偶者からの暴力防止及び被害者の保護に関する法律（以下，DV防止法）が制定され，婦人保護事業にDV対策という新たな政策の受け手としての役割が課せられたのには，婦人保護事業の対象の変遷という背景があったのである。現在，婦人保護事業は売春防止法とDV防止法によって規定され，要保護女子の転落の未然防止と保護更生を図ること，DV被害者である女性の保護と自立支援を図ることとされている。

（2）「新たな」性風俗の登場

　しかし，売春防止法による検挙数が減少したからといって，買売春問題が減少したとはいえない。従来からの買売春問題に加えて，「新たな」買売春問題が進行した。一般家庭の主婦や年少者を含んだ幅広い層に買売春問題が及んでいること等，多様化・潜在化が進んでいる。また，これまでの買売春に関する考え方や法律では対応できない問題も出現した。

　まずは売春防止法施行以降，売春を行う性産業は消滅したのではなく，風俗営業に形を変えて存続した。売春防止法施行直後には，トルコ風呂（当時の名称）と呼ばれた個室付き浴場（ソープランド）が急増した。売春防止法施行によって350年の歴史を閉じるはずだった吉原は，一大ソープランドYOSHIWARA（国際的に通用する用語である）となったのだ。今も吉原は一大性産業地域である。ソープランドの前身はトルコ風呂と呼ばれた特殊浴場であるが，そのはじめは1951年，まだ赤線があった時代に営業を開始している。赤線業者は1958年3月31日をもって廃業したが，7月には吉原に初のトルコ風呂が開店し，今日に至る隆盛の路線が敷設された。

　ソープランドだけでなく，「新たな」性風俗が出現したのは，1980年代に入ってからであろう。「愛人バンク」の第1号が出現したのは1982年。この新風俗は，妻子ある中年男性と若い女性の交際を描いた吉行淳之介の小説『夕暮れまで』をヒントにして，「夕ぐれ族」と名づけられた。しかし，1983年に経営

第9章　買売春・性の商品化

者が売春防止法違反により逮捕されたことにより，より「安全な」方法を取る
ようになる。

　「安全な」方法が取られるようになったのには，いわゆる新風俗営業法の影
響もあっただろう。新風俗営業法とは，それまでの風俗営業等取締法を大幅に
改正した風俗営業等の規制および業務の適正化に関する法律のことで，1985年
2月に施行された。改正の主旨は，「性非行防止」「有害環境の浄化」であり，
行政や警察の取り締まり権限を強めることにあった。その新風俗営業法対策と
して，風俗関連営業とされていないテレフォンクラブが登場したのである。世
界で最初の「テレクラ」が新宿歌舞伎町にオープンしたのは1985年。年末には
歌舞伎町だけで40軒を超え，翌1986年夏には，都内だけで120軒に激増した。
同年11月にNTTが伝言ダイヤルサービスを開始したが，翌1987年には早くも
伝言ダイヤルのテレクラ的利用がマスコミの話題となった。1989年にNTTが
開始したダイヤルQ2サービスも同様であった。以後，直接的な買売春から，
電話を介在させた「現代的な」買売春の構図ができあがっていったのである。

　1990年代に入ると，女子高校生（または中学生も含むらしい）のH系アルバイ
トが，度々マスコミに取り上げられるようになる。H系アルバイトとは，下着
や靴下やブルマーを売ることから，売春またはそれまがいの行為である「援助
交際」を含むアルバイトのことである。このような「新たな」性風俗の出現は，
売春の低年齢化と今日的様相の象徴でもある。誰が最初に名づけたのか，「援
助交際」とは言い得て妙なネーミングである。それは売春と買春の間に存在す
る一方的な縦の力関係を曖昧にし，かつ，「性の商品化」を脱して「性の自由
化」へと移行したような錯覚を起こさせる。（多くは）伝言ダイヤルという方法
を使った間接的かつ簡単なものであるということ，年齢が今までになく低年齢
化していること，普通の女子高生による「自主的な」「気軽な」ノリの買売春
というところが，「現代的」といわれるゆえんであろう。新宿区の婦人相談員
を長く勤めた兼松佐知子はその著書のなかで，貧困だけを理由としない1970年
代の「新たな売春問題」の実態について記述しているが，1990年代以降の買売
春は，明らかにそれとも異なる「新しさ」である。さらにインターネットによ

195

る，いわゆる「出会い系サイト」が出現すると，買売春と交際との境界は更に
曖昧になり，法規制の及ばない領域に侵出して今日に至っている。

3　買売春と国際問題

（1）買春ツアーと「じゃぱゆきさん」問題
　上記のような「新しい買売春問題」が国内問題だとすると，もう一方に買売
春の国際問題がある。一つは，南北の経済格差の上に生じた国際間にわたる労
働力や人の移動が女性に及ぼした問題，もう一つは，国際的な関心となった
「従軍慰安婦問題」である。
　買売春が「悪いこと」ではなく，「必要悪」としてとらえられることが多い
日本的風土では，買売春が人権問題としてとらえられるためには，少なくとも
1980年代という時間が必要であった。日本において買売春が社会的な問題とし
て取り上げられたのは，東南アジアへの買春ツアーへの国際的な非難を契機と
してであった。高度経済成長を遂げた日本の経済格差を背景として，日本人男
性が大挙してアジアへの買春ツアーに出かけるようになったのは1960年代末か
らであり，それはまず台湾から始まり，1973年の台湾との国交断絶により韓国
へのツアーが増加し，その後タイ，フィリピンが主流となった。それらに対す
る国際的な非難は，1981年1月にマニラを訪問した当時の鈴木善幸首相に向け
て，1,000人以上の参加者によって「アジアに対するセックス・ツアー反対集
会」が開かれたのが始まりであった。その結果，日本の旅行社もマニラへの送
客を控えるようになり，1981年以降には日本人観光客は4分の1に減少した。
しかし，買春を生み出す経済構造・文化構造は依然としてそのままで，買春ツ
アーはその行き先を韓国へ変えるなどして継続され，また国内問題化して継続
されている。
　買春を奨励する内容であるとして問題になった『タイ買春読本』（データハウ
ス社，1994年）が，女性団体やタイ政府から抗議されたにもかかわらず，改訂
版の発行を重ね，2万部も売り上げたことは日本人男性の買春に対する意識の

低さを表していると言えるだろう（1996年に絶版となった）。

　日本で外国人労働者の問題が顕在化したのは、経済発展と好景気により、労働力不足が表面化した1980年頃からであった。このこと自体は、なにも日本特有の現象ではなく、給与水準の高い先進工業国——ドイツ、フランス、アメリカ、スウェーデンなど——が外国人労働力に依存する経験と共通する問題である。しかし、上記の買春ツアーの「自粛」の結果として、風俗関係での労働を目的とした外国人女性労働者が大量に流入するようになった点については、日本独特の状況といえる。

　1980年代後半になると、外国人女性労働者の独特の傾向が明らかとなる。例えば1986年を例に取ってみると、フィリピンからの女性入国者にその特徴をみることができる。同年、来日した202万人の外国人のうち、100万人強がアジアからの入国者であった。うち90.8％が、最長90日の短期滞在、いわゆる観光、商用、親族訪問などを目的とした入国である。東京ディズニーランドのパックツアー、秋葉原電気街を目的とする買物ツアーはもちろん、当時「じゃぱゆきさん[3]」といわれた出稼ぎ女性労働者もこのビザで入国する。

　アジア地域からの入国者の推移を見ると、男女の総数では、台湾、韓国、フィリピン、中国、マレーシア、香港、タイの順であるが、これらの国々のうち、台湾とフィリピン以外の国は、いずれも男性の入国者数が女性のそれを上回っている。台湾とフィリピンだけが女性の入国者が男性を上回っているのだが、台湾の場合、数において女性の入国者が男性を上回っているとはいっても、男女入国者数はほぼ同数に近い。また多くの女性入国者はその年齢層が25〜39歳と幅広く、ほぼ均等に分布している。

　このような台湾の入国者と比較して、フィリピンの場合はまず第一に、数のうえで女性入国者は男性の3倍近い。またそれらの女性入国者は20〜24歳層を筆頭に、25〜29歳層、15〜19歳層の順に集中している。無論、この数字に現れた入国者数がそのまま出稼ぎ労働者を現しているわけではないが、明らかに独特の傾向をフィリピンにみることができる。フィリピンでは、他の多くの発展途上国と同様に、失業や不完全就業の問題がきわめて深刻であり、1979年以来、

第二次石油危機に端を発した長期的世界不況のあおりを受けていたが，1983年
8月のアキノ暗殺事件を契機としてその経済矛盾が一気に露呈し，多くの海外
出稼ぎ者を生むことになった。今日では，買春ツアーは一時と比べて鳴りを潜
めたけれども，依然として存在する日本の買春文化が，このような出稼ぎ女性
労働者の受け皿であり，支え手なのである。

（2）「従軍慰安婦」問題

　戦争中，日本軍が自国の女性ばかりでなく，植民地や占領地の女性たちを
「従軍慰安婦」[(4)]として連行し，強制的に兵士の性の相手をさせたことが社会的
な問題となったのは，1990年代に入ってからである。それ以前には「従軍慰安
婦」問題に限らず取り上げられることが少なかった女性の人権問題が，フェミ
ニズムの成熟の影響により，国連を中心として取り上げられるようになったこ
と，戦後50年以上を経て被害者である元「従軍慰安婦」自身の発言がみられる
ようになり，運動が活発化したことがその理由としてあげることができる。

　「従軍慰安婦」問題が頻繁に人々の目に触れるようになるのは，1991年の金
学順（キムハクスン）さんのカミングアウトからである。彼女に続いて多数の
被害者が名乗りをあげ，ここにきて「慰安婦」問題はやっとオモテ舞台で議論
される社会的問題となった。これらの証言から，「徴収，移送，管理において
強制があったのか」「加害の責任が日本軍にあったのか，民間にあったのか」
が議論の焦点となった。日本政府は1993年8月の河野官房長官（当時）談話に
おいて，総じて強制があったことを認めることとなった。しかし，「加害の責
任が日本軍にあったか」どうかは曖昧であること，またサンフランシスコ条約
と2国間条約で賠償問題はすべて終わったとする日本政府の立場により，被害
者とその支援団体が強く要望していた個人への賠償を行わずに，1995年に「女
性のためのアジア平和国民基金」を発足させて民間から募金を集めて被害者に
渡すこととした。

　国連の対応としては，国連人権委員会が1992年以来4年間にわたって調査と
検討を重ね，1996年2月に女性への暴力に関する特別報告者ラディカ・クマラ

スワミ（Radhika Coomaraswamy）氏が「慰安婦」問題報告書を提出した。その
なかで，日本政府は被害者への法的責任があること，賠償すべきであることを
勧告した。1997年度から使用される中学校歴史教科書の 7 冊全てに「従軍慰安
婦」の記述が載ることが決まったのは，このような背景があってのことであっ
た。

　しかし，1996年の 6 月には自民党有志116人が「明るい日本・国会議員連盟」
を結成し，教科書への「慰安婦」の記述への反対運動を始めた。奥野誠亮・板
垣正岡氏の「慰安婦は商行為だ」という発言がひんしゅくを買ったのはこの時
期である。同年12月には「慰安婦」問題を教科書に載せることに反対する「新
しい歴史教科書をつくる会」が発足した。このような動向の底辺には，売春は
「必要悪」という考えが存在することは否定できない。女性に対する蔑視，ア
ジア諸国に対する蔑視，という二重の蔑視が働いている。

　「女性のためのアジア平和国民基金」が行う償い金の支給や医療・福祉支援
事業は，2007年度末をもって終了した。それにともなって基金自体が2008年 3
月で解散した。韓国や台湾では，日本に対し法的責任と国家補償を求める運動
の影響が強く，基金による償い金を受け取るべきではない，基金を受け取らな
ければ現金を支給する，と表明したために，韓国では半数以上の元「慰安婦」
が受け取りを拒否したりと，その実施は基金設立当初の計画とは異なる結果と
なった。

　なかなか決着を見ない同問題を進展させるために，2015年12月に，新たに日
韓外相会談において結ばれたのが「慰安婦問題日韓合意」である。合意では，
慰安婦問題を「最終的かつ不可逆的に解決する」ことが確認された。合意に盛
り込まれた元慰安婦を支援する韓国の財団が2016年に立ち上げられ，日本政府
が送った10億円を元に現金を支給する事業が始まっている。しかし韓国の政局
の不安定化をはじめとして，事態はなかなか進展していない。ソウルの日本大
使館前に立つ少女像の移転は更に難しくなったようである。根本的な解決を図
るためには，日韓双方の歩み寄りと理解が必要なのである。2017年 5 月に新大
統領となった文在寅氏は，日韓の慰安婦問題の合意について「再交渉する」と

公的に宣言した。今後の展開が注目されるゆえんである。

4 買売春をなくすために

(1) 婦人保護事業の現状

先述したように，売春防止法により確立された婦人保護事業は，「古典的な売春」の減少と女性が抱える社会的な問題が多様化したことにより，次第にその業務の中心が買売春からさまざまな問題を扱うように変化した。さらに2001年にDV防止法が施行され，すべての婦人相談所は「配偶者暴力相談支援センター（DVセンター）」機能を付置され，ドメスティック・バイオレンス被害者の相談・一時保護が婦人相談所が取り扱うべき業務に位置づけられた。それによって婦人相談所は，売春防止法による婦人保護事業と，DV防止法によるDVセンターの両機能を併せ持つこととなった。現在では，婦人保護事業とは次のように規定されている。

「婦人保護事業は，売春防止法に基づき，性行または環境に照して売春を行うおそれのある女子（以下「要保護女子」という）についてその転落の未然防止と保護更正をはかること，および配偶者からの暴力の防止および被害者の保護に関する法律に基づき，配偶者からの暴力の被害者である女性（以下「暴力被害女性」という）の保護を図ることを目的として，社会環境の浄化，配偶者からの暴力の防止等に関する啓発活動を行うとともに，要保護女子および暴力被害女性の早期発見に努め，必要な相談，調査，判定，指導・援助，一時保護および収容保護を行うなど，幅広く女性の問題に対応している」（婦人保護事業実施要領）

また，2004年には人身取引被害を受けた外国籍女性の保護も婦人相談所の新たな業務に加えられたため，現在の婦人相談所には，「要保護女子」「暴力被害女性」「人身取引被害女性」に対する支援が求められている。

200

第9章　買売春・性の商品化

　それでは現在，婦人相談所における買売春に関する相談・保護等は，どのよ
うになっているのだろうか。まず最近の資料では，婦人保護事業のなかで買売
春問題に言及しているものはほとんどない。例えば，毎年，厚生行政に関する
報告をする「厚生労働白書」には，「婦人保護事業」の項目がない。婦人相談
所や婦人相談員についての既述はあるが，それらは DV 防止対策の概要につい
てのなかで記述されているだけである。もともと，近年は婦人保護事業につい
ての記述が少なかったのであるが，DV 防止法以降はその傾向が顕著である。
数少ない資料から婦人保護事業の現況を見てみよう。

　婦人相談所・婦人相談員の相談受付件数（来所・電話相談合わせて）は，近年
では毎年増加している（2003年：22万4,004件，2005年：24万9,382件，2007年：25万6,749
件，2015年：139,836件）。どういう経路で相談に来たのか別に見ると，「本人自
身」が最も多く，いずれの年も総数の約8割を占める。ちなみにその他の経路
では，「福祉事務所」「縁故者・知人」「他の相談機関」「警察関係」が比較的多
いが，それでも各3〜4％を占めるに過ぎない。

　しかし，これら増加傾向にある相談件数とは，前述したように DV 関連の相
談が多くを占めている。婦人相談所・婦人相談員における相談総数（来所相談）
のうち，夫等の暴力の相談件数が占める割合は，2003年：25.6％，2005年：
28.9％，2007年：30.7％，2015年：58.3％であった（各年の婦人保護事業実施状況
報告の概要等を参照）。

　婦人相談所による一時保護を見ると，DV を理由とする割合がさらに高くな
る。一時保護された人のうち，夫等の暴力を入所理由とする人の割合は，2003
年：66.6％，2005年：68.8％，2007年：70.2％，2015年：72.7％である。

　では，婦人相談所・婦人相談員の相談件数のうち，どれぐらいが売春関連か
というと，2015年度の場合で，来所による相談総数1万3,300件のうち，主訴
が「人身取引・売春強要など」に分類されているのは225件であり，来所相談
全体に占める割合は1.7％と少ない（「2015年度　社会福祉行政業務報告」）。

　では，目を転じて，売春関連事犯の統計を見てみよう（図9-1，次頁）。売
春事犯の送致件数は，1959年の2万2,954件をピークに減少傾向にある。1983

201

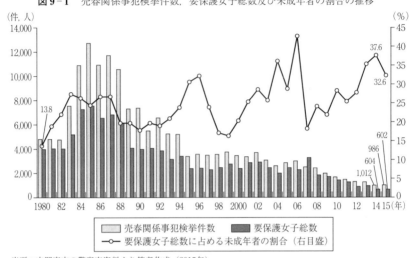

図 9-1 売春関係事犯検挙件数，要保護女子総数及び未成年者の割合の推移

出所：内閣府内の警察庁資料より筆者作成（2015年）。

年から1989年にかけて一時増加傾向にあったのは，先述したようにこの時期，女性を客のもとに派遣し買売春を斡旋する「愛人バンク」や「デートクラブ」が登場したことによる。それ以後減少を続け，2015年は986件であった。1959年には，1万9,883人であったことと比べると，検挙された「要保護女子」が大幅に減少していることがわかる。しかし一方で，「要保護女子」総数に未成年の占める割合は高く，1959年の11.1％から，2015年には32.6％に上昇した。これらの統計からわかることは，売春関係事犯の送致件数と「要保護女子」の数は確かに減少した。しかし，それは買売春自体が減少したというよりも，買売春の形態が多様化・潜在化したこと，それにより取締が困難になったとも言えるだろう。

このように婦人相談所では，暴力被害女性の保護・支援については積極的な取り組みが行われつつあるが，買売春に関わる「要保護女子」については積極的な支援が行われているとは言い難い。DV防止法ができる以前は，売春問題に対応すべき婦人相談所や婦人相談員が，その援助の対象を「要保護女子」を超えて暴力の被害女性に拡大して対応していたこと，民間レベルでは草の根的

なグループや組織が暴力被害女性を対象とした相談事業やシェルターを運営して公的制度を補っていたという経過があった。DV防止法が成立したことによって、暴力被害女性への対応の困難はかなり解消されたといえる。婦人保護事業以外の援助の制度も整った。しかしその反面、本来の業務であった「要保護女子」への取り組みは消極的になった。このことは、現在の売春防止法では現状の買売春を取り締まることができないこと、また取り締まるだけでなく、支援・保護のあり方にも新たな方策が必要だということを意味している。

（2）女性の人権の確立を阻むもの──性の商品化

　買売春問題をなくすための取り組みとは、婦人相談所をはじめとする婦人保護事業が対応するだけではなく、広範な範囲で取り組むことが必要である。それら広範な取り組みとは、買売春を生み出す土壌となる女性の人権の軽視──性の商品化──を問うことも含まれる。

　性の商品化とは、女性を性の対象として商品化し、利潤追求の道具とすることであるが、大きく分けて二つある。一つは、性に基づく身体そのものが商品として売買される場合で、典型的なものが買売春である。もう一つは、性の表象が商品化される場合で、典型的なものとしてポルノグラフィ、アダルトビデオがあげられる。性に関わる女性の身体やその一部を強調して扱うミスコンテスト、テレビCM、ポスター、イベントなどさまざまな形態も性の商品化であるといえる。性が商品として扱われる背景としては、男性が買い手、女性が売り手になるという性差別社会の構図があるからである。その結果として私たちは、毎日、いたる所で、子どもの頃からシャワーのように性の商品化を浴び続けていることになる。

　今日の社会では、性に対する解放意識がより一層強くなり、一時ほどには性の商品化が問題にされることが少なくなったようである。例えば、1980年代にはミスコンテストやポルノグラフィが批判の対象とされたのだが、最近ではあまり批判を耳にすることがない。また、性に対する考え方も多様化し、「セックスワーク論」も出現した。一部の売春女性たちが主張する、売春行為の違法

性を否定し，労働行為として売春を社会的に承認させていこうという論である。売春行為は，社会の正当な性規範からは逸脱しているとしても，労働力の商品化を前提とする現代社会においては，自分の身体を使ってお金を稼いでもいいはずであり，売春が悲惨なものであるのは，売春行為が違反とされるからであり，売春女性を苦しめるこのような社会環境をこそ改善すべきであると，「性＝人格」論に反論する。しかし，性と人権は切り離すことができないし，売る女性の人権を侵害しない「性の商品化」がそうあるとも思えない。

　現代社会に増加しつつある広範な性の商品化を問うこと，放置しないことが，「女性観」「社会観」を再考することになる。女性の人権という視点から，買売春を含む性の商品化が問い直されなければならない。

注

(1)　林千代編著『「婦人保護事業」50年』ドメス出版，2008年を参照。

(2)　1984年にトルコ人青年が，事実上の売春施設に自国の名が付いていることに，トルコ大使館を通じて苦情を申し出たため，業者がソープランドと改名した，という経過がある。

(3)　「じゃぱゆきさん」という呼称は，外国人女性労働者に対する蔑称であり，使用を自粛すべきものであることを断っておきたい。このことは，1988年5月に開催された，市民団体「フィリピン問題資料センター」による外国人労働者問題の全国集会で確認された。

(4)　「従軍」という言葉は，「自ら進んで軍についていった」というイメージを与えるし，「慰安婦」という言葉も，実際には慰安などという生やさしいものではなく，性的奴隷であったという事実とは異なる名称である。そのため，通常使用されている用語であるが，「従軍慰安婦」と「」を付けて使用する。

参考文献

兼松佐知子『閉じられた履歴書──新宿・性を売る女たちの30年』朝日新聞社，1987年。

渡辺和子編著『女性・暴力・人権』学陽書房，1994年。

小谷野敦『日本売春史──遊行女婦からソープランドまで』新潮選書，2007年。

第9章 買売春・性の商品化

コラム

映画『ナヌムの家』に描かれた「従軍慰安婦」

「従軍慰安婦」の存在をめぐって議論が分かれている理由の一つは，すでに70年以上も前のことであり，実在した慰安所の実態がわからないことがある。しかし，国内にあったいくつかの慰安所は確認されていて，保存されているものもある。

長野市の郊外に位置する松代町には，太平洋戦争末期に建設が進められた巨大な地下壕，「松代大本営」跡がある。戦況悪化にともない，日本軍は本土決戦に備えて大本営を移転することを考え，その移転先として松代町が選ばれた。陸軍によって内密のうちに計画が進められた「松代大本営」とは，天皇・皇后御座所，日本政府諸機関分室等を備えた巨大地下軍事施設群のことであった。1944年11月に第1回目の発破がかけられ，巨大地下壕つくりは極秘裏のうちにスタートした。この作業のために，強制連行で連れてこられた人も含めて7,000人を超える朝鮮人労働者が，過酷で危険な労働に従事させられた。今でも地下壕の壁のところどころには，故国や家族への思いを綴った朝鮮語の「落書き」が残っている。

無論，「松代大本営」は完成しなかった。敗戦により，工事半ばで計画は中断したからである。その後，地下壕は長年そのまま放置されていたが，近年になって地下壕の完全保存・全面公開を求める市民運動が起こり，その運動の要求に応じて長野市は，地下壕の一部を復旧・補強し，1990年から一般公開している。松代「慰安所」とは，この大本営の建設を管理・指揮する軍人や朝鮮人の親方のためにつくられたものであった。

松代「慰安所」は，もともとは製紙工場「六工社」の娯楽室としてつくられた建物を転用したものであった。「六工社」の敷地と建物を児澤聡さん（故人）が買い取ったのが1937年。「10月に警察が来て，大本営の飯場をつくる大工の宿泊所として提供してほしいといわれて貸した。その後しばらくするとまた警察が来て，朝鮮人労働者が婦女子にイタズラをしないように慰安所をつくるから，あの建物をまた貸せ，といわれた。断ったが，再三警察はやってきて，しかたなく貸すことに同意した。1カ月100円で，1944年12月から1945年8月まで貸した。すぐに軍の資材を使って，建物内を仕切った。11月末頃に，『ハルヤマイチロウ』と名乗る朝鮮人の夫婦が，朝鮮人慰安婦4人と用心棒1人を連れてやってきて慰安所ははじまった」。聡さんの長男融さん（現在75歳）から筆者が聞いた話である。

1996年に，ビョン・ヨンジュ監督による映画『ナヌムの家』が日本各地で上映された。ソウル市内にある「ナヌムの家」とは，仏教団体の支援を受けて元「慰安婦」の6人が共同生活をしている家である。映画は，その日常生活を追いながら，「慰安婦」になっ

205

た経緯，毎日の生活，現在の苦悩や希望を描いていく。「ナヌムの家」に暮らす6人のハルモニのうちの1人に，姜徳景（カンドッキョン）さんがいる。映画のなかで，ボランティアの女性から絵を習っているシーンが出てくるが，絵の好きな姜さんが記憶をたどって描いた絵の説明をする。「これは昔の慰安所で，これは日本の将校。思い出したんで描いてみたんだ。この慰安所の前から50メートルぐらい離れたところに大きな松の木が3本あった。でも，下手だから1本だけ描くことにした」。ビョン・ヨンジュ監督の話では，姜さんが松代の「慰安所」にいた4人の「慰安婦」うちの1人であることが確認されているという。強制的に連れて行かれた「慰安所」がどこなのか，日本語がわからない上に自由に出歩きもできなかったのでわからないが，「マツシロ」という名前を覚えていること，松の木と山が絵に描かれたとおりだからである。

　姜さんは，15歳の時に，吉野国民学校の教師のすすめにより「勤労女子挺身隊」として，150人の少女とともに日本の富山・不二越工業へ働きにやって来た。しかし，過酷な労働と差別的な待遇に我慢できずに工場を脱走する。その途中で日本兵に捕らえられ，「慰安婦」として日本国内を陸軍のトラックで転々と移動させられた…。そのうちの一つが松代であるといわれている。

　松代「慰安所」は希有なことに，近年まで当時のままの姿で残されていた。戦後，この建物を借りた医者が，建物に手を加えずそのまま診療所として長い間使っていたからである。その医者が亡くなった後，道路の拡張工事のために1991年に壊されることになったが，それに先立ち，当時のまま残っている「慰安所」を移築・保存しようという声が起こった。「松代・朝鮮人『慰安婦』の家を残そう実行委員会」が結成され，委員会は建物を譲り受け，他所に復元するために解体・保管した。しかし，今のところ委員会の計画は実行されていない。移転先の土地や復元のための資金は調達できたものの，地元から移転・開館に反対する運動が起こったからである。子どもの教育上良くない，みっともない，といったことが反対する理由である。

　残念ながら姜さんはその後亡くなったが，松代「慰安所」についての証言や残された資料は，「従軍慰安婦」の実態を知る重要な手がかである。そのためにも「もうひとつの歴史館・松代」として，元「慰安所」が復元され，一般に公開されることが待たれるのである。松代の歴史から私たちが知り得ることは，女性であるがゆえに侵害された「女性の人権」の重要さである。私たちは，彼女たちの声に，真摯に耳を傾けなければならない。

　　　　　　　　　　　　　　　　　　　　　　　　　　　　　　　（杉本貴代栄）

第 10 章	セクシュアリティの多様性

1 セクシュアリティとセクシュアル・マイノリティ

セクシュアリティとは何であろうか。セクシュアリティの日本語訳をまず英和辞典でみてみよう。すると、「性，性的特質，性的能力，性に対する関心，性表現」とある。セクシュアリティは用いられ方にとても幅のある言葉だ。したがってセクシュアリティは，私たちの生活や人生のあり方と密接に結びついており，そのような意味で，人間の性に関わる知の総体を指す言葉といってよいだろう。

本章では，このセクシュアリティを三つの軸から考えてみる。もちろんそれ以外の軸設定も可能かもしれない。しかし，さしあたり，身体の性，心の性（性自認＝ジェンダー・アイデンティティ），性的欲望の対象（性的指向＝セクシュアル・オリエンテーション）の三つから考えてみたい。

私たちは，人は男性か女性であり[1]，身体によって男性か女性かを明確に区別でき，男性の身体をもつ者は男性という自己認識を持ち，女性の身体をもつ者は女性という自己認識を持ち，男性は女性を，女性は男性を性的に求める異性愛主義が当然だと思っていないだろうか。それに属さない人々はセクシュアル・マイノリティと呼ばれている。

しかし軸の立て方しだいで，この社会はあらゆる種類のマイノリティに溢れており，そのように考えれば，セクシュアル・マイノリティだけが社会で特別視される理由はないことに気づくだろう。

また2015年の約7万人を対象にした電通による調査では，13人に1人がセクシュアル・マイノリティ当事者に該当すると答えており，この割合から，マイ

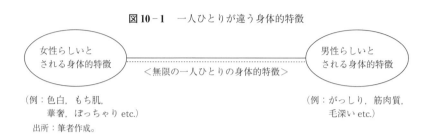

図10-1 一人ひとりが違う身体的特徴

ノリティという言葉がはたして適切であるのか，という疑問もわいてくるだろう。

2　身体の多様性

　女性で筋肉質の人，肩幅の広い人，毛深い人，男性で色白の人，もち肌の人，華奢な人がいる。少しまわりを見わたせば，私たちが女性らしいと考えている身体，男性らしいと考えている身体を必ずしも持ち合わせていない人が多いことに気づく。個々人の身体の作りは微妙に異なる。女性らしいと考えられている身体的特徴と，男性らしいと考えられている身体的特徴を直線の両端に置くとしたら，個々人の身体は，その直線状に個性豊かな無限の点として配置されることになる（図10-1）。

　その中央付近にあるグループは，外性器の形から見て性別を決定しにくかったり，あるいは身体の内部に両方の生殖機能をそろえていたり，外見とは違う生殖機能を体内にもっていることも考えられる。このような人々を，インターセックス（半陰陽，間性ともいう）と呼んでいる。さらに染色体レベルにおいて，女性とされるXX染色体，男性とされるXY染色体といった形をとっていない人もいる。このような遺伝子変異は医学の進歩により近年明確になってきたことである。

　現在，インターセックスの人々は，男性か女性かどちらか一方を選択して社会で生きていくことを迫られる。しかし，そうでない社会もあることを付記し

第10章　セクシュアリティの多様性

ておこう。インドでは，インターセックスの人を「ヒジュラ」と呼び，そういった人々は社会的に認知されている。ヒジュラは宗教的儀式をつかさどる職能者であり，結婚式に招かれて子宝を願ったり，出産の儀式では子どもの性別判定を行ったりする。

　人間を男性と女性の二つに分けて考えることは，シンプルで便利かもしれないが，現実の人間の姿は実に多様なのである。

3　性同一性障害（GID：Gender Identity Disorder）

（1）性同一性障害とは？

　性同一性障害という言葉が日本に広まったのは，2000年代に入ってからだ。さまざまな手続きを踏んで埼玉医科大学で性別適合手術（SRS：Sex Reassignment Surgery）が実施されたのが1998年，TVドラマ「3年B組金八先生」で上戸彩が性同一性障害の中学生を演じたのが2001年，競艇の安藤選手が性別登録変更をしたのが2002年，上川あやが性同一性障害であることを公表のうえ世田谷区議当選を果たしたのが2003年だった。そして性同一性障害者の性別の取扱いの特例に関する法律が施行されたのが2004年。当事者であるシンガーソングライター中村中（あたる）が，「友だちの詩（うた）」をヒットさせ紅白出場を果たしたのが2007年，性別違和を抱える当事者を上野樹里が熱演したTVドラマ「ラストフレンズ」が爆発的視聴率を獲得したのが2008年だった。さらに同じ年には当事者である椿姫彩菜のマルチな活躍が注目を浴び，翌年2009年には同じく当事者のはるな愛が，タイで性転換を行った者の美を競う「ミス・インターナショナル・クイーン」に選ばれた。

　性同一性障害とは，生まれ持った身体の性と，自分の性をどう認識するかという心の性（性自認＝ジェンダー・アイデンティティ）が，うまくかみ合っていない状態をいう。生物学的に身体の性が男性と認められ，なおかつ女性のジェンダー・アイデンティティをもつ者をMtF（Male to Female）と呼び，生物学的に身体の性が女性と認められ，なおかつ男性のジェンダー・アイデンティティ

209

をもつ者を FtM（Female to Male）と呼ぶ。心と身体の不一致を性同一性障害とするならば，身体の性がどちらかに属しながらも，ジェンダー・アイデンティティに関してはどちらかに属すという認識がもてない当事者（MtX や FtX）も含まれるはずだが，現在のところそうはなっていない。

2003年に制定された性同一性障害者の性別の取扱いの特例に関する法律では，次のように定義されている。「性同一性障害者とは，生物学的には性別が明らかであるにもかかわらず，心理的にはそれと別の性別であるとの持続的な確信を持ち，かつ，自己を身体的及び社会的に他の性別に適合させようとする意思を有する者であって，そのことについてその診断を適確に行うために必要な知識及び経験を有する2人以上の医師の一般に認められている医学的知見に基づき行う診断が一致しているものをいう」とある[2]。

ここで，一つ注意しておかなければならないのは，性同一性障害をもつ，もたないにかかわらず，性的指向（セクシュアル・オリエンテーション）は人それぞれだということだ。したがって当事者が，異性愛指向（ヘテロセクシュアル）のこともあれば，同性愛指向（ホモセクシュアル：ゲイあるいはレズビアン）のこともある。また両性愛指向（バイセクシュアル）のこともあるだろうし，とくに性的欲望をもたない（アセクシュアル）の場合もあるかもしれない。

最後にこの性同一性障害の位置づけを確認しておこう。医学分野では，自らの性に違和感をもっている人々を性別違和症候群と呼び，そのなかで何らかの症状をともなっている人々を性同一性障害と呼ぶ。

一般社会では，同じような概念をまた違った分け方をして，外国語を用いて表すこともある。性別違和をもち性別を越境しようとする人々のことを広くトランスジェンダー（TG）といい，性転換医療まで受けなくても服装を他の性別のものに変えることで心の苦痛が取り除かれる人々をトランヴェスタイト（TV）といい，性転換医療を望む人々をトランスセクシュアル（TS）という。

これに対して当事者たちは，医療行為を受けるか受けないかの基準で分けるこの表現方法に反発し，医療行為を介入させないままで生活する性別違和を抱えた人々を新たに TG と名づけた。したがって TG には，先述した広い意味と

第10章 セクシュアリティの多様性

狭い意味の二つの意味が現在あることになる。

（2）性同一性障害をめぐる小史

1）世界の流れ

　はるか昔から性別違和を抱える人々はいた。古くから注目されてきたのは，異性装と呼ばれる自らの性と反対の性の服装を身につけるもので，性嗜好の異常の一つとして理解されていた。

　20世紀初頭，ドイツの内科医マグヌス・ヒルシュフェルト（Magnus Hirschfeld）は，異性装の人々を服装倒錯症と呼んだが，原因の究明が詳しくなされることはなかった。同時期，イギリスの医師であり心理学者でもあったハブロック・エリス（Havelock Ellis）は，自分が反対の性に帰属するまたは反対の性として行動することを確認するために，反対の性の衣服を着る人々がいることを指摘した。手術に関する動きはヨーロッパにおいて比較的早く，1882年に女性から男性へ，1933年に男性から女性へ，1949年に女性から男性への手術が行われたという記録がある。

　大きな節目となったのは，1952年にデンマークの外科医クリスチャン・ハンバーガー（Christian Hamburger）が，クリスティーナ・ヨルゲンセン（Christine Jorgensen）に男性から女性への性転換手術を行ったことだった。その後ヨルゲンセンは，自国アメリカに戻り講演活動をした。

　1954年，ニューヨークの内分泌科医ハリー・ベンジャミン（Harry Benjamin）は，ヨルゲンセンのケースを「男性の身体に閉じ込められた女性」と表現し，このような現象を性転換症，つまりトランスセクシュアリズムと呼んだ。その後，多くの当事者を治療するなかで，心の性を生物学的性に適合させることが不可能であれば，身体を心に適応させることが勧められると結論づけ，ホルモン治療や性別適合手術を実施する条件を設定していった。

　1950年代後半，ジョン・マネー（John Money）は生物学的性と心理的・社会的性が別ものであると考えはじめ，彼やロバート・ストーラー（Robert Stoller）により，1960年代にかけて性自認や性役割といった心理的・社会的性の概念が

211

表10-1　性別表記訂正を認める欧米・オセアニアを中心とした国々

国　名	法律制定年	法律名および法的対応方法
スウェーデン	1972	性の転換に関する法律制定
ドイツ	1980	トランスセクシュアル法制定
イタリア	1982	性別表記の訂正に関する規範制定
オランダ	1985	性別表記訂正を認める規定を民法典に挿入
トルコ	1988	同上
オーストラリア	1988	サウス・オーストラリアにて性別適合法制定
ニュージーランド	1995	出生，死亡および婚姻登録法改正
アメリカ	—	26州2地域で個別法対応
カナダ	—	8州にて個別法対応，2州が不明

出所：大島俊之『性同一性障害と法』日本評論社，2002年を基に筆者作成。

主張されるようになった。1960年代に入ると，リチャード・グリーン（Richard Green）やマネーの研究成果から，アメリカ精神医学会の精神障害の診断・統計マニュアルや世界保健機構の国際疾病分類にも，性同一性障害という言葉が掲載されるようになった。

1965年，アメリカのジョンズ・ホプキンス病院にジェンダー・クリニックが作られ，本格的治療が開始された。1960年代には，ミネソタ大学，スタンフォード大学，オレゴン大学など各地にジェンダー・クリニックが開設された。

1979年には，ハリー・ベンジャミン国際性別違和協会が設立され，性別適合手術希望者への診療基準が示された。1999年現在で，全米の30以上の病院において専門医たちがホルモン療法や手術療法を実施しているという。なお個人クリニック数はここに含まれてはいない。

表10-1は，諸外国の性同一性障害当事者をめぐる法的な整備についてまとめたものである。

2）　日本の流れ

性同一性障害の当事者は，日々生活をする上で困難を感じている。当事者たちは，女らしさや男らしさの社会的規範から外れていることで，生きにくい環境のなかにある。

第10章　セクシュアリティの多様性

　具体的にみてみよう。例えば，学校や職場で人権上許されないはずの「いじめ」や「差別」の対象となることがある。自分なりに性別を性自認に合わせて生活している場合，外見と公的書類の性別が異なることから，住宅を借りたり，正社員として就職することが難しい時もある。出入国時のパスポート確認，あるいは住民票を基にした選挙時の確認，病院にかかった時の健康保険証の確認も心痛の種だ。望まない性別での取り扱いにより，病院，公共トイレ，ロッカールーム，銭湯あるいは生命保険の契約などでも困難を強いられる。このような日常が心身の不調につながることも多く，不登校や引きこもりを経験したり，自殺を考えたことのある当事者もおり，またうつ状態になることもある。

　当事者たちはこのような困難を抱えながら，長い間，日本社会のなかでは見えない存在だった。[(4)]そして性同一性障害と深い関係のある性転換手術も公の問題となることはなかった。これには1969年の東京地裁及び1970年の東京高裁の判決を受けたブルーボーイ事件が影響している。この事件は，睾丸摘出手術を行った医師が優生保護法違反（施術プロセスの不適切さによる），及び麻薬取り締まり違反で有罪判決を受けたというものであった。この判決により，性転換手術は法律に触れるというイメージが定着してしまったのである。

　しかしながら，この十数年で性同一性障害の問題は顕在化し，さまざまな施策が生まれた。そのきっかけは，埼玉医科大学の倫理委員会に出された一通の申請書であった。

　1990年代，交通事故で陰茎を失った男性の陰茎再建手術を埼玉医科大学総合医療センターが行った詳細を英文専門誌で見つけた日本人女性が，当医療センターに性転換手術の件を持ち込んだことがきっかけであった。1995年5月，埼玉医科大学倫理委員会は「性転換治療の臨床的研究」の申請を受け，検討を開始することになった。1996年7月，埼玉医科大学倫理委員会は「『性転換治療の臨床的研究』に関する審議経過と答申」を発表し，そのなかで性同一性障害という疾患が存在し，その悩みを軽減することに医学が手助けすることは正当であるとした。

　1996年9月，厚生省（当時）からの打診で，日本精神神経学会は性同一性障

害の診断基準の明確化と治療に関するガイドラインの策定を実施するために，「性同一性障害に関する特別委員会」を作ることを決定した。そして，同年埼玉医科大学に医療チームが結成され，ジェンダー・クリニック連絡会議（1997年にジェンダー・クリニック委員会に名称変更）が発足した。

翌年1997年5月には，日本精神神経学会性同一性障害に関する特別委員会から「性同一性障害に関する答申と提言」というガイドラインが出された。そのなかでは，①段階別治療（精神療法→ホルモン療法→手術療法），②医療チームの判断重視，③当事者本人の性別移行の確認，及びその他の提言として，④医師の能力，資質向上を図ること，⑤国内医療チームの組織化，⑥経済的援助，⑦法的問題などが盛り込まれている。

1998年，埼玉医科大学倫理委員会から承認を得，続いて当時の厚生省公衆衛生審議会精神保健福祉部と中央児童福祉審議会母子保健部会（母子保護法に抵触しないことを確認）から了承手続きを受けたのち，10月に埼玉医科大学医療センターで性転換手術が行われた（その後，2007年4月までに埼玉医科大，札幌医科大，関西医科大，岡山大において，200名以上が性別適合手術を受けている）。1999年3月には，性同一性障害（GID）研究会（＝GID学会）が始まった。

2001年，日本精神神経学会は，日本弁護士連合会に対し，性同一性障害を有する人の医学的性別と法的性別の一致を求める要望書を提出した。

2002年，日本精神神経学会性同一性障害に関する第2次特別委員会により，「性同一性障害に関する診断と治療のガイドライン（第2版）」が発表された。そこでは，段階別治療に疑問がはさまれ，ホルモン療法対象年齢が20歳以上から18歳以上に変更され，乳房切除が第2段階にカテゴライズされ，その対象年齢も18歳以上となった。

2003年には，「性同一性障害者の性別の取り扱いの特例に関する法律」が成立し，翌年施行となった（詳細は，以下の「(3)性同一性障害者の性別の取扱いの特例に関する法律」を参照）。なお，この法律に基づいて性別の変更をした人は，2016年12月末までで，6,906名いる。

2006年，「性同一性障害に関する診断と治療のガイドライン（第3版）」が発

第10章　セクシュアリティの多様性

表10-2　ガイドラインの変化

治療内容	第1版（1997年）		第2版（2002年）	
	段階　　最低年齢		段階　　最低年齢	
精神療法	第1段階　　——		第1段階　　——	
ホルモン投与	第2段階	20歳	第2段階	18歳
乳房切除	第3段階	20歳	第2段階	18歳
性別適合手術	第3段階	20歳	第3段階	20歳
治療内容	第3版（2006年）		第4版一部改訂（2017年）	
	最低年齢		最低年齢	
精神療法	精神領域　　——		精神領域　　——（特に必要な場合）	
ホルモン投与	身体領域	18歳	身体領域	15歳
乳房切除	身体領域	18歳	身体領域	18歳
性別適合手術	身体領域	20歳	身体領域	20歳

出所：セクシュアルマイノリティ教職員ネットワーク『セクシュアルマイノリティ』明石
　　　書店，2006年「表1ガイドラインの推移」，公益社団法人日本精神神経学会のウェ
　　　ブサイトの情報を基に筆者が加筆修正。

表された。そのなかでは，段階制廃止が謳われ，身体的治療に関して順序を問わないことなどが盛り込まれた。2014年には第4版が出され，その一部改訂が2017年に出されている。ガイドラインの変化を表10-2にまとめておく。

　このような流れのなか，2007年3月，乳房切除術失敗から大阪医科大が提訴され，日本で初めての性同一性障害医療訴訟が起こされた。4月には正規医療の先鞭をつけてきた埼玉医科大学が，性同一性障害医療休止を発表したが，関係者の尽力で現在は治療を再開している。[5]

　なお，2016年に高度な技術をもつ性同一性障害認定医が発表されている。

（3）性同一性障害者の性別の取扱いの特例に関する法律

　2000年9月に，南野知惠子参議院議員が自民党内部に「性同一性障害勉強会」を発足させた。その後，自民党議員，関係省庁，医師，法律学者，当事者等により，戸籍問題を中心に議論が重ねられた。2002年には，公明党，民主党にも勉強会が設けられ，全政党で性同一性障害への取り組みが開始された。

　前年度の2001年5月，国内外で手術を終えた当事者6人が戸籍訂正の一斉申

215

―――――― 性同一性障害者の性別の取り扱いの特例に関する法律 ――――――

　本法律は，第1条から第5条と附則からなる。第1条において，性同一性障害者
に関する法令上の性別の取扱いの特例について定めるものとする，と本法律の趣旨
が述べられている。

　第2条では，この法律において「性同一性障害者とは，生物学的には性別が明ら
かであるにもかかわらず，心理的にはそれとは別の性別（以下，他の性別という）
であるとの持続的な確信を持ち，かつ，自己を身体的及び社会的に他の性別に適合
させようとする意思を有する者であって，そのことについてその診断を的確に行う
ために必要な知識及び経験を有する2人以上の医師の一般に認められている医学的
知見に基づき行う診断が一致しているものをいう」と当事者の定義を記している。

　第3条では，性別の取り扱いの変更の審判について細かく規定しており，本法律
の中心的部分を構成している。その条件には，1，20歳以上であること，2，現に
婚姻をしていないこと，3，現に未成年の子がいないこと，4，生殖腺がないこ
と又は生殖腺の機能を永続的に欠く状態にあること，5，その身体について他の性
別に係る身体の性器に係る部分に近似する外観を備えていることが挙げられている。
そして前項の請求をするには，同項の性同一性障害者に係る前条の診断の結果並び
に治療の経過及び結果その他の厚生労働省令で定める事項が記載された医師の診断
書を提出しなければならない，と定めている。

　第4条では，性別の取扱いの変更の審判を受けた者に関する法令上の取扱いにつ
いて記されており，性別の取扱いの変更の審判を受けた者は，民法（明治29年法律
第89号）その他の法令の規定の適用については，法律に別段の定めがある場合を除
き，その性別につき他の性別に変わったものとみなし，性別の取扱いの変更の審判
前に生じた身分関係及び権利義務に影響を及ぼすものではないとしている。

　第5条では，家事審判法の適用について，附則では，施行期日，経過措置および
本法律の再検討の必要性が述べられている。

し立てを行っていたが，最高裁特別抗告は2003年5月にこれを棄却した。そこ
で，戸籍法を改正することが不可能なため，既存の戸籍法には手を付けず，そ
れを一般法とみなし，その特別法を制定するという戦略がとられることとなっ
た。

　2003年，南野議員が中心となって法案をまとめ，政権与党からの委員長提案
により賛成多数で，性同一性障害者の性別の取り扱いの特例に関する法律（以

下，特例法）が2003年7月に可決・成立し，2004年に施行となった。これは，当事者や医療関係者のロビー活動の成果でもあり，政治家の票田につながるものという意識も手伝ったといえよう。なお当法律の附則には3年後の見直しが記された。

最初の特例法では，第3条で性別を変更できる5要件（第1項）と手続き（第2項）が明示された。5要件とは，①20歳以上であること（年齢要件），②現に婚姻をしていないこと（非婚要件），③現に子がいないこと（子なし要件），④生殖腺がないこと又は生殖腺の機能を永続的に欠く状態にあること（生殖能力放棄要件），⑤その身体について他の性別に係る身体の性器に係る部分に近似する外観を備えていること（性器形成要件）である。手続きとして，診断の結果ならびに治療の経過及びその他の厚生労働省令で定める事項が記載された医師の診断書を提出しなければならないと定めていた。

しかし，2004年に行われた当事者への調査では，「年齢要件」に対してやや反対と反対を合わせて36.4％，「非婚要件」に対しては65.5％，「子なし要件」に対しては83.1％，「生殖腺除去要件」に対しては61.1％，「性器形成要件」に対しては65.0％という結果となった。

2008年6月に成立した改正法では，当初からとくに反発の強かった「子なし要件」が，③現に未成年の子がいないことに変更され，子どもが成人に達すれば戸籍変更できることとなった。

「子なし要件」は改正法によりまずは一歩進んだが，特例法の要件にはまだまだ問題点がある。非婚要件があるのは，性別を変更することによって生じる同性婚を避けるためであろうし，生殖能力放棄要件は，すなわち自分の遺伝子をもつ子どもを残す手立てがなくなることを意味し，リプロダクティブ・ヘルス・アンド・ライツに抵触するだろう。無論，当事者への手術による身体への負担ははかりしれない。性器形成要件は一層身体へ負担をかけるだろう。精神療法を除いて，すべての治療は健康保険を適用することができないため，金額の負担は相当なものとなり，性器形成が他の性別と近似するまでにするには数百万円というかなりの出費となる。なかには身体の性質上，手術が困難な者も

あろう。

この特例法には功罪があるといえる。当法律により性同一性障害が社会的に広く認知されるようになり，当事者がカミングアウトする（自分がこもっていたクローゼットから出てくる意が原義）環境が以前よりは整ったといえる。しかし一方，この法律は男女の明確な二分化を促進するものであろうし，この特例法通りに手術まで行い戸籍変更できる者と，諸々の事情によりそれができない者，もしくはしたくない者とを二分化してしまうともいえる。

4　同　性　愛

（1）同性愛とは？

同性愛とは，どのようなものだろうか。それは，自分の性自認が男性であり，好きになり愛し性的にも親しくなりたいという気持ちが男性に向く行為，及び自分の性自認が女性であり，好きになり愛し性的にも親しくなりたいという気持ちが女性に向く行為をいう。前者の指向をもつ人々を「ゲイ」，後者の指向を持つ人々を「レズビアン」と呼んでいる。

必ずしもレズビアン女性が男性っぽい，ゲイ男性が女性っぽいということはない。それは個性の範囲である。もちろん疾患ではない。1973年アメリカ精神医学会理事会は『DSM』第2版第7刷から精神障害の診断名として同性愛をはずすことを決め，1975年アメリカ心理学会は精神医学会の決定を支持した。1993年には，世界保健機構が出した国際疾病分類である『ICD-10』で，同性愛が分類名から削除された。その削除された5月17日を国際反ホモフォビアの日（IDAHO：International Day Against Homophobia）としている。日本でも，1994年に厚生省（当時）がこの基準を採用した。1993年に，市民グループ「動くゲイとレズビアンの会（アカー）」が，日本精神神経医学会に公式見解を出すように求めたことで，1995年，同医学会は「ICD-10に準拠し，同性への性的指向それ自体を精神障害とみなさない」と発表した。

第10章　セクシュアリティの多様性

（2）同性愛の歴史

　精神的にも性的にも，同性と親密になりたいと思う人々は，太古の昔からあらゆる地域に存在した。それは古代の物語からもうかがい知ることができる。古代メソポタミアの『ギルガメシュ叙事詩』，古代ギリシアのホメロスによる『イーリアス』，紀元前200年ごろのインド叙事詩『マハーバラタ』など枚挙にいとまがない。紀元前6世紀の女流詩人サッフォーは，女性同士の恋愛の苦しみを描き，彼女の生地レスボス島の名から「レズビアニズム」の言葉が生まれた。日本においても古くから，「衆道」や「男色」といった男性同士の同性愛的関係を表す言葉があり，武士や僧侶の世界に同性愛的関係は存在し，江戸時代の井原西鶴による『男色大鑑』にもその様子が描かれている。

　一方，欧米社会では，キリスト教の教義により，13世紀半ば以降，同性愛が厳しく弾圧されるようになった。旧約聖書のなかのソドムとゴモラの町の人々が神の掟に背き神に全滅させられたというエピソードから，同性愛を禁じる法律を「ソドミー法」と呼ぶようになった。[6]とくに19世紀半ばからは，同性愛者を逮捕，拘留し，有罪にし，強制労働や去勢の手術を受けさせたり，20世紀半ばにはナチスが強制収容所に送り込むなど，許されざる事態が続いた。

　以下では，第2次世界大戦以後のアメリカの小史と，日本のゲイブーム前後からの小史をみることによって，現在につながる同性愛をめぐる問題の課題を明らかにしていく。

1）　同性愛小史①──アメリカ

　第2次世界大戦は，アメリカにとって「ナチの人種主義と日本の帝国主義に対し，自由とマイノリティの人権を守る戦争」であった。そこから，アフリカ系アメリカ人は公民権運動の枠組みを得，それをモデルとして戦後さまざまなマイノリティが市民権と社会的公正を求めて運動を起こした。同性愛者たちも他の運動家と同様に自分たちをマイノリティアメリカ市民として位置づけた。

　当時の男性同性愛者の運動家たちは，自分たちの社会的地位の高さから，同性愛者を否定していた社会学者や心理学者，犯罪学者を啓蒙し，同性愛は病理ではないという調査研究を社会に発信した。そして，同性愛者を社会に同化さ

219

せる路線をとり，自分たちの運動をホモファイル運動と名づけた。初期の運動体に，「マタシン協会」（1951年設立）と「ビリティスの娘たち」（1955年設立）がある。

　1950年代のアメリカは，行政当局の取り締まりもあり，大方の同性愛者は慎み深く二重生活を送っていた。しかし1960年代から1970年代にかけて，公民権運動の影響を受け，さらにフェミニズム運動の影響も受け，自分たちの文化的差異と社会的位置を意識するようになった。

　またもともとは「陽気な」という意味である「ゲイ（gay）」を隠語，さらには同性愛者（現在はおもに男性同性愛者）を表す一般の言葉として発展させたのもこの時期である。しかし女性同性愛者は，「ゲイ」が同性愛者全般と男性同性愛者の両方を指すことから，自分たちのアイデンティティのため，「ゲイ」という言葉とは別の「レズビアン」を使うようになった。さらにその後，両性愛者（バイセクシュアル），トランスジェンダー等を含めて，英語の頭文字をとったLGBTという，セクシュアル・マイノリティを包括的に表す略語が生み出されている。[7]

　1969年6月28日，同性愛の人々にとって一つの歴史的事件が起きた。ニューヨーク市グリニッジ・ヴィレッジのバー「ストーンウォール・イン」に，酒類の無許可販売をしているとの通報を受けたニューヨーク市警が乗り込んだのだ。これまでも警察の手入れは頻繁にあったが，その前日亡くなった映画女優ジュディ・ガーランド（Judy Garland）（同性愛者に理解が深かった）を偲び集まっていた同性愛者たちのこの日の怒りは収まらず，警官400名が動員され，群集は2,000名にも膨れ上がり，3日間の立てこもり事件に発展した。

　これをきっかけに，1969年7月にゲイ解放戦線が設立された。アメリカ国内に存在したゲイ団体は50足らずだったものが，1974年には数千に激増した。ゲイ解放戦線は，すべての人々にとっての完全な性の解放を掲げ，社会を変革するという，これまでの社会への同化主義政策から180度の転換を打ち出した。そして「カミングアウト」という行為を，自分の性的指向を秘匿されるべき烙印から自尊心の源へと変換するための行為と考え，公的で政治的な意味を持つ

第10章　セクシュアリティの多様性

た行為として重要視した。1970年にはストーンウォール事件を記念してデモ行進（プライド・マーチ）が行われ，3,000人が参加した。

1970年代の運動家のなかでも比較的若い層は，ゲイ世界よりも先に市民権運動や新左翼運動，フェミニズム運動，反戦運動で経験を積んでいた者も多かった。運動家たちは，医師や社会科学者と協力して研究を進め，1973年にはアメリカ精神医学会の精神障害の項目から同性愛を削除することが決定され，アメリカ心理学会と医師会がそれに続いた。1975年には，アメリカ公務員人事委員会がゲイとレズビアンの雇用禁止令を撤回した。また1972年，ミシガン州イースト・ランシング市がゲイ権利条約を可決したのを皮切りに，1977年までに55の自治体が同様の条例を可決した。

しかし突如として，1977年フロリダ州デイド郡で「児童を襲う変質者である同性愛者から子どもを守れ」という根拠のないスローガンによって，ゲイ市民条例が撤廃された。1978年にはゲイと公言し，サンフランシスコ市市政執行委員を務めていたハーベイ・ミルク（Harvey Milk）が暗殺された。[8]

1981年，世界で初めてエイズと認定される患者がアメリカで報告された。続いて患者の多くがゲイ男性と麻薬常習者であることが発表された。1986年には，連邦最高裁パウワーズ対ハードウイック判決において，ソドミー法が容認され「同性愛者を犯罪者とみなしてよい」と宣言された。

しかしエイズは，ゲイ男性を団結させ，エイズ対応で主導的役割を果たしたレズビアンとゲイ男性の間に緊密な協力体制が生まれた。そして1987年にはワシントンでLGBTの権利を求める全米マーチが50万人規模で実施された。またHIV感染者の支援団体としては，ACT UP（AIDS Coalition to Unleash Power）が結成された。このACT UPは，新たな活動家たちを招き入れ，セクシュアル・マイノリティの政治風景に変化の風を吹き込んだ。

1980年代は，エイズの広がりとゲイをめぐる論争が激化し，世論の二極化がみられた時代であった。ゲイ権利条約が施行される自治体があれば，反ゲイ的な住民投票が行われることもあった。1988年から始まった保守的な教会を基盤とする組織立ち上げは白熱化し，ゲイ団体もそれに対抗する必要性から地元組

織や全米組織を編成することに追われた。エイズ危機と保守派に対抗する事情から，結果的にカミングアウトする当事者は増加していった。

1990年代に入ると，ゲイの顕在化と社会的受容が進み，ゲイ運動は大衆運動に転換していった。連邦議会とお茶の間の双方で，軍隊における同性愛排除の問題と同性婚の問題が語られるようになったのである。クリントン大統領（当時）は，前者の問題にうまく対応できなかったものの，連邦政府全体に同性愛者差別禁止の行政命令を出し，政権スタッフにも多く雇用した。しかし自治体によっては，ゲイ差別を禁止する条例や政策の採択を禁じるケースもあった。

1996年には，最高裁がローマー対エヴァンス裁判判決で，ゲイ差別を禁止する条例や政策の採択を禁じたコロラド州憲法修正第2条は違憲であるとし，1986年に出されていたバウワーズ判決を覆した。2002年に行われたアメリカのトップ企業319社に対する調査によれば，全企業の92％が職場におけるゲイとレズビアンに対する差別を禁止していると答えた。しかしながら，ヘイトクライムの犠牲者は1990年代後半にもみられ，現在もゲイの権利に対する支持率は地域によって大きな差がある。

2) 同性愛小史②──日本

1970年代から同性愛者たちはミニコミ誌などを発行し活動をしていたが，1980年代に HIV・エイズをめぐる問題が起きたことで，同性愛者たちの社会における可視化と当事者たちの結束が促進された。ゲイの政治化を促したきっかけは，1987年に厚生省（当時）が発表した後天性免疫不全症候群の予防に関する法律案である。ゲイを中心とした団体，「動くゲイとレズビアンの会（アカー）」，レズビアン団体，れ組スタジオ・東京がこれに共闘した。

1990年代初頭からゲイのボランティア団体・サークル活動が活発になり，インターネットを利用し数々の関連サイトも立ち上げられた。1992年には『別冊宝島ゲイの贈り物』が出版され，一般雑誌，テレビでもゲイが取り上げられ，ゲイ資本によるゲイ雑誌が生まれ，当事者がメディアに多く登場し，日本にゲイブームが巻き起こった。

期を同じくして，府中青年の家事件が起きた。1991年に「動くゲイとレズビ

アンの会（アカー）」が，府中青年の家の利用を拒絶した東京都を，1991年東京地裁に提訴したのである。1994年の地裁判決でアカー側が勝訴し，東京都側が高裁に控訴したが，1997年に同じくアカーが勝訴した。

1994年には日本で初めて東京でパレードが開催され，2017年にはパレード参加者5000人，イベント動員数10万人という大規模な「東京レインボープライド」が行われた。2017年現在，札幌，青森，名古屋，大阪，福岡においてもパレードが開催されている。

海外でも同様だが，パレードでは「ドラッグ・クイーン」や「レインボーフラッグ」を見ることができる。ドラッグ・クイーンは，一見女装のようだが，実は男と女というジェンダー・アイデンティティの境界をあえて曖昧にするある種批評的なパフォーマンスである。レインボーフラッグは，1978年にサンフランシスコに住むアーティストが運動家に依頼されて作ったものだ。これはヒッピー・ムーブメントや公民権運動のシンボルである「人種の旗」という5色の旗からヒントを得たもので，それぞれの色に「セクシュアリティ，命，癒し，太陽，自然，芸術，調和，魂」という意味合いが込められている。

2003年，日本で初めてレズビアンであることを公言した政治家が現れた。尾辻かな子である。先述したように，同年には，MtF当事者である上川あやもが性同一性障害であると公言して政治家となっている。2003年は，一つのメルクマールともいえる年であった。その後，自分のセクシュアル・アイデンティティを公表して何人かの政治家が誕生している。

（3）同性婚のゆくえ

一昔前は同性愛者の人々は，異性と結婚し子どもをもうける等，自分の生き方を尊重することができなかった。しかし近年は，同性をパートナーとし同居するようになり，それと同時に結婚と引き換えに得られるさまざまな恩恵から遠ざけられている事実が当事者の間で明らかにされつつある。

同性婚の議論が早くから持ち上がったのは，ヨーロッパである。長く同性愛者を迫害してきた歴史の反動であるともいわれている。ヨーロッパでは，まず

刑法の分野で同性愛行為を脱犯罪化し，次に雇用や私人間における差別禁止法の制定を行い，第3段階として同性パートナーシップに関する議論を進めてきた。2000年の欧州基本権憲章では，性的指向に基づくいかなる差別も禁止している。

同性同士のカップルを保障する制度は国ごとに異なるが，概ね以下のように類型化できる。まずは，婚姻とは別に同性間のみで利用可能な「別制度型」である。1989年にデンマークで施行された登録型パートナーシップ法がその始まりである。同性同士の関係性のみを登録対象としている点や，保障内容が婚姻とほぼ同等である点に特徴をもつ。イタリア，スイス，オーストラリア，オーストリア，ハンガリーなどおよそ20カ国で導入されている。別制度型と異なり，同性間であるか異性間であるかを問わず，共同生活の契約内容を登録する制度，「契約登録型」もある。1999年にフランスで導入された民事連帯契約がそれに当たる。

このように婚姻とは異なる新制度が構築されてきたが，2000年代に入ると，同性間パートナーシップを婚姻そのものの中に取り込む「婚姻型」が現れた。婚姻型を導入したのは，2001年のオランダである。ベルギー，スペイン，カナダ，ノルウェー，スウェーデン，ポルトガル，アルゼンチン，アイスランド，デンマーク，フランス，ニュージーランド，イギリス，アメリカ，フィンランド，ドイツ等23カ国で導入されている。以下では，同性婚問題の浮上してきた背景についてアメリカの例を紹介し，日本の状況にも少し触れておきたい。

1) アメリカの場合

ゲイ解放運動が始まった当初から，ゲイ男性運動家やレズビアン・フェミニストの間に，結婚や性役割，家族という異性愛関連をすべて否定するものと，異性愛者が行うことすべてを求めるものとの二つの考え方があった。

1970年代，男性カップルや女性カップルによる婚姻許可証要求の運動もあったが，当時の政治闘争は，同姓婚よりも雇用差別，ゲイ・コミュニティの制度化やゲイ文化の形成に焦点を当てていた。

1980年代になると，アメリカの一部の地域ではレズビアンやゲイ男性の顕在

化と受容が進んだ。そのなかで異性愛カップルと同様の社会的承認を得るのは自然なことであるように考えられるようになってきた。国際的影響として，1989年にはデンマークで同性愛カップルの法的保護が世界で初めて認められるということもあった。しかし何といっても同性婚という考え方を促進した2大要因は，「エイズ」と「レズビアンのベビーブーム」である。

　1980年代のほんのわずかな期間に，何万人ものエイズ患者が，効果的な薬がなかったために死亡した。回りの仲間からパートナー関係を認められていようとも，エイズという問題がカップルに介入するや否や，そのパートナー関係のもろさが露呈した。治療承諾書，延命措置，見舞い，治療方針の相談報告といった病院生活のあらゆる場面で，法的に赤の他人であるパートナーは排除されたのだ。葬儀にも参列を許されず，死後の家屋，財産をめぐる問題でも蚊帳の外に置かれた。病院も葬儀場も政府当局機関も，すべてパートナー関係を否定したのである。

　そのような状況のなか，1989年に，ニューヨーク州最高裁が同性カップルを家族と認める判決を出した。その後ニューヨーク市では，ドメスティック・パートナー（同居中の異性，同性カップルのパートナー）に忌引きを認め，サンフランシスコではドメスティック・パートナー登録制度が承認され，多くの自治体が職員のドメスティック・パートナーに健康保険と忌引きを認めるようになった。

　一方，子を産み育てたいと願うレズビアンたちは，1982年，ワシントンDCにおいて「赤ちゃんかもね（Baby Maybe）」というグループを作った。メンバーは，養子，人工授精，男友だちとの性交渉などによって子作りを試みた。1988年には，「私たちの人生のなかの子どもたち会議」がボストンで開催された。

　しかしこういったレズビアン・ベビーブームが思わぬ事態につながった。生物学上の母が死亡した時，第二の母は故人の親族に子どもを取られたり，別れた場合の共同親権を要求できなかったのである。加えていえば，ゲイ男性カップルが子どもをもちたい場合は，まず一方が養子を迎えることを裁判所に認め

てもらい，それから法的地位をもたない未婚男性二人が共同で養子を迎えることを許可してもらわなければならなかった。

　同性愛者たちは，法律的に弱い自分たちの立場を知り，ドメスティック・パートナーシップ制度の確立に向けて運動を開始した。しかし，この制度では，既婚カップルに認められている病院の面会権や社会保障，遺族年金，手当，控除が得られないことがほどなく明らかになった。

　1993年，ハワイ州の最高裁は，一組の男性カップルが婚姻許可書を拒否され提訴したことを受け，「同性愛者に対して結婚を禁止することは州憲法の修正条項に違反していると推定されるので，当該案件を予審法廷に差し戻す」という同性婚に対する画期的判決を下した。このことで，同性婚が全米で一気に現実味を帯びたが，同時に激しい拒否反応も引き起こした。1996年，連邦上院議会は，婚姻防衛法（DOMA: Defense of Marriage Act）を可決し，結婚は異性間に限られると定義したのである。ハワイ州の予審法廷が原告の主張を支持すると，ハワイ州当局は州最高裁に上告し，ハワイ州議会は同性婚を無効とする州憲法修正案を1998年決議することを決め，結局のところ同性婚成立には至らなかった。

　1999年のバーモント州の裁判では，「結婚に付随する優遇措置の同性カップルへの提供を拒否するのは州憲法に反する」と最高裁判決が下された。翌年には，同性カップル向けのシビル・ユニオン制度が創設された。しかしシビル・ユニオンでは，連邦政府が結婚に付与する多くの権利や優遇措置，例を挙げれば，社会保障や年金の受給，税控除を受けることができなかった。

　2001年，マサチューセッツ州でも裁判が起こされた。そして2003年11月18日，マサチューセッツ州最高裁は，歴史的判決を下した。それは，「州の主張には，同性カップルに対して民事上の結婚を拒否する，憲法上妥当ないかなる根拠も見出すことはできなかった」とするもので，最高裁は翌年5月17日より同性カップルに婚姻許可証を交付するように州側に迫ったのである。ここに全米初の同性婚を認める州が出現した。2013年6月26日には，最高裁が，連邦法における「結婚」を男女間に限る，と規定した「婚姻防衛法」を違憲とする判決を下

した。そして，2015年6月26日には，連邦最高裁が同性婚を憲法上の権利として認めるとする判断を示した。この判決により，全米で同性婚が事実上合法化されることとなった。「これはアメリカにとっての勝利だ」と当時のオバマ大統領は声明を発表し，ホワイトハウスの外観をライトを使いレインボーカラーに染め上げた。

2）日本の場合

　日本には，戦後制定された日本国憲法第24条の「結婚における両性の合意」といった規定が同性婚の禁止につながるという考え方もあるようだが，この規定を入れた元GHQ職員，ベアテ・シロタ・ゴードン（Beate Sirota Gordon）にそのような意図はもちろんなかった。家制度の犠牲になることの多い日本女性を救うためだった。

　日本における同性婚の論議は今始まったばかりといえる。賃貸住宅入居，病院での危篤状態における面会権，遺産の問題など，同性カップルには難題がついてまわる。婚姻以外の方法でパートナーとしての権利と生活を守るためには，養子縁組と公正証書による契約が考えられるが，それだけでは解決できない問題も多い。日本においては，同性婚を法的に可能にするため，異性愛者も含めた結婚とは違う制度をめざすのか，同性愛者に限る制度をめざすのか，議論は分かれている。さらに結婚制度という発想そのものに疑問をもち続けている当事者もいる。

　2008年からは「"共生社会をつくる"セクシュアル・マイノリティ支援全国ネットワーク」がロビー活動を展開している。2015年には，東京都渋谷区で「同性パートナーシップ条例」が成立し，東京都世田谷区，三重県伊賀市，兵庫県宝塚市，沖縄県那覇市，北海道札幌市でも同様の制度が実現している。LGBTに理解を示すLGBTフレンドリー企業も増えつつある。例えば，福利厚生を異性愛カップルと同様にする，採用担当者へ差別禁止研修をする，社員コードの性別採番を廃止するなどを実施している。また，保険会社は，保険金受取人を同性パートナーにも拡大する傾向が出てきた。前述の「全国ネットワーク」も含み，2015年には，LGBT法連合が発足し，LGBT差別禁止法制定

に向けて活動を行っている。

　私たちの社会は，インターセックス，性同一性障害，同性愛といったセクシュアリティの多様性をようやく認識し始めたところである。これらの理解を深めることは，一人ひとりが生きやすい社会づくりを目指すために，欠かせない作業である。

注

(1)　私たちは男性と女性の二つしかカテゴリーを持っていないが，コロンブス以前のアメリカ先住民は，三つ以上のジェンダーをもつ場合もあったという。例えばモハブ族は，男仕事と女仕事をクロスすることで四つのカテゴリーを持っていた。男性の身体＋男性の仕事，男性の身体＋女性の仕事，女性の身体＋女性の仕事，女性の身体＋女性の仕事をする4通りの人々に分けられる（沼崎一郎『「ジェンダー論」の教え方ガイド』フェミックス，2008年，77頁）。ポリネシアでは，男女中間の個人が受け入れられている（ロバート・オールドリッチ／田中英史・田口孝夫訳『同性愛の歴史』東洋書林，2009年，13頁）。

(2)　アメリカ精神学会は2013年DSM-5を出版し，従来の「性同一性障害」(Gender Identity Disorder) を「性別違和」(Gender Dysphoria) に用語変更している。

(3)　1960年代から1970年代，内分泌学者ジョン・マネー（John Money）によって性自認の後天説（社会的要因）が広く流布されたが，1980年代に性科学者ミルトン・ダイアモンド（Milton Diamond）は，性自認に関して先天説（生物学的要因）の影響を過小評価することを批判し，現在に至っている。

(4)　平安時代の『とりかへばや物語』や江戸時代の滝沢馬琴による『兎園小説餘録』には，性同一性障害当事者と思われる人々の描写がある。古い文学のなかには当事者の存在がうかがわれる。

(5)　以前は日本に正規手続きがなかったため，民間の美容整形外科医院で手術を受ける者や，タイなどの海外で手術をすませる者もいた。それは現在も変わらない。ホルモン療法にしても，独自で手に入れて行ってしまうケースがある。

(6)　ホモセクシュアリティという言葉が1860年代終わりごろにハンガリーの学者によって作られるまで，同性愛のことはソドミーと呼ばれた。直接的には肛門性交を指すことから女性同性愛者は処罰対象にはならず，迫害対象にさほどならなかった。しかしそこには，「かよわき女性」が性的関心をもっているはずがないという逆説的意味があった。

(7)　自分の性別がわからない人も含めてLGBTQ（クエスチョニング）という包括的

第 10 章　セクシュアリティの多様性

用語もある。規範におさまらない性的傾向をもつ個人・グループ・行為などを包括
して，それまで軽蔑的に使われていたクイア（queer）という語が使われる場合も
ある。国際的には SOGI（Sexual Orientation & Gender Identity）が性の多様性を表
す言葉として使われ始めた。また，LGBTQ を支援する当事者ではない人々をさす
アライ（ally）という言葉も昨今よく使われている。

(8)　ハーベイ・ミルクはヘイトクライム（人種・宗教・国籍・性的指向などマイノリ
ティを構成する人々への差別や偏見から生じる憎しみが暴力となって現れる犯罪）
の犠牲者の一人である。なお，2009年度アカデミー賞主演男優賞は映画「ミルク」
のなかでハーベイ・ミルクを演じたショーン・ペン（Sean Penn）に贈られた。

参考文献・資料

掛札悠子『「レズビアン」であるということ』勁草書房，1992年。

山内俊雄『性同一性障害の基礎と臨床』新興医学出版社，2001年。

野宮亜紀・針間克己・大島俊之・原科孝雄・虎井まさ衛・内島豊『プロブレムＱ＆Ａ
性同一性障害って何？——一人一人の性のありようを大切にするために』緑風出版，
2003年。

伏見憲明編『同性愛入門ゲイ編』ポット出版，2003年。

ジョン・コラピント／村井智之訳『ブレンダと呼ばれた少年』扶桑社，2005年。

ジョージ・チョーンシー／上杉富之・村上隆則訳『同性婚』明石書店，2006年。

セクシュアルマイノリティ教職員ネットワーク『セクシュアルマイノリティ』明石書
店，2006年。

飯野由里子『レズビアンである〈わたしたち〉のストーリー』生活書院，2008年。

石田仁編『性同一性障害——ジェンダー・医療・特例法』御茶ノ水書房，2009年。

谷口洋幸「同性間パートナーシップと法制度」2013年（http://synodos.jp/society/3465.
2017年11月3日アクセス）。

風間孝，加治宏基，金敬黙編著『教養としてのジェンダーと平和』法律文化社，2016年。

映画

「ミルク」2008年，米国作品（アカデミー賞受賞作品）。

「ハンズオブラブ—手のひらの勇気」2015年，米国作品。

「彼らが本気で編むときは，」2017年，日本作品。

「恋とボルバキア」2017年，日本作品。

CD

中村中，シングル「友だちの詩」2006年。

ゴシップ，アルバム「ミュージック・フォー・メン」2009年。

NSM＝「グリーン」2017年。

コラム

映画『ハンズオブラブ──手のひらの勇気』にみる
レズビアンカップルの軌跡

　2015年，オスカー女優ジュリアン・ムーアと若手演技派エレン・ペイジが実話に基づいたレズビアンカップルのストーリーを演じた。原題は「Freeheld」。2008年アカデミー賞短編ドキュメンタリー映画賞を受賞した作品のリメイクだ。ドキュメンタリー賞を受賞したときの監督シンシア・ウェイドをプロデューサーの一人に迎え，若手監督ピーター・ソレットがメガホンを取った。

　劇中でベテラン刑事ローレルを演じたジュリアン・ムーアは，これまで「めぐりあう時間たち」（2002年），「アイム・ノット・ゼア」（2007年），「キッズ・オールライト」（2010年），「アリスのままで」（2014年）など数々の作品に出演し，安定した演技力でさまざまな役を演じ，大作からインディペンデント作品まで幅広く活躍する女優だ。

　一方，自動車整備士でローレルの恋人役を演じたエレン・ペイジは，「X-MEN」（2006年，2014年），「JUNO」（2007年），「ローラーガールズ・ダイアリー」（2009年），「インセプション」（2010年）などに出演し，時代を代表する女優のひとりであり，LGBT 当事者でもある。

　映画の舞台は，2000年代前半のニュージャージー州。華々しく活躍する敏腕刑事ローレルは，同性愛者であることを母に言えず過去に精神科病院に入った経験も持つ。脂の乗り切った仕事ぶりのローレルだが，職場ではもちろん，刑事として生死を共に仕事をしてきた長年の相棒デーンにもカミングアウトはできない。同性愛者が集うバーで，同じ職場の若手刑事トッドを見かけるが，それもローレルとトッドの秘密だ。そんなある日，若く魅力的なステイシーに声をかけられる。ステイシーは前からローレルの存在を知っていたようだ。ローレルは仕事人間だが，それでも年の離れたステイシーと恋に落ち，「家と庭とそしてペットの犬」というアメリカ人の誰もがもつ夢を二人で叶えていこうと人生の新たなスタートを切る。

　新居の祝いにかけつけた同僚デーンにようやくカミングアウトし，レズビアンカップルとして二人がささやかな幸せを掴みとったのも束の間。ローレルは，ガン末期であることが判明する。ローレルのステイシーへの愛は，23年間刑事として働いてきた自分のパートナーとなったステイシーに遺族年金を受給してもらい，二人の夢であった家を売らないですむようにという強い思いに傾いていく。ローレルは，異性愛の夫婦と同じ権利をレズビアンのカップルにも与えて欲しいと，ニュージャージー州オーシャン郡の郡政委員たちを相手に主張する。彼女は何回も言う。「レズビアンも異性愛者と同じ平等な権利を享受できるべきだ」と。しかしオーシャン郡は共和党や高齢者の多い保守的な

土地柄である。同性愛者の権利など聞く耳を持たない。ローレルの病状は刻一刻と悪化していく。そこに同性愛者支援運動家のスティーブンが現れる。彼は，ローレルのケースを利用し同性婚の法制化を進めようとしていた。職場の刑事たちは，デーン以外皆レズビアンと判明したローレルには冷淡だ。しかし，デーンの説得で，病のため長期休暇をやむなくしているローレルに各自割り当てられている有給休暇を回す。最後には刑事たちも，多くの同性婚活動家たちも，群政委員会公開会に応援にかけつけた。郡政委員たちの年金二重受給の事実が発覚し形勢が悪くなった委員たちは，ローレルの死期を控えた鬼気迫る懇願と，ステイシーの正直な言葉，メディアの力に屈服し，最終局面でレズビアンパートナーの遺族年金受給権を認める。ローレルの命がけの闘争は終わった。そしてまもなくローレルは帰らぬ人となった。

　この映画の原題は，アカデミー賞短編ドキュメンタリー映画賞の監督ウェイドがつけた「Freeheld」を踏襲している。Freeholder とは投票で選出された郡政委員のことだ。ウェイドは原題についてこのように説明している。「ローレルは Freeholder たちによって held（抑えられて）されていて，同時にステイシーと愛ある状態に held（維持）されていて，コミュニティによって held（守られて）されていた」と。

　映画のなかで，同性婚法制化活動家のスティーブンに対し，ローレルが，「同性婚云々ではないの。平等の権利が欲しいだけなのよ」という。これは非常に微妙な言い回しだ。

　アメリカでは結婚しているかしていないかの違いで，扶養控除や税制上の優遇措置など1,000以上の連邦施策の適用「外」になってしまう。日本においても状況は同様だ。医療同意権，公営住宅入居，健康保険の扶養家族，税制上の扶養家族，年金第3号被保険者，在留資格，相続，生命保険，福利厚生，関係解消時の財産分与等，結婚によって権利が生ずる。

　ローレルのいう平等の権利は，異性愛者対象の結婚制度が適応されてはじめて手にすることができるのだ。個々人の平等の権利を求めるならば，近代国家が作り上げた「結婚制度」およびそれに関連し存在するさまざまな法律・施策そのものにメスを入れていく必要が本来あるのかもしれない。

　このローレル事件の後，ニュージャージー州は全公務員の同性パートナーに年金支給を認め，ローレルの死から7年後の2013年，ニュージャージー州では同性婚が合法化された。そして2015年6月26日，米連邦最高裁は全米で同性婚を合法としたのである。

（山口佐和子）

索　引

あ 行

愛人バンク　194
青木やよひ　25
アジアに対するセックス・ツアー反対集会
　　196
アメリカンインディアン・スタディーズ　6
アリエス，フィリップ　46
育児・介護休業法　127
遺族年金　174
市川房枝　22
イリイチ，イヴァン　25
インセスト・タブー　43, 70
ウイーン人権宣言と行動計画　190
ウーマンリブ運動　11
上野千鶴子　25
ウォーカー，レノア，E　177
エコロジカル・フェミニズム　25
援助交際　195
エンゼルプラン　94
奥むめお　22
落合恵美子　62
『女らしさの神話』　5

か 行

介護人材確保の基本戦略　153
介護の社会化　143
介護保険制度　147
介護保険法　i
介護問題　150
核家族　42
拡大家族　45
看護休暇　129
間接差別　114
機能年齢　136
勤労婦人福祉法　115

グローバル・フェミニズム　23
コインロッカーベビー　91
後期高齢者　138
合計特殊出生率　137
公娼制度　190
厚生年金　141
公民権運動　5
高等学校等修学支援金制度　101
高齢化社会　135
高齢化率　135
ゴールドプラン　146
国際女性学会　13
国際婦人年　12
国連婦人の10年　12
子ども・子育て法案　97
子ども・子育て支援新制度　97
子ども手当　100
婚姻規制　70
婚活　63

さ 行

3歳児神話　90
ジェンダー・不平等指数　38
ジェンダー・バッシング　i, 33
ジェンダー・フリー　33
ジェンダー開発指数　38
ジェンダー論　i
事実婚　83
次世代育成支援対策推進法　130
児童虐待相談件数　91
児童手当　100
児童扶養手当　169
社会主義フェミニズム　23
社会福祉士及び介護福祉士法　145
若年性認知症　165
じゃぱゆきさん　197
「従軍慰安婦」問題　189, 198

233

就職（超）氷河期　108
主婦の年金権　29
少子高齢化　136
女性解放運動　1
女性学研究会　13
女性学プログラム　6
女性差別撤廃条約　31
女性参政権獲得運動　4
女性性器切除　189
女性に対する暴力の撤廃に関する宣言　179
女性のためのアジア平和国民基金　198
ショーター，エドワード　46
新・日本型福祉社会　145
新オレンジプラン　157
新ゴールドプラン　146
新風俗営業法　195
ストーカー行為等の規制等に関する法律　185
ストーンウォール事件　221
生活保護法　172
『青鞜』　22
性同一障害　209
性同一障害者の性別の取扱いの特例に関する法律　210
性の商品化　203
セクシュアリティ　207
セクシュアル・ハラスメント　114
セックスワーク論　203
前期高齢者　138
専業主婦　50
全米女性学会　2, 7

た　行

第一波フェミニズム運動　4, 22
第二波フェミニズム運動　4, 24
大学改革運動　5
田中美津　24
男女共同参画社会基本法　i
男女共同参画条例　ii
男女雇用機会均等法　i, 113
男性学　1
地域包括ケアシステム　161
超高齢社会　136

出会い系サイト　196
適正化　160
デートDV　183
テレクラ　195
同性婚　83, 223
ドメスティック・バイオレンス　176

な　行

日本型福祉社会　144
日本女性学研究会　13
日本女性学会　13
乳児保育　93
人間開発指数　38
認知症　154
　　——施策推進総合戦略　157
認定こども園　97

は　行

パーソンズ，タルコット　55
パートタイム労働法　113
配偶者からの暴力の防止及び被害者の保護に関する法律　i, 180
配偶者特別控除　29
配偶者暴力相談支援センター　181
買春ツアー　196
売春防止法　190
派遣会社　121
派遣切り　120
晩婚化　80
非婚化　80
123号通知　173
平塚らいてふ　22
ファイアストーン，シュラミス　24
ファミリーサポートセンター　94
夫婦別姓　69
フーリエ，シャルル　21
福祉元年　144
婦人相談員　180
婦人相談所　181
婦人保護事業　190
婦人保護施設　180

索　引

婦人問題　3
婦人労働問題　3
ブラック・スタディーズ　6
フリーダン，ベティ　5
北京女性会議　179
ベビーホテル　93
ホウ，フローレンス　6
放課後児童クラブ　96
ボウルヴィ，ジョン　90
ホームヘルパー養成を目的とした段階的研修制
　　度　146
保護命令　181
母子及び寡婦福祉法　171
母子加算　172
母子家庭等自立支援対策大綱　171
母子父子寡婦福祉資金貸付制度　174
ポスト・モダンフェミニズム　26
母性保護論争　22
ポルトマン，アドルフ　86
ホワイト女性学　9

ま　行

マードック，ジョージ　42
マルクス主義フェミニズム　25
見合い結婚　72
未婚率　63
水田珠枝　25
ミッチェル，ジュリエット　25

ミルク，ハーベイ　221
ミレット，ケイト　24

や　行

山川菊栄　22
山田昌弘　81
夕ぐれ族　194
養育費　169
予防給付　160

ら・わ　行

ラディカル・フェミニズム　24
リーマンショック　108
離婚率　75
リプロダクティヴ・ライツ　189
リベラル・フェミニズム　22
恋愛結婚　72
暦年齢　136
労働者派遣事業の許可制　124
労働者派遣法　113
ワーク・ライフ・バランス　99

欧　文

DV →ドメスティック・バイオレンス
M字型雇用曲線　110
Women's Studies　1

235

《執筆者紹介》（執筆順）

山田千香子（すぎもと・きよえ）はじめに，第1・2・9章

編著者紹介参照。

山田千香子（やまだ・ちかこ）第3・4章

現　在：聖徳大学心理・福祉学部特任教授。長崎県立大学名誉教授。
主　著：『カナダ日系社会の文化変容——海を渡った日本の村三世代の変遷』御茶の水書房，2000年。
　　　　『日本人と少子化』（共著）人間の科学社，2004年。
　　　　『高齢者のウエルビーイングとライフデザインの協働』（共著）御茶の水書房，2010年。
　　　　『人の移動と文化の交差』（ジェンダー史叢書 第7巻）（共著）明石書店，2011年。

原　史子（はら・あやこ）第5章

現　在：昭和女子大学人間社会学部教授。
主　著：『ジェンダー化社会を超えて——教育・ライフコース・アイデンティティ』（共著）学文社，2016年。
　　　　『はじめて学ぶ人の社会福祉』（共著）誠信書房，2016年。

乙部　由子（おとべ・ゆうこ）第6章

現　在：名古屋工業大学ダイバーシティ推進センター特任准教授。
主　著：『ライフコースからみた女性学・男性学——働くことから考える』ミネルヴァ書房，2013年。
　　　　『不妊治療とキャリア継続』勁草書房，2015年。
　　　　『教養としてのジェンダーと平和』（共著）法律文化社，2016年。

伊里タミ子（いり・たみこ）第7章

現　在：介護保険の隙間を埋める仕事「よろず屋」代表。瀬戸市老人福祉計画・介護保険事業計画策定委員（第7期）。
主　著：『女性たちの大学院』（共著）生活書院，2009年。
　　　　『社会福祉とジェンダー』（共著）ミネルヴァ書房，2015年。

山口佐和子（やまぐち・さわこ）第8・10章

現　在：九州工業大学男女共同参画推進室特任准教授。
主　著：『アメリカ発　DV再発防止・予防プログラム』ミネルヴァ書房，2010年。
　　　　『社会福祉とジェンダー』（編著）ミネルヴァ書房，2015年。
　　　　『教養としてのジェンダーと平和』（共著）法律文化社，2016年。
　　　　Domestic Violence and the Implementation of the Hague Convention on the Civil Aspects of International Child Abduction: Japan and U.S. Policy. *Journal of International Women's Studies*, vol. 17, no. 4, 2016, pp. 15-30.

《編著者紹介》
杉本貴代栄（すぎもと・きよえ）

現　在：NPO法人「ウイメンズ・ボイス」理事長。元・金城学院大学教授。
主　著：『アメリカ社会福祉の女性史』勁草書房，2003年。
　　　　『ジェンダーで読む21世紀の福祉政策』有斐閣，2004年。
　　　　『福祉社会のジェンダー構造』勁草書房，2004年。
　　　　『女性が福祉社会で生きるということ』勁草書房，2008年。
　　　　『ジェンダーと福祉国家』（監訳）ミネルヴァ書房，2009年。

MINERVA TEXT LIBRARY �61
女性学入門［改訂版］
──ジェンダーで社会と人生を考える──

2010年10月20日　初　版第1刷発行　　　　　　〈検印省略〉
2017年 1 月30日　初　版第7刷発行
2018年 2 月25日　改訂版第1刷発行

定価はカバーに
表示しています

編 著 者　　杉　本　貴代栄
発 行 者　　杉　田　啓　三
印 刷 者　　中　村　勝　弘

発行所　株式会社　ミネルヴァ書房
607-8494　京都市山科区日ノ岡堤谷町1
電話（075）581-5191／振替01020-0-8076

© 杉本貴代栄ほか，2018　　　　中村印刷・藤沢製本

ISBN978-4-623-08208-7

Printed in Japan

シングルマザーの暮らしと福祉政策
——日本・アメリカ・デンマーク・韓国の比較調査

杉本貴代栄・森田明美編著

ジェンダーという分析視角から，福祉国家のタイプを異にする4カ国比較調査を行い，各国のひとり親政策の特徴と課題を明らかにする1冊。

ジェンダーと福祉国家——欧米におけるケア・労働・福祉

メリー・デイリー／キャサリン・レイク著　杉本貴代栄監訳

ジェンダーの相違と不平等は，福祉国家によってどのように形成されてきたのか。量的研究と質的研究の間の中間的比較研究からジェンダーと福祉国家の関係を理論的・実証的に明らかにする1冊。

アメリカ発　DV再発防止・予防プログラム
——施策につなげる最新事情調査レポート

山口佐和子著

アメリカで取り組まれているDV再発防止や予防のためのプログラムの実際を調査・レポートした本書では，どのような支援が被害者・加害者・子どもたちそれぞれに行われているのかが具体的にまとめられており，わが国で模索されているDV施策や自治体の計画に貴重な示唆を与える1冊。

日本の女性政策——男女共同参画社会と少子化対策のゆくえ

坂東眞理子著

戦後日本の女性政策の変遷を辿り，国際比較を通して日本の特徴を把握するとともに，日本の最大の課題である少子化をめぐる政策の方向性を探る。

―――――――― ミネルヴァ書房 ――――――――

http://www.minervashobo.co.jp/